司法和合主义系列（3）

法治建设与法学理论研究部级科研项目（07SFB5017）

转型社会司法运行原理研究

蒋剑鸣　著

中国人民公安大学出版社
·北　京·

图书在版编目（CIP）数据

转型社会司法运行原理研究/蒋剑鸣著．—北京：中国人民公安大学出版社，2012.7

（司法和合主义系列）

ISBN 978－7－5653－0790－4

Ⅰ.①转…　Ⅱ.①蒋…　Ⅲ.①司法制度—研究—中国
Ⅳ.①D926

中国版本图书馆CIP数据核字（2012）第043372号

司法和合主义系列

转型社会司法运行原理研究

蒋剑鸣　著

出版发行：中国人民公安大学出版社
地　　址：北京市西城区木樨地南里
邮政编码：100038
经　　销：新华书店
印　　刷：北京蓝空印刷厂

版　　次：2012年7月第1版
印　　次：2012年7月第1次
印　　张：9.875
开　　本：880毫米×1230毫米　1/32
字　　数：273千字

书　　号：ISBN 978－7－5653－0790－4
定　　价：35.00元

网　　址：www.cppsup.com.cn　www.porclub.com.cn
电子邮箱：zbs@cppsup.com　zbs@cppsu.edu.cn

营销中心电话：010－83903254
读者服务部电话（门市）：010－83903257
警官读者俱乐部电话（网购、邮购）：010－83903253
法律图书分社电话：010－83905745

前　　言

中国现阶段正处于社会转型时期。社会转型运动的强势推动了国内经济结构、社会结构、意识形态等的巨大变革。不同社会力量的角逐、新社会要素的不断生成、新旧社会要素的尖锐对立和冲突，以及由此而导致的巨大张力的蓄积，使整个社会的运行摇摆不定。从而使社会呈现矛盾冲突的常规化，即所谓“发展黄金期、矛盾凸现期”。司法权作为转型社会可以信赖的社会公共权威之一被推上前台。司法裁判被强化为社会纠纷解决的首选方式，社会不断将各种复杂矛盾大量引入司法裁判。由于转型社会纠纷的普遍性、冲击性、变异性特点，与司法的有限性、被动性、稳定性内质存在紧张关系，当前司法对这种关系处理的运作失衡，出现了司法过热、司法过硬、司法过变的现象，表面上解决了大量纠纷，但实质上“案结事未了”，对不服裁判产生的涉诉上访数量在全国各地均处于首位，重复访、越级访、集团访、暴力访等不断上升，社会矛盾并未得到根本解决，甚至游离悬空，由此衍生了较大的社会不安定因素。司法运行的结果难以应对转型社会的纠纷，司法受到社会的质疑和误解。因此对转型社会纠纷解决的应对性研究是刻不容缓的课题。

由于目前对中国司法在转型社会运行的目标模式、功能定位、方法与技术的研究，尚缺乏系统的理论研究和制度构建。一是中国司法在转型社会运行中究竟应如何设定目标模式，即如何从国情出发更有效地回应转型社会，走出一条能够协调均衡内部和外部关系有效解决纠纷的方向性道路。二是中国司法的功能发挥在转型社会运行中究竟应如何定位，即如何正确判断司法权在转型社会中的位置，避免越权能动与消极被动的孪生陷阱。三是中国司法的运行方法究竟应当如何因应转型社会，即如何把握方法弹性，建构司法的对话协商平台，有效化解社会矛盾。四是中国司法在转型社会运行中究竟应如何加强程序技术保障，即如何通过程序技术保障司法的踏实稳健。这些问题的研究关涉转型社会司法权的有效运行，关涉转型社会纠纷的有效解决，关涉司法权威的塑造，但学界以转型社会为背景对这些问题的应对性研究还比较薄弱。本书以转型社会为背景，针对社会转型与司法运行的不协调问题，较为系统地研究了转型社会司法运行的目标模式、功能定位、方法与技术，回应解决了上述四个方面的问题，具有十分重要的理论价值和实践意义。

本书的主要内容是：以转型社会为背景，分析转型社会纠纷的特点及其对司法运行的影响，针对社会转型与司法运行的不协调问题，深究问题背后的实质，提出并分析转型社会司法运行的目标模式、功能定位、方法与技术。具体内容如下：

第一部分为背景语境：社会转型对司法运行的影响。首先，分析了社会转型的特征与悖论。主要论述从治理的角度讲，社会秩序与社会失序之间存在悖论与张力；从发展的角度讲，社会发展与配套保障之间存在悖论与张力；从制度的角度讲，制度能力与制度权威之间存在悖论与张力；从条件的角度讲，国际趋势与本土国情之间存在悖论与张力。其次，社会转型期的纠纷特点。论述了社会转型期间的纠纷具有普遍性；社会转型期间的纠纷具有冲击性；社会转型期间的纠纷具有交叉性。最后，社会转型对司法的影响。论述了从社会转型与法理权威之塑造的角度讲，司法运行对社会转型应当有所回应；从司法机制与非司法机制关系的角度讲，司法运行对社会转型应当有所回应；

第二部分为问题成因：社会转型与司法运行的隔阂。首先，分析了社会转型与司法运行不协调的问题。认为一是司法目标模式模糊。过分重视当事人主义诉讼模式，导致纠纷解决的延迟与激化；过分重视诉讼内部的矛盾冲突，导致纠纷解决的非彻底性。二是司法功能定位不准。司法过度积极，导致司法权丧失公信力，沦为社会控制的工具；司法过度消极，导致司法权难以担当起接近正义的重任。三是司法运行方法错位。司法操作过程的过分刚性，导致诉讼沦为程序形式主义；司法解纷方法的过分单一，导致诉讼与社会正义的实现脱节。四是司法程序技术失当。司法裁判的审理与说理技术相脱节；司法裁判的审级之间功能不恰当的耦合。其次，分析了社会转型与司法运行不协调的成因。一是盲目化：司法改革过急，导致改革设计背离司法理性。二是强势化：司法运行过热，而多元化纠纷解决机制受压抑。三是行政化：司法运行过硬，而协调机制缺失政策化；司法运行过变，而程序保障缺席。

第三部分为目标模式：和合司法的理论构想与框架。首先，提出并论证了和合司法的目标定位。其次，从社会与文化视角分析了和合司法的理论基础。论述了传统中国的和谐文化观是和合司法的文化根基；转型中国的社会环境是和合司法的社会根基。最后，提出了本位、柔性、平行的和合司法的方法策略。一是论述了和合司法的结构/功能定位：本位司法。本位司法之一：在社会治理方面，以维护法律为使命实现有保留的消极克制；本位司法之一：在诉讼审理方面，以接近正义为原则实现有限度的积极能动。二是和合司法的过程/方法选择：柔性司法。柔性司法之一：引导私力救济与组织诉讼协商；柔性司法之二：衡平各种案件因素与调动各种解纷资源；三是和合司法的裁判/技术保障：平行司法。平行司法之一：司法裁判与司法说理平行重视；平行司法之二：司法审级之间平行重视。

第四部分为“本位司法”：“和合司法”的功能定位。首先，分析了司法权的位阶与坐标。一是论述了司法权与立法权的比较与界定。司法权与立法权的功能区别；司法权与立法权的功能交叉。二是司法权与行政权的比较与定位。司法权与行政权的功能区分；司法权与行政权的功能交叉。其次，分析了司法权的性格与特征。论述了司法权的独立性、司法权的被动性、司法权的终局性。再次，分析了司法权的价值与功能。论述了价值重申：维护人权、捍卫法律与接近正义；功能定位：纠纷解决、权力制衡与政策实施。最后，分析了现实困境与本位回归。一是论述了我国司法权运行逻辑的现实困境。在社会治理方面，如何调和“倚重司法”与“司法克制”的关系；在纠纷解决方面，如何调和“社会问题的挑战”与“司法权有限性”的冲突；在司法权的角色方面，如何调和“越权能动”与“消极被动”的孪生陷阱。二是我国司法权运行逻辑的本位回归。回归本位一：司法权的行政化问题；回归本位二：司法权的立法化问题；回归本位三：司法的功能定位问题。

第五部分为“柔性司法”：“和合司法”的方法选择。首先，分析了柔性司法的理论支点。一是论述了司法服判。剖析了服判的司法解纷意义；服判的秩序整合意义；服判机制与柔性司法。二是司法为民。三是相对真实的法律观。其次，分析了柔性司法的方法进路。论述了从利益共同性入手，引导自决式解决纠纷；赋予当事人理性工具，引导协商式解决纠纷；运用司法技术，在规则空间衡平式解决纠纷；选择有效途径，利用内在制度和外在制度资源的变通式解决纠纷；把握时空变化，顺应自然运行的钝化式解决纠纷；实现人本诉讼，贯彻人本主义思想的人性化式解决纠纷。最后，对柔性司法的制度进行了考察。一是评介了恢复性司法。介绍了恢复性司法的起源与发展；分析了恢复性司法的柔性功能及我国恢复性司法的现状与前瞻。二是关于衡平司法。论述了通过衡平来解决纠纷是中国古代的裁判传统；通过交涉来解决纠纷是西方现代的裁判方法；转型社会的柔性司法的体现是衡平性与交涉性的现代整合。三是关于陪审制。笔者主张，未来我国陪审制度改革可遵循相对合理主义的进路：即在短期内，可以先对陪审员的选任条件作出调整，实现从精英性向民主性的过渡，毕竟，陪审员所依赖的是经验理性，以及其对普通社会公民社会经验的代表性，而非单纯为了强调精英色彩；进而，待条件允许，改善陪审员盲目遵从法官的事实认定“陪而不审”的现状。

第六部分为“平行司法”：“和合司法”的技术保障。首先，分析了平行司法的理论支点。现代社会生活的复杂性决定了机构设置的复杂性，也决定了司法运行原理的复杂性，而我国正处于新旧交替的转型社会时期。为此，司法运行更需要秉持平行司法的原则，以分工为基础理论，实现司法内部各项要素与各种职能的有机平衡，实现平行发展。具体而言，司法领域的平行分工乃主要体现在程序正义与实体正义的平行关系、司法裁判与司法说理之间的平行关系、审级之间的平行关系。笔者认为，只有在这些技术层面保持平行与和谐，才能最终保障转型社会的司法和谐，最终达致和合司法的理想目标。其次，分析了平行司法的具体构设。一是程序正义与实体正义之平行重视。论述了程序及程序正义的价值意义。程序正义具有可预期性与可靠性；程序正义具有安定性与封闭性。论述了实体及实体正义的价值意义。实体及实体正义是当事人所追求的基础性目标；绝对的程序正义并不可取，而且过于强调程序及程序正义的意义，将使得程序变得过分周全、细化、僵化，甚至脱离现实。论述了迈向程序正义与实体正义的平行关系。程序正义与实体正义的关系，很大程度上是程序之工具价值与独立价值的再现，既然程序的工具价值与程序的独立价值是现代程序的两大法门，因此，程序正义与实体正义也必须并重。程序正义与实体正义是相辅相成的，应当平行重视。二是司法裁判与司法说理平行重视。论述了裁判之外进行论证与说理的重要性。事实与法律的复杂性决定着司法裁判需要论证与说理；加强裁判的论证与说理，有助于塑造司法权威。论述了司法说理的具体方面。判决说理中的事实与法律之平行关注；判决说理中的程序法与实体法之平行关注。论述了我国司法裁判与司法说理之不和谐及平行化改革。三是司法审级之间平行重视。论述了我国司法审级制度的起源与发展。我国司法审级制度的不平行问题及迈向平行的司法审级关系。

本书的研究成果得到了理论界、实务界专家的充分肯定。

四川大学985平台首席科学家龙宗智教授认为，本书分析了转型期及其社会需求，分析了现行司法机制及其运行的主要问题，提出了在转型期新的司法运行机制并论证了其原理。注重创新性可以说是本书研究的主要特色。本书根据转型期社会矛盾突出，调处矛盾纠纷建设和谐社会是司法首要任务这一实际，吸收中国传统文化的精神，提出“和合司法”的概念、司法运行机制并作出论证，具有创新精神和现实意义。在和合司法的整体性要求中，注重司法的本位意识、注意司法的适度柔性、注意司法对不同价值和利益的兼顾，这些基本思想及其运行机制的设计，具有理论意义和应用价值，可以对司法产生良性的影响。

四川大学法学院院长唐磊教授认为，本书理论联系实际，创造性地提出“和合司法”理念并辅之本位司法、柔性司法、平行司法。在理论上提出应对社会转型期间的司法转型方向，有助于社会转型期间社会纠纷解决。这一成果有重要的理论价值和社会实践价值。

四川大学魏东教授认为，本书在解析转型社会时期冲突特点及其对司法运行影响的基础上，系统阐述了“和合司法”的理论构想，重点分析论证了“和合司法”之本位司法、柔性司法、平行司法等方法策略，观点前沿，理论论证具有系统性和创新性。

四川省社会科学院副院长周有苏教授认为，本书有以下特点：

第一，作者在熟悉司法实践和查阅翔实资料基础上，对我国社会转型时期司法体制存在的主要问题把握准确，概括精当，原因分析也相当到位，可谓同类研究中的上乘之作。第二，作者提出的“和合司法”目标模式及其从多方位进行的议论富有新意，其中关于本位司法、柔性司法和平行司法的体例建构，既有坚实的理论支撑和现实基础，又有历史厚度和国外先鉴，最为出彩和最令人欣赏的是关于“柔性司法的”论述。第三，关于司法目标模式的建构，符合中国当前社会转型实际，不仅具有较高的理论价值，也有较强的实际运用价值，对深化我国司法改革具有直接的现实意义。

四川省高级人民法院副院长邓修明博士认为，本书从解决我国现阶段纠纷的实际需要出发，运用传统与现代的分类范式，分析了转型期的中国社会的特征，现阶段纠纷具有的特点，重点分析了社会转型对司法的影响及成因。在此基础上，本书提出了“和合司法”的理论与框架，对中国司法应当如何设定现阶段的目标模式及功能定位、方法选择以及技术保障等方面有所突破和创新。在当前司法正着力化解社会矛盾纠纷的大背景下，本书对中国司法如何能动回应社会转型对司法的影响，有效化解社会矛盾，构建和谐社会，具有很强的实践针对性和可操作性，具有较强的理论和实践指导意义。[①]

本书前期成果如柔性司法在实务界得到了较大范围的运用，也得到了实务界的普遍认同。

① 五位专家意见来源于《法治建设与法学理论研究部级科研项目结项成果专家鉴定》。

目　　录

导 论

中国现阶段正处于社会转型时期，在此强势的社会转型运动的推动下，国内经济结构、社会结构、意识形态结构等领域发生着巨大的变革。不同社会力量的角逐、新社会因素的不断生成、新旧社会要素的尖锐对立和冲突，以及由此而导致的巨大张力的蓄积，使整个社会的运行摇摆不定。而由于转型期间的利益交割与兑换存在较为广泛的冲突性，使转型社会往往呈现出“矛盾冲突常规化”的转型效应，用较为精炼的学术话语来概括就是“发展黄金期、矛盾凸显期”。在此意义上，如何应对转型社会中凸现出来的种种矛盾冲突，如何型构具有中国特色的纠纷解决机制就成为当前亟须解决的重大课题。

通过法律制度（尤其是司法权）来实施控制社会秩序的使命是现代社会的重要体征，诚如美国学者马丁·夏皮罗所指出的，“对于社会秩序的维系来说，司法权的有效行使尤为重要”。① 正是基于此，司法权作为转型社会可以信赖的社会公共权威之一无疑要被推到历史的前台——司法裁判被强化为社会纠纷解决的首选方式，社会不断将各种复杂矛盾大量引入司法裁判。但是，我们必须承认，转型中国社会的社会纠纷与常规社会中存在的社会纠纷之特征并不一样。转型社会的纠纷具有普遍

① ［美］马丁·夏皮罗著：《法院——比较法上和政治学上的分析》，张生、李彤译，中国政法大学出版社2005年版，“译前序”第1页。

性、冲击性、变异性等特点，这些与司法的有限性、被动性、稳定性等内质存在着非常严重的紧张关系。着眼于此，我们发现，在我国当前，司法对这种关系的处理与运作已经表现出种种失衡，呈现出司法过热、司法过硬、司法过变等诸多具体现象。司法在解决纠纷的过程中，往往会遇到以下现象：表面上似乎像是解决了大量纠纷，但实质上“案结事未了”的情况非常多见。“案结事未了”，当事人就会寻求司法之外的救济途径，上访就是其中最主要的表征。可以说，对不服司法裁判而产生的涉诉上访事件数量在全国各地均处于首位。其中，重复访、越级访、集团访、暴力访等不断上升，社会矛盾并未得到根本解决，甚至游离悬空。在这些转型社会纠纷特点的催逼下，司法制度，尤其是法院制度已经开始疲于应对，司法权的应对失灵，又反过来加深着社会冲突的发生与激化——司法运行的结果难以应对转型社会的纠纷，司法受到社会的质疑和误解。由此，社会不安定因素似乎已经开始萌芽。从学术研究的角度讲，这些困境为我们深入探讨转型社会中的司法运行原理提出挑战，或者说，探究、应对转型社会中的司法运行机制之原理，已经成为当前法律学术界所不可忽视、也无可推卸的职业责任。

反观我国关于司法制度的定位与研究现状，似乎并不理想。目前，学界对中国司法在转型社会运行的目标模式、功能定位、方法与技术等方面的研究，尚缺乏系统的理论研究和制度建构。至少在以下几个问题上，还需要进一步深化和发展。第一，司法运行的社会背景——社会转型到底表现为何种特征与形式。准确地把握这一宏观历史与社会背景，对于司法权之定位以及司法运行制度之合理构设无疑具有前提性意义。第二，司法运行与转型社会的宏观背景究竟存在何种不和谐与不协调状况，其具体成因究竟为何。对因果链条的寻求无疑是提出理论模型与进行制度构筑的重要环节。第三，中国司法在转型社会运行中究竟如何设定目标模式，即如何从国情出发更有效地回应转型社会，走出一条能够协调均衡内部和外部关系、有效解决纠纷的方向性道路。第四，中国司法的功能发挥在转型社会运行中究竟应如何定位，即如何正确判断司法权在转型社会中的位置，避免越权能动与消极被动的孪生陷阱。第五，中国司法的运行方法究竟应当如何因应转型社会，即如何把握方法弹性、如何建构司法的对话协商平台，如何有效化解社会矛盾，等等。第六，中国司法在转型社会运行中究竟应如何加强程序技术保障，即如何通过程序技术来保障司法的踏实稳健。

这些基础性问题的研究不仅关涉到转型社会司法权的有效运行，而且关涉到转型社会纠纷的有效解决，甚至还关涉到司法权威的合理塑造，但学界以转型社会为背景对这些问题的应对性研究却还比较薄弱。本书即主要以转型社会为背景，针对社会转型与司法运行的不协调问题，研究并力图确立转型社会司法运行的目标模式、功能定位、方法与技术，希望对转型社会司法运行的基本原理展开较为系统而深入的研究，以期对理论和实践起到抛砖引玉的作用。

第一章 背景语境：社会转型对司法运行的影响

第一节 社会转型的概念及缘起

一、社会转型的概念涵指及界定

从语义学的角度讲，社会转型是转型的逻辑子项。所谓转型，是指事物从一种运动形式向另一种运动形式转变的过渡过程。而社会转型，是指社会从一种类型向另一种类型转变的过渡过程。[①] 如果说转型与物理学意义上的“运动位移”相对应，社会转型就是社会制度或社会结构在不同历史时段之间发生的一种变迁或位移。当然，社会科学与自然科学之间毕竟存在着诸多不同，一方面，社会规范与自然规律不同，社会规范是人们通过其行动创制出来的，包括各种制度、规章、规则及行为准则，这些都体现着人们的主观意义，正因为如此，对它的遵循和保障也是与人们的主观意义相一致的。[②] 社会科学是研究人类行为与人类行为规范的学科，因此，也不可避免地带有这种主观意旨和主观

① 刘祖云主编：《社会转型解读》，武汉大学出版社 2005 年版，第 3 页。

② 郑戈：《法学是一门社会科学吗?》，载《北大法律评论》1998 年第 1 卷第 1 辑。

倾向。而自然规律则不同，它是不以人的意志为转移的，因此，以研究自然规律、发现科学原理为研究对象的自然科学也就更加强烈地要摈弃人类意旨的干扰和影响。另一方面，社会科学的研究方法和研究目的不仅受到人类主观意旨的影响，而且具有一定的方向性和目的性，具体而言，由于人类存在追求文明、追求幸福以及追求效益的自然本性，这决定着社会科学对人类行为模式和行为规范的研究是致力于发展人类文明、尤其是人类制度文明，因此，所致力于的社会转型也就具有了方向性，即从原始到文明的进程。相反，在自然科学中，无论是自然规律，还是科学原理，均没有善恶之分，只有是否存在、是否是事实之分。

有鉴于此，作为我们分析和研究框架的社会转型或转型社会，均是有一定的目的指向的，是一种目的理性的体现，是一种价值理性的伸张。换言之，价值性与方向性是界定社会转型的基础性前提。

那么，如何定位中国的转型社会呢？如何定位与处理转型社会对司法运作之影响呢？司法运作应以何种模型与制度来应对社会转型呢？这里必须有一定的框架来作为分析和指导的指南。笔者认为，认知中国社会转型及司法运作之价值性与方向性，必须处理好历时性的“传统与现代”与共时性的“中国与西方”两大关系——毕竟转型必然是从传统迈向现代，必然要注重协调中西经验，也必然需要从以下两个认知维度来界定当下中国的社会转型。

（一）以传统社会与现代社会为分析框架的纵向维度

在当今的社会科学研究中，“传统与现代”可谓是应用范围最广泛、应用前景最为乐观的分类研究范式。范式，最早由美国自然科学思想家托马斯·库恩提出并予以阐释，其概念内涵历经变化，最终被广泛应用于包括自然科学和社会科学在内的分类研究。尽管学界通说一般认为，在人文社会科学场域之中难以形成如自然科学领域中的严格的“范式”分类，但是就研究题材、方法观点及理论框架而言，人文社会科学中仍存在范式意义上的共识性单位。[①] 传统与现代的分类范式就是其中非常重要的一种。在此笔者也同意该分类研究范式在研究中国社会转型及其对司法运行的影响方面的重大研究意义。这主要是因为，尽管以往的研究中存在根据各种社会类型来进行分类的文献，如将社会转型按照人类历史的发展规律类分为原始社会、奴隶社会、封建社会、资本主义社会、社会主义社会，将社会转型按照政治方面的民主程度类分为专制型社会、民主型社会，将社会转型按照技术方面的革新与影响类分为前工业社会、工业社会和后工业社会等理想类型，但这些概念范畴似乎都存在着涵括范围较为狭窄的特点，对社会转型特征的概括也仅仅是单方面的，由于中国当下正面临的社会转型是全方位的，因此，采取传统与现代的分类方式涵括范围更加宽广，同时，也较为符合诸多社会学理论大师的分类界定，如法国社会学大师迪尔凯姆的“从机械团结社会到有机团结社会”，德国社会学大师马克斯·韦伯的“从前理性化社会到理性化社会”，英国法制史学家梅因的“从身份社会到契约社会”，等等。

那么，现代化（从传统到现代）的内涵包括哪些呢？根据亨廷顿等政治学家对现代化（即从传统到现代）的界定与分析，现代化具有九大特征：（1）现代化是革命性的进程。因为这两种社会根本不同，从传统型到现代型的转变必然涉及人类生活方式根本的整体性的变化。（2）现代化是复杂性的过程，即它包含着人类思想和行为一切领域的变化，而不能简单归纳为某一种因素或某一个范围。其组成部分至少包括工业化、城市化、社会

① ［美］Ritzer、Goodman 著：《社会学理论》，马康庄、陈信木译，台湾巨流出版社 1989 年版，第 756 页。

流动、分化、世俗化，传播媒介的扩大，文化和教育的提高，参政范围的扩大，等等。（3）现代化是系统性的过程。现代化的各个因素极为密切地联系在一起。一个因素的变化将联系并影响到其他各种因素的变化。（4）现代化是全球性的过程。现代化起源于15、16世纪的欧洲，现已经成为全世界的现象，一切现存社会都已经或正在成为现代化社会。（5）现代化是长期性的过程。现代化所涉及的整个变化需要时间才能解决，而该时间要以世纪来计算。（6）现代化是有阶段性的过程。一切社会现代化的过程都可区别出不同的水平或阶段，存在一个过渡的过程或阶段且这一过渡阶段还可划分为八个小阶段。（7）现代化是一个同质性的过程。传统社会可能以许多不同的类型存在，以至有人以为其除了缺乏现代性外，几乎没有其他共同之处。相反，现代社会却有诸多相似之处。现代化在社会之间产生了集中的趋势。（8）现代化是不可逆转性的过程。虽然在现代化的过程中某些方面可能出现暂时的挫折和偶然的倒退但在整体上现代化是一个长期的趋向。（9）现代化是进步性的过程。现代化的转变期间尤其是初期，代价与痛苦是巨大的。但从长远看，现代的社会、政治和经济秩序所取得的成就足以对此弥补，它增加了全人类在文化和物质方面的幸福。①

在此意义上，可以说，现代化理论以及传统与现代的分类范式对于社会转型的诊断是全方位的，也是非常契合于社会科学研究的。一如我国学者所指出的，“作为理论，它不仅是一种分析问题的框架与结构，同时也是对实际生活的理论观察与提炼；作为实践，它是一种发源于西方逐渐扩展至全球的运动，至今仍在

① 转引自左卫民：《反思法院制度——意旨、对象与路径》，载《四川师范大学学报》2005年第3期。

不少发展中国家持续进行。”① 中肯地说，中国当前正发生的社会转型也正是由传统社会结构向现代社会结构变迁与改革的进程，具体到法制变革与司法运行层面，也正是从传统型司法制度向现代型司法制度转变的历程，而社会转型与司法运行之间的关系，则正是司法改革如何回应社会由传统社会结构向现代社会结构演变的问题。为此，本书将在每一个章节中或隐或显地贯彻该理论思路，即法制/司法文明具有纵向的趋向性。

（二）以中国问题与西方经验为分析框架的横向维度

“从全球范围看，自人类进入工业化和信息化社会以来，社会转型已经成为一种常态现象。在社会结构方面，有传统的农业社会向工业化社会的转型，乡村社会向都市社会的转型；在社会体制方面，有宗教主导的政教合一体制向世俗化体制的转型，计划经济体制向市场经济体制的转型，集权体制向民主体制的转型；在生活方式方面，有对自然资源无节制索取和过度浪费的生活方式，向有节制、可持续发展的生活方式的转变，等等。”②“可以说，大规模的社会变迁与急剧的社会转型，不仅是近代工业化以来曾经发生过的事情，也是当前继续发生和正在进行的事情，更可能是继续主导人类未来生活的事情。”③ 在此意义上，社会转型是一个全球化的趋势，不仅中国存在，西方社会也存在着不同程度的社会转型。也由此，界定社会转型不能仅仅停留在对中国自身的认知，同时，我们还必须将中国由传统向现代转型的历程也放置在全球性背景之中，充分地关注国际社会的比较法

① 左卫民：《反思法院制度——意旨、对象与路径》，载《四川师范大学学报》2005 年第 3 期。

② 刘金国、蒋立山主编：《中国社会转型与法律治理》，中国法制出版社 2006 年版，第 1 ~2 页。

③ 刘金国、蒋立山主编：《中国社会转型与法律治理》，中国法制出版社 2006 年版，第 2 页。

经验。

其实，中西借鉴在我国历史进程中也是一个非常古老的发展模式。从法制史的角度讲，中国法制的现代化，始自清末沈家本主持的法律改革。这次改革是在全盘引进西方国家立法的基础上进行的。如果单从形式上看，毫无疑问，这次中国有史以来开天辟地第一次的大规模法律移植活动是卓有成效的：自成一体、源远流长的中华法系在国家法的层面上改变了，衍生了以六法为中心的具有西方现代意义的法律体系，中国法制乃以此为契机，开始了向现代化的转型。[①] 到后来，整个世界逐渐进入全球化时代，中西方无论是在技术层面，还是在制度层面的相互吸收与借鉴变得越来越频繁，尽管全球化的创始者是"经济全球化"，但是在经济全球化的带动之下，法律的全球化也已经成为司空见惯的普遍现象，"随着经济的全球化，法律与其他文化产品和服务一起被顺理成章地输出。这个过程被称为法律的全球化"，[②] 并且，"根据大陆法系传统和欧洲目前建构欧洲法律体系的努力，观察家们认为法律将在形塑全球化进程中发挥主导作用"。[③] 在法制现代化的进程中，法律移植逐渐担纲起变革与构建一套法律制度的重要操作工具，对此，如学者海德布兰德所指出的，"法律全球化是一个多面的、多样的和多向度的过程，因为许多不同的法律体系以及其中的法律从业者和非政府组织都参与跨国法治的建构。例如，东欧一些新的改革社会正在趋向于大陆法系规则导向型法律文化，他们也同样热衷于通过美国律师协会的东欧法

---

① 马作武、陈影：《清末法律移植的现代反思》，载《学术研究》2005 年第 2 期。

② ［意］D. 奈尔肯、［英］菲斯特著：《法律移植与法律文化》，高鸿均等译，清华大学出版社 2006 年版，第 157 页。

③ ［意］D. 奈尔肯、［英］菲斯特著：《法律移植与法律文化》，高鸿均等译，清华大学出版社 2006 年版，第 159 页。

律立法创议委员会和其他渠道采纳美国普通法的元素”，而司法制度及其运作是其中相互借鉴的重要场域。[①]

当然，基于法律全球化的历史趋势，在横向的空间维度上也同时引领出中国问题与西方经验的这一横向对立范畴和分析框架。之所以这一横向维度变得如此重要，在理论机理上主要体现在以下两个方面：一方面，在人类制度文明上存在很多共通的理性，美国法理学家博登海默就认为，任何值得称之为法律制度的制度，必须关注某些超越特定社会结构与经济结构相对性的基本价值。因此，人类社会的法律制度中普遍“存在着一些最低限度的正义要求：这些要求独立于实在法制定者的意志而存在，并且需要在任何可行的社会秩序中予以承认。这些要求中有一些从人的生理构造中寻找根源，而其他的一些要求则根植于人类所共有的心理特征之中。同样，还有一些要求是从人性的理智部分，亦即是从人的知性能力中派生出来的。这些法律有序化的基本规定的有效性为这样一个事实所证实，即它们在所有诞生于最为原始的野蛮状态的社会中都以某种形式得到了承认。”[②] 因此，中国在社会转型期间，在司法运行的原理方面借鉴西方社会中运行良好的、体现人类共通理性的制度经验，应当是可取的，也是必要的。另一方面，在社会转型期间，中国社会的本土资源可能出现不能支撑司法变革的情景。美国比较法学家埃尔曼认为：“法律制度自一种文化向另一种文化移植是常有的情况，当改革是物质或观念的需要以及本土文化对新的形势不能提供有效对策或仅能提供不充分之手段的时候，这种移植花接木就可以取得完全或部

---

① ［意］D. 奈尔肯、［英］菲斯特著：《法律移植与法律文化》，高鸿均等译，清华大学出版社 2006 年版，第 158 ~ 159 页。

② ［美］博登海默著：《法理学——法律哲学与法律方法》，邓正来译，中国政法大学出版社 1999 年版，第 273 页。

分的成功。”[1] 基于对中国法律哲学传统的认知，我们有着直观的感触，即在中国传统社会中，由于农业经济占据主导地位，虽有市场存在，但没有形成合理的市场体系；同样，在统治格局的层面上，是权力支配权利，权力支配财产权利和人身权利；而非财产权利与人身权利约束公共权力。[2] 很明显，在我国的法律变迁与司法改革中，这种本土资源具有相当的局限性。因此，从中西比较与中西借鉴的角度来认知社会转型也是非常必要的。在此意义上，可以说，中国当下的急剧社会转型与司法转型正是中国逐步将自己敞开，逐步吸取西方成熟经验并为我所用的变迁进程。

二、社会转型的概念缘起及应用

尽管如上所述，西方社会中也存在着社会转型的现象与实践，但本书关于社会转型概念的研究与应用却主要限定在中国社会，西方社会中的转型现象及其治理机制仅仅是中国社会的参照；同样，尽管中国历史进程中，尤其是近代社会中也存在激烈的社会转型，但是本书关于社会转型概念的研究与应用却主要限定在当下，相应的，近代史上的转型变迁也仅仅是当代社会演变的参照而已。之所以如此，是因为：一方面，学术研究的使命是非常有限的，不可能面面俱到，也不可能古今中外都要有所涉及，否则，不仅是超越个人能力的范围，而且也是不符合科学规律的；另一方面，从学术研究的目的之角度讲，一如法理学学者苏力教授所追问的，“什么是你的贡献呢”？借此，我们首先应

---

① ［美］埃尔曼著：《比较法律文化》，贺卫方、高鸿均译，生活·读书·新知三联书店1990年版，第14页。

② 张善根：《现代性语境下的法律移植》，载《上海师范大学学报》2003年第3期。

当做出我们自身的学术推动，“尽管西方学者和前辈学者已经提供了大量的视角、理论、模式、命题和概念，但是假如没有一个全知全能的上帝，假如人类历史不是重复往返的，假如具体的现实生活具有无限的丰富性，假如每个人的体验都具有某种不可替代性，假如人的生命是有限的，那么我们就可以说到目前为止的一切知识都是阐释学意义上的‘偏见’，每一种知识体系都是一种地方性知识，昔日的学者、思想家没有、也不可能穷尽一切知识。”“因此，从理论上说，我们这一代学者完全有可能根据我们的经验做出我们的贡献”。[①] 其次，应当作出对于中国社会至少是对于中国司法的学术推动。这是一个充满变革的时代，同样也是充满着问题、亟待解决问题的时代，“我们的历史传统、我们的众多的人民（包括我们自己）和我们变革的时代给了我们一个学术的‘富矿’，提供了巨大的可能性。”因为只有当下的才是鲜活的，才是现实的。“因此，关注中国当代的现实生活，发挥我们的比较优势，是中国学者有可能作出独特学术理论贡献的必由之路”。[②] 笔者也正是在此意义的感召下，认为研究当下中国的社会转型并以之为背景来重点研讨社会转型对司法运行的影响才是司法学研究中最有现实意义的。

从发生学的角度讲，转型社会的概念应用无疑是与当代中国的改革实践紧密联系在一起的，这一概念也正是致力于对改革与转型过程中所发生的种种问题和现象进行解读。由于当前中国的改革具有两个方面特征：一是中国的改革绝非某一方面的改革或某一局部的改革，而是一场全方位、整体性的社会性变革，不仅仅包括法律方面的改革、司法方面的改革，还包括政治方面的改革，社会方面的变革、经济方面、文化方面的改革等诸多领域；

---

① 苏力著：《法治及其本土资源》，中国政法大学出版社 1996 年版，自序 III。
② 苏力著：《法治及其本土资源》，中国政法大学出版社 1996 年版，自序 III。

二是中国的改革在深度上并非仅仅停留在文本层面，而是有着深刻的内涵，即它并非一种体制完善就能够解决的表面改革，而是一种需要触动社会整体运行规律的结构性改革。因此，改革的纵深性与广泛性决定着“转型社会”这一理论话语与概念框架的广泛应用，具体而言，它波及经济学、社会学、政治学、法律学、司法学等诸多领域。

当然，似乎我们也必须清醒地认识到，该概念框架的应用在学术场域中也是有时间顺序的，从概念的缘起的角度讲，中文语境中对当代社会转型的关注最初是在经济学领域与社会学领域兴起的，后来波及政治学领域和伦理学领域，最后被引介到法律学领域中。1978 年，中国共产党第十一届三中全会的胜利召开，标志着中国十年动乱时代的结束与新一轮社会转型的开始。由此，中国社会发展的重心开始转移到经济建设与对外开放上来。“由此，中国进入了全面改革和现代化建设的新时代，进入了全面转型的新时期”。[①] 时至 20 世纪 90 年代，以经济建设为中心的基本国策决定着为了实现中国的工业化和现代化，需要大力发展生产力和劳动力，因此，社会转型中体现出来的劳动力问题就开始成为学术界的关注焦点，也由此，社会转型与转型社会的分析框架开始成为经济学家和社会学家的讨论焦点，相关的文献主要集中于“社会转型期农村妇女资源的开发”、“社会转型中妇女资源的分化与发展”、“工青妇组织在我国社会转型期的地位

① 刘金国、蒋立山主编：《中国社会转型与法律治理》，中国法制出版社 2006 年版，第 2 页。

和作用”以及“农民工的社会保障问题”等论题,[①] 后来对社会转型的关注逐渐波及政治学和伦理学领域[②]，主要集中于知识分子在社会转型中的价值引导作用,[③] 意识形态在社会转型期间的地位和作用,[④] 等等。最后，法律学界也开始关注和研究社会转型的法学意义，论题集中于“宪法在社会转型中的地位和作用”[⑤]，“转型期对犯罪分子的控制与改造”,[⑥] 以及“社会转型与经济犯罪”[⑦] 等问题。

尽管上述学术史源流体现出各学术领域对社会转型的关注与研究，也体现出相当的理论深度与研究价值，然而，我们不得不指出，在当前社会转型过程中，除了经济领域、政治领域、伦理道德领域中体现出的问题之外，法律领域似乎更应当关注社会转

---

① 徐安琪:《社会转型期农村妇女资源的开发》，载《妇女研究论丛》1992 年第 2 期；十戈:《社会转型中妇女资源的分化与发展》，载《妇女研究论丛》1992 年第 1 期；包雷:《试论工青妇组织在我国社会转型期的地位和作用》，载《妇女研究论丛》1992 年第 4 期。郑杭生:《重视和发展城市农民工的社会保障事业——社会转型中的一个重要问题》，载《学术交流》1994 年第 5 期。

② 有代表性的文献，参见周平:《社会转型与政治稳定——发展中国家的考察》，载《云南社会科学》1995 年第 3 期；许志锐:《社会转型期的价值引导问题的思考》，载《中国党政干部论坛》1995 年第 8 期；包心鉴:《中国社会转型期间的政治发展》，载《政治学研究》1996 年第 1 期；潘科:《关于社会转型期道德建设的思考》，载《理论探讨》1996 年第 1 期；李相沃:《从政治学角度看中国社会的转型》，载《社会学研究》1996 年第 1 期。

③ 张小路:《社会转型中的知识分子问题》，载《社会科学研究》1994 年第 2 期；陶东风著:《社会转型与当代知识分子》，上海三联书店 1999 年版。

④ 刘建军:《社会主义意识形态在社会转型中的地位和作用》，载《理论与改革》1994 年第 8 期。

⑤ 廖克林:《宪法在社会转型中的地位和作用》，载《中国法学》1996 年第 3 期；杜承铭:《社会转型与中国宪法理念的重构》，载《法学评论》2000 年第 3 期。

⑥ 张纯琍:《我国社会转型时期对犯罪者教育改造体系的对策研究》，载《公安大学学报》1999 年第 1 期。

⑦ 曹子东:《社会转型与经济犯罪》，载《公安大学学报》2001 年第 2 期。

型这一分析框架。之所以会出现法律研究领域的滞后现象，客观地讲，并非是法律学者们个体努力不够，原因无疑是社会性的和背景性的。分析个中原因，笔者认为主要有两个方面：第一，按照马克思主义的经典理论，法律领域是属于上层建筑领域，受到经济领域及其他生产力领域的制约和影响，因此，在转型现象的表现形式上尽管会存在共时性现象，但历时性现象显得更为突出，尤其表现为法律领域等上层建筑一定程度上会滞后于经济领域及其他生产力领域。也因此，法律学领域对社会转型的关注相对晚了一些。第二，改革开放以来的社会转型给我国的法制建设与司法改良带来了很多十分艰巨的新课题，如有学者指出，改革开放以来，在这个转型的社会中，我国的法律发生了显著的变化，这种变化深深根植于改革开放以来社会的经济、政治和文化条件的变革之中，因此也被称之为大背景的“社会转型”。① 具体而言，我国法律的发展变化不仅体现在内在的质的方面，比如立法的民主性与科学性、司法的中立性与公正性，等等；而且体现在外在的量的方面，比如立法的篇幅、律师的人数、执法的经费投入，等等。② 可以说，“处于深刻转型期的中国，其一举一动、一笑一颦，无不牵动着外界的心弦，成为其重要的关注对象。经济的发展、政治的改革、社会的分化、文化的多元，甚至一个平民的多舛命运，都是学者们所孜孜不倦探讨的永恒话题。”③ 这些新型课题使得法律研究者的使命变得非常艰巨——当面对种种新现象的时候，一时间，研究框架的确立还处于探索

① 冉井富著：《当代中国民事诉讼率变迁研究——一个比较法社会学的视角》，中国人民大学出版社 2005 年版，第 2 页。

② 冉井富著：《当代中国民事诉讼率变迁研究——一个比较法社会学的视角》，中国人民大学出版社 2005 年版，第 2 页。

③ 尹冬华：《转型期中国国家权力的基本特征》，载 http://www.chinaelections.org/NewsInfo.asp? NewsID=44636。

阶段，因此，不可能在短时间之内将转型社会的分析框架和学术背景运用良好。

当然，转型社会与法律治理的问题域对于本书论题的界定是太大了，因此，笔者在本书中的论题关照仅仅限于司法——转型社会中的司法运行原理。由于转型社会中法律领域存在一系列非常重要的焦点问题——纠纷解决，以及司法机构如何既维系司法的应然角色，又担纲起社会转型期间纠纷解决的社会使命等问题。因此，更应当关注法律领域中的司法领域。在此意义上，转型社会与社会转型这样一种研究范式似乎更应当成为中国司法如何运作及其如何改革的逻辑起点。毕竟，“中国是一个各地政治经济文化发展不平衡的，同时又是在发展和转型中的大国。”“必须针对中国的这些特点、问题和需求来设计改革调整司法制度，而不是教条主义地按照某种法治或司法制度的理念来设计改造司法制度和法官体制。”① 于此，笔者在本课题中将集中有限的精力与能力，将司法放置在社会转型背景之下，研究转型社会的司法运行原理与实践问题。

第二节　社会转型的特征与悖论

关于社会转型的特点，学界有着诸多论述。例如，龙宗智教授从整体的角度作出概括，中国在社会转型期间表现出以下特点：一是社会关系不稳定，社会规范具有中间性与过渡性。普遍表现为“社会失范”，在计划经济体制下，一元社会的规范已经丧失；二是资源稀缺或不足，支持社会发展要求以及社会规范运行的资源严重不足。当前，中国社会存在“三大不良机制”：扯皮机制、赖账机制、“逼良为娼”机制；三是纠纷发生的广泛性

① 苏力著：《制度是如何形成的》，北京大学出版社 2007 年版，第 119 页。

及普遍性的行为不规范；四是社会发展不平衡，主要表现在：经济发展不平衡，城乡发展不平衡，“三农”问题突出。地区发展不平衡，东西部地区差距日益加大。贫富不均，社会矛盾较为突出。经济与政治发展不平衡，经济改革先行，政治与社会的改革具有一定的滞后性。① 也有学者从国家权力的角度认为，同改革前的国家权力相比，转型期国家权力具有四个显著特征：(1) 权力结构的科层化与权力运行的人格化并存；(2) 整个社会呈现出党、国家和社会三元权力结构，政党是这一结构的核心部分；(3) 权力与市场共同参与资源分配；(4) 尽管整个政治体制开始由极权主义转向民主化，但这只是开始，当前中国政治结构更像一种“商议型权威主义”。② 还有学者从社会风险的角度来诊断，认为转型社会是一个高风险社会，主要表现在：(1) 社会不安。社会关系不稳定，社会规范片断化，正式制度有效性不足，“潜规则”比较盛行。(2) 社会分化。从均衡社会向不均衡社会转变中的过度分化，不同收入层的分化不适度加剧，相对剥夺感（relative deprivation）普遍化。③ (3) 社会失业。在从计划经济体制向市场经济体制转变的过程中，城乡居民中的隐性失业日益显性化。(4) 社会公害。社会公害是“转型病”，转型社会宏观控制的散失及市场机制制约的无力，导致市场主体对自然资源的无序利用。(5) 社会纠纷与犯罪。转型社

① 龙宗智：《转型期法治与转型期司法政策》，http://justice.fyfz.cn/blog/justice/index.aspx? blogid = 45387。

② 尹冬华：《转型期中国国家权力的基本特征》，载 http://www.chinaelections.org/NewsInfo.asp? NewsID = 44636。

③ 相对剥夺感（relative deprivation）是一种群体心理状态，属于社会心理学的研究范围。它是指人们通过与参照群体（reference group）的比较而产生的一种自身利益被其他群体剥夺的内心感受。参见郑杭生、李路路等著：《当代中国城市社会结构现状与趋势》，中国人民大学出版社 2004 年版，第 127 页。

会市场经济架构中的竞争使资源显得稀缺，加之普遍行为的不规范，导致了矛盾冲突的常规化，纠纷广泛发生。[①] 著名社会学家、香港中文大学的金耀基教授也曾对转型期社会的特征作出揭示，他认为，转型社会具有三个特征：一是异质性，即传统因素与现代因素杂然并存。例如，摩天大楼与木板小屋，大水牛与喷射机，以及自然经济与市场经济并存。二是形式主义，即应然与实然的不相吻合。“什么应是什么”与“什么是什么”的相互脱节。有许多事物在形式上、表层的是现代的，但实际上、潜层的却是传统的、徒具现代化之名或之形的。三是重叠性，即传统社会是结构不分化和功能普化的，如帝王的权力是不分化的，他的功能是普化的，即同时具有政治、经济、教育、宗教等多种功能。现代社会则是结构分化和功能专化的，如企业家只是经济人，官员只是行政人等。转型社会则是结构分化与不分化、功能的专化与普化相互重叠。[②] 另有学者指出，以农村“家庭联产责任制”为按钮启动了中国社会转型，全面推动了社会经济结构、社会分层结构、意识形态等的巨变。而中国社会转型的向度主要有：从计划社会向市场社会转变；从农村社会向城市社会转变；从工业社会向信息社会转变；从贫困社会向富裕社会转变。其中第一种趋势是社会体制转型的主要向度；第二种趋势是社会结构转型的主要向度；第三、四种趋势是社会发展转型的主要向度。[③]

这些对转型社会与社会转型的论述与解读无疑都是很有启发

---

① “中国战略与管理研究会社会结构转型”课题组：《中国社会结构转型的中近期趋势与潜在危机》，载《战略与管理》1998 年第 5 期。

② 金耀基著：《从传统到现代》，台湾时报文化出版公司 1990 年版，第 113 ~ 116 页。

③ 宋林飞：《中国社会转型的趋势、代价及其度量》，载 http://www.lnsgdb.com.cn。

的，也牵涉到了一些很具有现实意义与理论内涵的特征。但是，由于学者们的角度不同，论述上有必要进行系统性整合。为此，在上述理论学者的思想基础上，笔者认为，如何定位转型社会与社会转型的特点，需要“认真对待”以下悖论。

一、社会秩序与社会失序之间存在悖论与张力

从治理的角度讲，社会秩序与社会失序之间存在悖论与张力。一般而言，社会形态可以被区分为“秩序”与“无序”两种类型。在法理学的概念范畴中，秩序概念意指在自然进程和社会进程中都存在着某种程度的一致性、连续性和确定性。而另一方面，无序概念则表明存在着断裂（或非连续性）和无规则性的现象，亦即缺乏智识所及的模式——这表现为从一个事态到另一个事态的不可预测的突变情形。[①] 可以说，在任何社会形态下，社会秩序都是治理者必须亟须关注的首要任务。因为社会秩序不仅关系着治理者的控制地位，而且关系着整个族群或种群的生存、发展与繁荣，还关系着社会内部所有人员的生活状态与社会心理状态。一如美国法理学家博登海默所指出的，“历史表明，凡是在人类建立了政治或社会组织单位的地方，他们都曾力图防止出现不可控制的混乱现象，也曾试图确立某种适于生存的秩序形式。这种要求确立社会生活有序模式的倾向，决不是人类所做的一种任意专断的或‘违背自然’的努力”,[②] 相反，“人类的这种倾向乃深深地根植于整个自然结构之中，而人类生活则

① Uredell Jenkins, Justice as Ideal and Ideology, in Justice (NOMOS vol. VI), ed. C. J. Friedrich and J. W. Chapman (New York, 1963), pp. 204 - 209. 转引自［美］博登海默著：《法理学——法律哲学与法学方法》，邓正来译，中国政法大学出版社1998年版，第220页。

② ［美］博登海默著：《法理学——法律哲学与法学方法》，邓正来译，中国政法大学出版社1998年版，第220页。

恰恰是该结构的一个组成部分。”① 针对人类寻求规范与秩序的诉求，德国法理学家魏德士也指出，“在人类的共同生活中，人们宁可容忍有问题的、不符合目的的或者根本就是‘不公正的’法律规则的存在，也不愿看到完全失去法律控制（没有法律判断）的状态。在那些由于没有规则约束而发生混乱，并完全失去法律控制的地方就是这样。混乱有时比有组织的暴政更不人道，更难以容忍。”② 由此可见，秩序对于人类社会是多么的重要。

然而，在转型期间，社会秩序受到了一定的冲击。一方面，原有的价值观念与规范结构被新生事物及新生事件所打破，并在一定范围或某种程度上呈现出应对失灵的情形，而另一方面，新的价值观念和规范却尚未形成或者尚未起到统率功能。可以说，在此期间，社会生活样态所处的阶段既不是“秩序的阶段”，也不是“无序的阶段”，而是一种“失序的阶段”。③ 所谓失序（失范），该概念最初是由法国社会学家涂尔干提出来的，涂尔干的主要思想集中体现在对社会分工的论述方面，在他的理论中，认为传统社会的社会状态是一种机械的团结状态，而现代社会的社会状态是一种有机的团结状态，而引发传统社会向现代社会发展与变迁的主要动力是社会分工的增强与细化。当然，社会分工的增长也不可避免地要带来一定的痹症，如社会分工的增长

---

① ［美］博登海默著：《法理学——法律哲学与法学方法》，邓正来译，中国政法大学出版社 1998 年版，第 220 页。

② ［德］魏德士著：《法理学》，丁晓春、吴越译，法律出版社 2005 年版，第 40 页。

③ 如学者所指出的，“由于个体的心理或行为失调，以及社会控制系统功能的失调等，社会秩序在一定范围内和某种程度上受到破坏、出现混乱的状态，就称之为‘失序’。”参见吕耀怀、刘爱龙：《失范、越轨与失序》，载《长沙电力学院学报》1999 年第 2 期。

将引起社会结构的改组，致使各种调节社会秩序的规范发生功能故障的状态叫作“失序状态”——“在任何情况下，如果分工不能产生团结，那是因为各个机构间的关系还没有得到规定，它们就已经陷入了失范状态”。① 后来，该失序/失范理论被墨顿予以阐释与发展，墨顿在其1938年的论文《社会构造和失范》中进一步发展了失范/失序的概念。墨顿指出，失范/失序就是规制社会集团中的文化性目标以及这个目标与达成目标的手段（程序）之间的调和性关系的制度规范崩溃的状态。② “现代社会一方面非常强调一定的成功目标，另一方面却对于与之相同的制度性手段完全不予重视。”③ 这就造成了很多“追求”行为最终缺乏制度性的规制，而流于失范状态，社会秩序也由此流于失序状态。其实，不仅现代社会存在这些情况，在转型社会这种现象尤为突出。如果说在较为稳定的或者转型不是很剧烈的社会中，“追求手段的强烈”与“规制手段的缺席”之间的张力和悖论尚不是太剧烈或并非多元的话；那么，在转型社会，两者之间的关系就更为复杂、也更具有张力，因为，在转型社会，追求手段的强烈还包容着另外一层关系，即新的追求手段与旧的追求手段之间的转换关系，同样，在规制手段缺席的层面，也存在着类似的交替关系。在此意义上，社会秩序与社会失序之间的悖论与张力也就成为转型社会的重大特征之一。

具体而言，社会失序主要体现在政治领域、经济领域、教育

① ［法］埃米尔·涂尔干著：《社会分工论》，渠东译，生活·读书·新知三联书店2000年版，第328页。

② ［日］森本益之等著：《刑事政策学》，戴波等译，中国人民公安大学出版社2004年版，第7页。

③ ［日］森本益之等著：《刑事政策学》，戴波等译，中国人民公安大学出版社2004年版，第7页。

领域、思想文化领域、社会生活领域等几个方面。[①] 第一，就政治秩序领域而言，社会失序主要表现为权力的腐败或者说公共权力的非公共使用。可以说，虽然腐败不是转型中的中国社会独有的现象，但中国的腐败现象在转型期间却一点都不可忽视，这主要是因为，公共权力（包括立法权力、司法权力、行政权力）作为一种公共资源，应当被恰当地用于公共利益和公共福祉，如果被某些个别官员拿来私用，甚至被某些官员或部门当作资本用于“寻租”，这些均是破坏社会秩序的严重行为。第二，就经济领域而言，主要表现在三个方面：一是市场主体进入市场的行为存在盲目化和短期化倾向。二是市场上存在不少非法交易的客体，如假冒伪劣、走私贩私等。三是市场过程存在诸多不正当竞争或不公平交易现象。这些均严重地危害着经济秩序的稳定和发展。第三，就教育领域而言，在市场改革进程中，由于相关的管理制度较为滞后，学校的自我约束机制不健全，呈现出诸多乱收费和高收费现象，这些不仅给普通民众带来大量经济负担，而且严重损坏学校的办学环境。第四，就思想文化领域而言，随着现代化进程的纵深发展，原有的价值、观念与思维受到了前所未有的挑战。整体上而言，适合市场经济与法制秩序的新型思想文化体系尚未塑成，因此，人们感觉到前所未有的心态危机，包括重物质、轻精神的物欲化倾向，向原始的、本能的方向复归的粗俗化倾向，灵魂瘫痪的冷漠化倾向，情绪性、非理性的躁动化倾向，无兴趣、无所谓、无意义的无责任化倾向，经济利益驱动的虚假化倾向，等等。[②] 第五，就社会生活领域而言，最集中地表

---

① 刘祖云主编：《社会转型解读》，武汉大学出版社 2005 年版，第 144 ~ 149 页。

② 邵道生：《国民心态危机——六大病态的社会心理》，载沙莲香等著：《社会学家的沉思——中国社会文化心理》，中国社会出版社 1998 年版，第 229 页。

现为犯罪现象的增多和犯罪现象的年轻化、低龄化和组织化。

二、社会发展与配套保障之间存在悖论与张力

从发展的角度讲，社会发展与配套保障之间存在悖论与张力。

社会转型很大程度上与社会各领域的高速发展呈现出正比例关系，即社会高速发展越显著，转型色彩越浓烈，同样的，也就呈现出转型社会的另一个特征，即社会发展与社会保障之间不平衡或者存在张力。

社会发展是一个各领域均衡发展及相互协作、保障、互动的整体性进程。自改革开放以来，我国在经济领域取得了非常显著的历史成就，国民生产总值一直保持 10% 左右的高增长率，然而，尽管如此，我国社会发展也体现出发展不均衡与相互支撑不足的弱点和弊端，具体表现在以下几个方面：

第一，在各具体领域内部，各主要领域之间改革的进展不平衡，导致发展与保障不协调。在此仅以经济领域内部之间的不均衡为例，对此，中国经济体制改革研究会副会长杨启先早在 2001 年中国经济体制改革研究会上就做出了详细说明，“要真正从计划经济转到社会主义市场经济，必须全面搞好市场、企业、宏观、分配四个层次的一系列改革。但时至今日，四个层次的改革虽然都取得了不小的进展，但进展都很不平衡。如在市场层次中，商品市场的建立进展较快，要素市场建立进展较慢；在企业层次中，非国有企业改革进展较快，国有企业改革进展较慢；在宏观层次中，宏观调控手段的改革进展较快，宏观管理体系的改革进展较慢；在分配层次中，初次分配的改革进展较快，再分配

特别是社会保障制度的改革进展较慢。"① 而新经济体制的建立，是一个综合性的系统工程，必须各个层次、各个领域的改革都基本达到一定的水平，才能发挥出应有的效果。如果各个领域的改革明显不平衡，就意味着在客观经济中两种体制、两种机制并存，经济运行中的矛盾、漏洞、摩擦甚至冲突必然很多，经济秩序混乱甚至不正之风、腐败现象在所难免。② 基于以上，可以显见，在我国经济领域内部，各领域或各环节在协同发展的同时，由于发展的不均衡，表现出相互支撑、相互配合、相互保障不足的严重缺陷。

第二，经济基础领域的改革推进与上层建筑领域的不协调，导致发展与保障之间存在冲突。以我国经济体制改革与法律体制改革之间的不平衡为例，对此，又如中国经济体制改革研究会副会长杨启先所指出的，"市场经济应该是一种法制经济，没有健全的法制是绝对不行的。但在这方面，我们现在还差得很远。首先是，立法的范围很不全，许多应有的法律至今没有。如在我国经济的许多领域中，按市场经济运行已占绝对支配地位，但至今没有一部完整的'市场法'或'商法'；企业基本上已成为市场运行的主体，但至今还没有一个统一的'企业法'（现在是'企业法'与'公司法'并存，二者的一些规定并不一致），特别是这两个法在制定时我国还没有确立社会主义市场经济理论，许多内容本身也明显不适应现在的实际情况。……其次是，立法的程序不对。现在我们的许多立法，都不是由立法机关所成立或授权的专门组织起草，而是由各主管的部门负责，部门权力利益的痕

① 参见《中国经济改革四大不平衡》，载 http://www. southcn. com/finance/caijingshiping/shiping/200110250666. htm。

② 参见《中国经济改革四大不平衡》，载 http://www. southcn. com/finance/caijingshiping/shiping/200110250666. htm。

迹往往十分明显。再次是，法律的内容一般都比较抽象，操作起来比较困难。加上司法执法制度方面的不健全，有法不依、执法不严、违法不究、滥用职权，以及为保护部门和地区的利益而违反法律的现象还比较严重，等等。”①

第三，经济改革与政治改革的推进缺乏相应的思想与文化转型作为保障。经济改革的推进与政治改革的推进均需要相应的思想观念与文化的支撑和保障。以法制变革与思想文化之间的关系为例，由于受到我国长期盛行的有罪必究与实体真实的传统的影响，在刑事程序法领域，很多具有现代意义的程序法基本原则迟迟不能得到法律上的确立与司法中的贯彻，例如，在有错必纠的传统文化观念的影响下，现代一事不再理的基本原则②在制度变迁方面就受到了较大的阻碍。在我国，程序的安定性和法院的既判力受到了提倡和关注，但是，“不错不漏”和“不枉不纵”的传统观念在制度构设与司法实践中仍然占据主流，如一些学者曾指出，“忠实于法律制度，实事求是，有错必纠是我国刑事诉讼始终坚持的方针。即使判决、裁定已经发生法律效力，但一经发现有错误，不论是在认定事实上，还是在适用法律上，也不论是对原、被告人有利的，还是不利的，都要经过审判监督程序重新审理，加以纠正，从而使无辜者得到平反昭雪，轻纵的罪犯受到应得的惩罚，这就从法律上有力地保证了这一方针的实现。”③

---

① 参见《中国经济改革四大不平衡》，载 http://www.southcn.com/finance/caijingshiping/shiping/200110250666.htm。

② 一事不再理的确切含义包括两个方面：一是诉讼系属效力，即原告不得就已起诉之案件，于诉讼系属中再行起诉；二是判决的既判力，即判决确定后，当事人不得就已经判决的同一案件再行起诉。一事不再理，对于控诉方而言，意味着不能重复起诉，对法院而言，意味着不能重复受理、审判。一事不再理原则的确立是基于保障人权和实现诉讼效益的需要。——万毅：《变革社会中的程序正义——语境中的中国刑事司法改革》，中国方正出版社 2004 年版，第 48 页。

③ 陈光中主编：《刑事诉讼法学》，中国政法大学出版社 1996 年版，第 420 页。

这样一来，造成了我国司法实践中，再审案件非常多，法院的判决得不到执行，程序效益受到很大的损伤。又如，当证据不足时，我国也并没有遵循现代程序法疑罪从无的原则，仍然受到实体真实的传统观念影响，影响了程序资源的合理分配和被追诉人权益的保障。即使有些学者主张疑罪从无，也是从实体真实主义的传统观念的角度论证的。虽然有观点主张对于疑难案件应采取无罪处理的办法，即经反复查证，无法取得确凿证据的情况下作出撤销案件、不起诉的决定或判决无罪，已逮捕的无罪释放。但主流观点却并没有放弃必罚主义思想。显然，这种以犯罪追诉、有错必纠、实体真实为核心的传统观念必将严重影响到程序的安定性和程序本身的独立性价值。这也一定程度上凸显着我国思想文化观念与法律制度发展方面的张力与悖论。

三、制度能力与制度权威之间存在悖论与张力

从制度的角度讲，制度能力与制度权威之间存在悖论与张力。转型社会所需面对的另一悖论与难题是如何调整制度能力与制度权威之间关系。在现代社会，秩序的维系基本上是通过规范（尤其是法律制度）来保障的，对此，德国法理学家魏德士指出，“法创造着秩序”。① 但是，是否有了法律制度就一定能够有效地维系社会秩序呢？于此，我们应当意识到，制度建构是社会秩序的必要条件，而非充分条件。换言之，即使有了相应的制度建设，如果没能解决好该制度能力与制度权威的关系问题，也并不能够当然地达致良好的社会秩序。

学者刘小枫曾指出，“90 年代的中国学界出现了这样一种现象：无论是研究社会问题的哪一个学科，只要它涉及现代化问

① ［德］魏德士著：《法理学》，丁晓春、吴越译，法律出版社 2005 年版，第 39 页。

题，就必然要研究和考虑社会转型问题；而只要探讨社会转型，就肯定会触及社会制度的现代化问题……都会考虑社会制度的变迁、创新、目标、功能等”，[①] 因为现代化或社会转型的题域，从根本上说就是政治、经济、社会等方面的制度转型问题。关于制度的概念，学界有很多种界定，如《汉语大词典》中“制度”这一词条的解释，一是指在一定历史条件下形成的法令、礼俗等规范；二是制定法规；三是规定；四是制作；五是规模、样式。[②] 老制度经济学派的代表康芒斯将之界定为，“集体行动控制个体行动的规范”。[③] 在西方著作中，新制度经济学派代表诺斯将之界定为，“制度是一系列被制定出来的规则、守法程序和行为的道德伦理规范，它旨在约束追求主体福利或效用最大化的个人利益行为”。[④] 在此，笔者将之界定为，具有一定的强制力、约束力和权威规范力的行动规范的总称，主要用于调整如经济、政治、社会、教育、科研等各领域的行为。而所谓制度能力，又被称为制度的有效性，是指制度在调整人类行动方面的有效性。对此，我国学者邹吉忠提出四点衡量制度能力的标准：一是准确反应特定社会的权力结构，这是制度获得有效性的首要条件。“若是某项制度安排会使社会上占主导地位的保守集团的处境受到威胁，或者不能将社会上新生主要团体的权力要求体现到制度中来，总之，若是制度有违社会已然存在的权力结构及其变化趋势，那么，这样的制度必将产生合法性危机，从而无法获得起码

① 刘小枫著：《现代性社会理论绪论》，上海三联书店 1998 年版，第 3 页。

② 参见《汉语大词典》第 2 卷，汉语大词典出版社 1998 年版，第 664 页。

③ ［美］康芒斯著：《制度经济学》，商务印书馆 1962 年版，第 87 页。

④ ［美］诺斯著：《经济史中的结构与变迁》，陈郁、罗华平等译，上海三联书店 1994 年版，第 225 ~ 226 页。

的有效性。这些情况尤其突出地存在于社会转型或社会过渡的时期。”① 二是真实反映各种现实利益关系及其变化趋势，是制度获得有效性的另一个基本条件。三是充分反映人们共同的价值观，这是制度获得服从者信仰和自愿遵从的必要条件。四是制度还需要符合基本的逻辑规则，这是制度得到人们普遍遵守所必需的。② 从这四项标准我们可以发现，在转型社会，制度能力的保持与发挥要求制度必须能够针对社会的权力结构、利益结构、观念结构以及逻辑结构作出及时的应对与调整，否则，制度将会滞后或超前，并影响到制度在调整社会行为与社会关系方面的有效性程度。

所谓制度权威，一般是从守法者与制度规范之间的关系的角度来界定的，是指人们对制度的服从关系。这种服从关系表明了制度发挥作用或制度有效性的程度。③ 在此，人们会产生一个很重要的疑问，即如果制度能力得到很好的发挥，如根据转型期间的特定条件制定的新型制度规范在解决纠纷与调整社会关系和社会行为方面的效果非常出色，那么，人们为什么还不愿意遵守呢？或者说，制度能力与制度权威之间到底是什么关系呢？这无疑也是转型社会亟须处理的另一悖论与张力。在此，笔者认为，制度权威的获取与制度规范的合理性、正当性程度存在很大的联系，“虽然说制度反映了一定的权力关系和权力结构，制度本身也有强制性的一方面，但是，这种作为制度基础的权力是制度性或制度化了的权力，它不可能是赤裸裸的强权，它必定是合法

---

① 邹吉忠著：《自由与秩序——制度价值研究》，北京师范大学出版社 2003 年版，第 90 页。

② 邹吉忠著：《自由与秩序——制度价值研究》，北京师范大学出版社 2003 年版，第 89 ~92 页。

③ 李松玉著：《制度权威研究——制度规范与社会秩序》，社会科学文献出版社 2005 年版，第 39 页。

的、合理的、正当的，必须具有起码的合法性、正当性、合理性。”① 在此意义上，所谓权威，就是“权力加合法性”，“正式结构中的合法权力”。② 制度权威的获取应当秉持两个方面的标准：实质的正当性与形式的正当性。就实质的正当性而言，按照我国学者邹吉忠的说法，“制度应当给服从者带来利益上的好处，应当符合人们在道德、宗教和审美方面的价值偏好和价值追求，应当符合人们社会生活的习惯和传统，只有这样，它才堪称是实质上合理的东西，才能得到人们的赞成、承认、支持和认同，才能取得人们服从和遵守的自愿承诺，因而才具有真正的合法性和权威性”。③ 就形式的正当性而言，即表现形式与实施程序上表现出正当性的要素，则该制度也就具有形式的正当性。在表现形式上，制度应当以一种具有刚性效力的规范形式来表现，在现代社会，最为主要的规范形式是法律形式，因此，制度应当以法律规范的形式来表现，即在形式层面具有推定的、当然的、优先的正当性。在实施程序上，如果能够一视同仁、程序面前人人平等，则也具有实施层面的正当性。

然而，在我国当前的转型期间，很多制度的构设与发展却并没有解决好制度能力与制度权威的关系，两者之间经常发生冲突、呈现出紧张关系。往往是制度能力得到了彰显，如纠纷似乎得到了短暂的解决，但制度的权威并没有得到很好的体现，即很多纠纷的解决方案并没有得到涉讼参与人的认同和遵守，继续上诉、发动信访的现象非常之多，甚至还引发了一些以不服从为中

① 邹吉忠著：《自由与秩序——制度价值研究》，北京师范大学出版社 2003 年版，第 81 ~82 页。

② ［美］李普塞特著：《政治人——政治的社会基础》，张绍宗译，上海人民出版社 1997 年版，第 16 页。

③ 邹吉忠著：《自由与秩序——制度价值研究》，北京师范大学出版社 2003 年版，第 83 页。

心的“群体性事件”。这些不服从现象的出现，又反过来进一步损伤着制度的权威性和正当性。由于“在这些所谓的‘群体性事件’中，很多矛盾都是由于已经边缘化的工人和农民阶层在政策和法律的制定中缺乏自己的代言人而导致的政策性因素所引起，特别是一些地方政府在城市拆迁、农村征地中利用公权与民争利，加剧了当地群众对政府部门的不信任甚至对立。”① 另外，还有一些情况下，由于制度设置的不合理，诱发了诸多非制度性或者法外措施的实施，尽管这些法外制度的实施最终“解决了问题”，但却在实施程序上损害了公民的信任感。如在刑事诉讼程序中，我国当前司法实践中刑讯逼供等取证措施仍然是一个突出问题，尽管经过刑讯逼供、超期羁押、非法取证等方式破获了案件，制裁了犯罪人，但是，由于实施方法不符合程序正义的要求，所产生的负面影响却非常严重。在此意义上，如何对待和调整制度能力与制度权威之间的张力关系，是转型社会的一大特征。

四、国际趋势与本土国情之间存在悖论与张力

从条件的角度讲，国际趋势与本土国情之间存在悖论与张力。

转型社会还需要正确对待国际趋势的示范作用与本土国情的约束限制。如前所述，如何处理西方社会的现代化经验与我国社会的本土国情条件之间的关系，是我国现阶段转型社会期间的重大使命之一，也是研究我国转型阶段的重要范式框架。对此，以法学界为例，学界主要有两种主流观点，一是由苏力教授所主张的本土资源论，即不主张通过变法或法律移植来实现中国的社会

① 高军：《试论当代中国的社会转型与法治路径的选择》，载 http://www.law－lib.com/lw/lw_view.asp？no＝8490。

转型与法治转型，认为中国的社会转型与法治转型应当更加重视本土的资源，外国的或国际的样本尽管很诱人，但是，并不一定适合中国的国情和中国发展的逻辑。如苏力曾指出的，“在中国从计划经济向市场经济转换、建立全国性统一大市场的过程中，必定要求和引起法律和习惯的变化，最终要求形成与市场经济相适应的法治。”“尽管目标已经明确，但中国法治却不能仅仅按照理论上论证的那种与市场经济相适应的法律制度，或者外国行之有效的法律制度来建立。这是因为市场经济所需要的并不是一种抽象的法治”，变法——对西方国家经济制度和法律制度的引介——尽管初衷是好的，但是，“变法引出的制度变化并不必然符合市场经济需要，它不能替代社会生活中所需要的大量习惯惯例；法律移植也不可能完成这一点。”①“当代的许多实证研究都表明，不考虑社会背景、不关注人们的物质生活方式，而仅仅从需要或抽象的‘正义’出发的法律移植都失败了。”② 另一种观点则较为倾向于主张通过制度借鉴来实现中国法制的现代转型。对此，学者们的观念与见解均表明，这个时代的所有法学者几乎都是现代化论者。当然，最为本质性的原因，是我国自清末以降打破原有法律制度传统、建构现代意义上的法制体系的进程，几乎就是借鉴西方法制经验的进程。在西方制度经验的强势影响下，中国所有的部门法的法律制度与法学研究几乎都在模仿西方的经验，再加上，第二次世界大战后，西方两大法系制度经验呈现出共通性的融合趋势，更是对包括我国在内的非西方国家的制度改革与转型造成了非常强烈的示范性效应。如“二战”之后，世界人权公约及国际性刑事司法准则对我国近年来刑事诉讼制度的再修改与现代性转型起到了非常强烈的影响。“从刑事诉讼制

① 苏力著：《法治及其本土资源》，中国政法大学出版社 1996 年版，第 11 页。
② 苏力著：《法治及其本土资源》，中国政法大学出版社 1996 年版，第 34 页。

度发展的世界性趋势来看，刑事诉讼国际准则是否确立已经成为衡量一个国家刑事诉讼程序科学性、民主性，甚至是一个国家民主、法治、人权状况的重要标准。”①

从历史的视角观察，转型期间出现上述两种观点与见解并不奇怪。国情派和西化派在我国近代史的社会转型阶段也曾经是非常主流的知识类型。当然，尽管如此，我们还是必须秉持中道学说，即并非极端地强调本土资源，也非极端地注重西方经验与法律移植，而是两者均给予重视，即一方面，顺应我国近代以来的西法东渐之趋势，以西方的制度经验为参照；另一方面，对于法律模式的构建也是如此，必须分析中国的语境，从中国的语境中开出合理的法制模式。② 当然，也正是在此意义上，如何协调国际趋势与本土国情之间的张力结构也就成为社会转型时期的重大特征之一。

综合而论，以上关于社会转型的悖论，诸如治理方面的社会秩序与社会失序，发展方面的社会发展与社会保障，制度方面的制度能力与制度权威，以及条件方面的中国国情与西方经验等范畴，均凸显在转型期间矛盾冲突的加剧，以及解决矛盾冲突的难度。如治理方面，社会规范的供给不足，必然导致社会失序的状况增加，也就导致各种纠纷随之而来；又如发展方面，社会发展的不均衡必然导致利益分配的不均衡，而社会保障的不足必然导致利益受损以及救济不及时等状况的出现，各种纠纷也必然会随之而来；再如制度方面，社会转型期间的制度能力由于供给不足，必然连带着制度权威的陨落，寻求制度权威，可以说，提升

---

① 万毅著：《程序正义的重心——底限正义视野下的侦查程序》，中国检察出版社 2006 年版，第 5 页。

② 武建敏著：《司法理论与司法模式》，华夏出版社 2006 年版，“前言”第 4 页。

制度能力和制度权威一直是包括司法公权力在内的所有公共权力之共同宿命；条件方面，社会转型期间是必然需要面对的知识资源问题。可以说，这些宏观背景的把握对于认知社会转型之语境特征具有重大意义。

第三节 社会转型期的纠纷特点

一、社会转型期间的纠纷具有普遍性

在社会转型期间，社会纠纷明显具有普遍性的特征，在刑事法领域与民事法领域均有直接而明显的体现。就刑事法领域而言，具体如下：

第一，涉财产性刑事纠纷随着改革开放的逐步深入，基本上呈直线上升趋势，这主要是由于我国经济体制正发生着由计划经济向市场经济的巨大转型。如学者所指出的，“现代化的标志是从暴力犯罪占优势的社会转变为日益增多的财产犯罪为特征的社会。财产犯罪在所有现代化国家都是犯罪的主要形式。这是因为日益受世俗的而不是宗教的准则所支配的有形财富，具有前所未有的重要性。在社会地位不断变动的现代社会里，决定人们社会地位的是财产而不是出身。在这种情况下，取得财物已不仅是为了满足实际的需要，而且是得到社会地位的手段。财产的获得，已成为可以证明一个人的个人价值的手段。”① 德尔卡海姆也描述指出，“奢望受到不断的刺激但从未得到满足”的情况会比以往任何时候都多。在这一巨大社会转型过程中，受物质利益与财富观念的影响和驱动，很多人并没有遏制住自身的利益取向，从

① ［美］路易丝·谢利著：《犯罪与现代化》，何秉松译，中信出版社 2002 年版，第 37 页。

而走上了侵财型犯罪的道路，致使社会转型时期我国的侵财型刑事纠纷迅猛增长。

第二，扰乱市场经济秩序的犯罪极速增长。当前这些犯罪纠纷主要表现为以下一些犯罪类型，包括危害税收征管犯罪、职务侵占犯罪、合同诈骗犯罪、计算机犯罪、妨害公司企业管理的犯罪、破坏环境资源的犯罪、侵犯知识产权的犯罪、金融诈骗犯罪、生产销售伪劣商品犯罪等一些罪名方面。之所以如此，主要是因为当前我国正处于迈向社会主义市场经济体制的过渡与完善阶段，“市场经济与各种新型犯罪本无实质联系，权力腐败也不是市场经济的必然产物。但由于市场经济中一切生产要素都要进入市场，通过市场竞争促进社会资源优化配置目标的实现，因而一切有使用价值的东西，都具有可以转化为商品的内在动因，时机成熟，都可能转化为商品，其标志是权利交易或以权谋私。”① 再加上，我国目前尚未形成一套完整的法制体系来规范企业行为、经济行为和市场行为，因此，社会转型期间的社会控制松弛必然会导致一系列经济犯罪纠纷的出现。

第三，毒品等扰乱社会公共管理秩序的犯罪呈蔓延趋势。中国在20世纪五六十年代曾被誉为“无毒国”。但是，到了20世纪80年代，随着对外开放的开展，越来越多的毒品开始从我国过境，从吸毒到贩毒、制毒，短时间内毒品犯罪已成为一个不容忽视的社会问题。到20世纪90年代后期，公安机关登记在册的吸毒者就高达50多万人，被抓获的制贩毒品的犯罪分子成倍增加，被截获的毒品数量更是成几何级增长。② 近年来，毒害更是

---

① 蒋羽扬：《新型经济犯罪产生的原因及防范对策》，载《财经论坛》2006年第12期。

② 徐伟俊：《论毒品犯罪》，载 http://www.dffy.com/faxuejieti/xs/200311/20031119184359.htm。

迅速蔓延，贩毒、吸毒人员以“滚雪球”之势扩大。据相关资料表明，2005 年，全国累计登记在册的吸毒人员已达 116 万人。中国吸毒的高危人群多集中在青少年、社会闲散人员和流动人口，并成为影响社会秩序的不安定因素。其中，35 岁以下的占 70% 以上。[①] 如果按照人口比例来推算现在的吸毒者数量，则更是惊人。“如果全国人口按 13 亿计算，则 2005 年中国累计登记在册的吸毒人员占全国人口的 0. 89‰；如果按吸毒人员显隐比例 1∶4 至 1∶7 推算，中国目前的吸毒者数量可能在 460 万至 810 万人之间，占全国人口的 3. 5‰至 6. 2‰。”[②] 可以想见的是，大量的吸毒贩毒活动必然引发更多的违法犯罪活动。之所以如此，与我国社会转型的大背景有着密不可分的关系。一方面，传统的道德系统趋于崩裂，而新型的适应于社会主义市场经济与社会主义法制体系的道德体系尚不健全，因此，在人们的道德观念存在着真空或断层。另一方面，社会公共管理秩序的维系还仰赖于一套合乎逻辑而缜密的法制管理机制，而我国当前社会正发生着由法制不发达向社会主义法治社会转型的阶段，无疑给这些刑事犯罪纠纷留下了很大的滋生空间。

第四，城市犯罪率凸显。随着农业社会向工业社会的转型，以及城市化的快速推进，流动人口“进城”成了社会转型不可阻挡的重要特征。而“人口流动的加剧，影响流动人口自制力的社会关系日趋削弱，如远离家人、单位的流动人员，面对陌生的‘城市’，都是一张张不熟悉的面孔，在这种情况下，一旦失去自制力，流动人口便可能打开犯罪的阀门，变得一发不可

① 阮惠风：《女性毒品犯罪的实证分析》，载《云南民族大学学报》2007 年第 1 期。

② 阮惠风：《女性毒品犯罪的实证分析》，载《云南民族大学学报》2007 年第 1 期。

收拾。”[①]

在民事法领域，民事纠纷也体现出类似的普遍性趋势。不仅纠纷量越来越多，而且，纠纷的诉讼率也愈来愈高。据资料表明，1993 年北京市法院一年审判案件仅 7 万件，到 2004 年已经突破了 30 万件，十年之间约增加了三倍。一线法官的年均审判案件由 31 件增加到 167 件；而与诉讼量的增加相对，十年间北京市的法官人数仅仅增加了 99 人。“人员编制不足和审判案件数量激增的矛盾凸显，成为制约司法工作发展的瓶颈。”[②] 这些还仅仅是进入诉讼程序的社会纠纷，还有为数更为庞大的社会纠纷未曾进入司法程序，但却是潜在的，亟须处理。

二、社会转型期间的纠纷具有冲击性

由于在社会转型期间，出现了很多新型纠纷，如环境污染侵权纠纷、土地征收纠纷、企业改制中涉及的纠纷、医疗事故纠纷、劳动纠纷等等。这些新型纠纷不仅涉及的利益主体较为广泛，而且影响面也非常大，其中的法律关系与社会关系也较为复杂。因此，失利主体往往自然或不自然地形成一个利益群体。一旦其中存在超出受害群体常理或情理容忍界限的因素，如关系到利益群体生存、操作程序不透明，以及涉及官商勾结等因素，[③] 受害群体往往会在纠纷解决的过程中采行一些较具冲击性的手段来寻求救济。从而导致纠纷本身具有了冲击性和非常规性。正如学者徐昕指出的，“尽管构建和谐社会成为时代主题，但暴力根深蒂固地存在于人类社会，转型时期更是暴力的多发期。在征地

① 汪明亮著：《“严打”的理性评价》，北京大学出版社 2004 年版，第 2 页。

② 参见《北京朝阳法院遭“诉讼爆炸”，案件数量超过某些省》，载《北京青年报》2005 年 04 月 24 日。

③ 杨柳：《警惕土地纠纷暴力化苗头》，载《瞭望》2005 年第 29 期。

纠纷、拆迁冲突、企业改制重组、移民安置补偿、物业纠纷、劳动争议、医疗纠纷等冲突中，当事人相当普遍地诉诸暴力维权。有的为讨个说法而放火，有的为寻求公道而绑架，有人为权利而自杀，有人为权利而杀人，如此种种，不一而论。"①

具体而言，社会转型期间纠纷的冲击性主要具有以下几个特性。第一，纠纷的冲击性体现为一定程度的组织性和暴力性。一方面，转型时期的纠纷之冲击性很大程度上是因为主体众多并且组织性强所造成的。对此，顾培东教授较为形象地指出，"参与人少则十几人、几十人，多则上百人，甚至上千人。在非常规性纠纷的参与人员中，困难企业职工、下岗职工和离退休人员以及农民占大多数，也有一些社会闲散人员和少数故意滋事的违法犯罪分子，还有许多不明真相的围观群众。""少数非常规性纠纷的当事人为制造更大影响，或在多个单位、行业间串联，或成立相关组织。如在企业军转干部集体上访事件中，参与者互相串联，互通信息，统一行动，共同推选领头人，设立联系点等等。在某些事件中，国外或境外敌对势力介入，利用或推出个别灵魂性人物，组织策划，推波助澜，扩大事态。"② 另一方面，转型时期的纠纷之冲击性还与暴力性特征紧密关联。以医疗纠纷暴力化为例，2002 年初，中华医院管理学会对全国 326 所医院的问卷调查表明，中国医疗纠纷发生率高达 98.4%，而纠纷发生后，73.5% 的病人及其家属曾采取扰乱医院工作秩序的过激行为，其中 43.86% 发展成打砸医院。患者死亡后停尸在医院大厅、病房的约占 10%，围攻院领导的约占 18.21%，攻击威胁医务人员的

① 徐昕：《警惕社会转型中暴力维权的普遍化》，载《中国律师》2008 年第 1 期。

② 顾培东：《试论我国社会中非常规性纠纷的解决机制》，载《中国法学》2007 年第 3 期。

约占37.2%，数十人冲击医院的占12.3%，黑社会介入的占40.6%。这些过激行为对医院设施直接造成破坏的占35.58%，导致医务人员受伤的约占34.46%。[①] 第二，纠纷的冲击性表现出一定程度的反规范性和反司法性。从纠纷解决机制的历史溯源的角度讲，私人复仇或纠纷的私力性是人类历史的最初形态。在人类社会早期，由于国家形态和国家能力还较为羸弱，私人之间或群体之间所发生的纠纷一般主要是通过私力来解决。马基雅维利曾指出，"世界上有两种斗争方法：一种方法是运用法律，另一种方法是运用武力。第一种方法是属于人类特有的，而第二种方法则是属于野兽的。"[②] 显然，在人类尚未完全脱离愚昧和落后的早期文明阶段，私力争斗或武力解纷是常态，而依赖法律或规范来解纷则是例外。后来，随着人类文明的发展，国家的统摄性逐渐增强，社会逐渐成为国家治理的主要对象，公力解纷与公力纠纷成为政治国家崇尚和要求的形式。司法也成为最为主要的解纷方式。但是，一如前述，在转型社会期间，国家的控制能力相对低下，司法的解纷能力也较为脆弱，而社会纠纷的大量出现又表现出失序的状态。由此，转型期间的纠纷主体纷纷采行具有

---

① 杜海岚：《遏制医疗纠纷上升势头326所医院问卷调查综述》，载《法制日报》2002年2月21日。而且，医疗纠纷暴力化的趋向并无缓解的迹象。2005年6月至7月中华医院管理学会对全国270家各级医院的调查显示，全国73.33%的医院出现过病人及其家属暴力殴打、威胁、辱骂医务人员的事件；61.48%的医院发生过病人去世后，病人家属在院内摆设花圈、烧纸、设置灵堂、纠集多人在医院内围攻或威胁院长人身安全等事件。福建、湖南、江西等地还曾发生过患者杀医生的恶性事件。参见刘墨非：《七成多医院出现过病人及其家属用暴力殴打、威胁、辱骂医务人员的事件》，载 http://www.cmacjs.com/gmbbs/printpage.asp? BoardID=6&ID=385。更为详细的论述，参见徐昕、卢荣荣：《暴力与不信任——转型中国的医疗暴力研究：2000~2006》，载《法制与社会发展》2008年第1期。

② ［意］马基雅维利著：《君主论》，潘汉典译，商务印书馆1985年版，第83页。

暴力性的私力救济方式，可以说，这种私力纠纷是对规范和司法的一种反动。换言之，它们所诉诸的并非法律或司法，而是冲动或武力。甚至某些农民工为了维护自己的权益而选择自杀。“尽管‘以死抗争’的现象由来已久，但转型中国农民工权益受侵犯的程度严重，自杀式讨薪事件频频发生，为权利而自杀的现象已成为一个社会问题，并引起了广泛关注。”① 尽管其中具体缘由可能很多，但客观上这显示着纠纷当事人对法律或司法的规避或搁置。第三，纠纷的冲击性将有可能使局面社会处于无政府状态。政府或国家在现代政治学中是公民自由和社会秩序的维系者。潘恩对此指出，政府的意图和目的无非就是自由和安全。孟德斯鸠也指出，“要享有这种自由，就必须建立一种政府，在它的统治下一个公民不惧怕另一个公民。”② 因此，一旦纠纷过程与纠纷解决过程掺杂了纠纷主体的暴力性和冲击性，以及对正规法律和正常司法途径的规避，相当于是宣告政府和国家的合法性地位之缺席，长此以往，社会所付出的代价也将是失序。

三、社会转型期间的纠纷具有交叉性

社会转型是复杂的，是一种复杂的社会变迁运动。这无疑决定着社会转型期间的社会纠纷也将具有复杂性。在笔者看来，社会转型期间的纠纷具有很多交叉性，主要包括内容上的交叉性、缘由上的交叉性以及救济上的交叉性。

第一，内容上的交叉性。在传统社会向现代社会转型的过程中，我国社会纠纷在具体内容上发生了较大的改变——从涉及

---

① 徐昕：《为权利而自杀：转型中国农民工的以死抗争》，载《中国制度变迁的案例研究》2008 年总第 6 卷。

② ［法］孟德斯鸠著：《论法的精神》，张雁深译，商务印书馆 1959 年版，第 185 页。

“面子、关系”的纠纷过渡到涉及“经济利益”的纠纷。当前，在我国城市中，工业化和现代化已渗透到城市发展的每一个角落和每一个环节，而工业化与现代化所带来的必定是社会的进一步瓦解与经济利益的倍加受重视。因此，传统的面子和关系正让位于经济利益，而所涉及的纠纷类型也越来越多地表现为功利性或经济性，同时还表现出相当的现代性。诸如涉及隐私权纠纷、涉及日光权的纠纷、涉及高度复杂的知识产权的纠纷，等等。同样，在农村，“由于农村结构和秩序受到冲击，传统的价值观念和礼治秩序一定程度上被瓦解，人口以外出务工的方式开始大量流动，经济利益逐渐成为农村关系的中心。”① 而社会结构的转变也决定着社会纠纷内容的转变，正如学者洪浩指出的，“这样的变化对民事纠纷带来了巨大的影响，一些原来不常见的民事纠纷大幅增长。如土地征收补偿、离婚诉讼、借贷引起的债务纠纷等等。”② 当然，尽管如此，社会转型毕竟具有过程性，在大城市以外的基层（包括城市基层与农村基层），尤其是农村社会基层，社会结构的转型还显得相对缓慢，经济理性思维的养成也显得相对滞后。因此，从总体上讲，尽管我国转型期间社会纠纷的具体内容愈来愈倾向于经济利益，但客观地讲，一些较为传统的纠纷（如因面子或关系等引发的纠纷）还是相对较多，从而导致我国社会纠纷在内容上有交叉性特征。

第二，缘由上的交叉性。任何一种纠纷的发生与发展均必须依赖一定的缘由或根据。传统社会中的纠纷缘由是情理，而现代社会中的纠纷缘由则是法理。随着社会转型的深入，纠纷主体所

---

① 洪浩：《非讼方式：农村民事纠纷解决的主要途径》，载《法学》2006 年第 11 期。

② 洪浩：《非讼方式：农村民事纠纷解决的主要途径》，载《法学》2006 年第 11 期。

寻求的合理化依据出现了传统与现代的耦合。形式上的“讨个说法”与实质上的“侵权伤害”交织在一起，[①] 形式上的“为荣誉而战”与实质上的“保护名誉权”交织在了一起，诸如此类的情况非常多见。

第三，救济上的交叉性。在纠纷发生以后寻求救济的过程中，纠纷主体所诉诸的救济途径也并非单一的，而是多元的、具有交叉性的。一方面，受息讼宁人和和谐相处的传统文化的影响，当事人一般采行非诉讼或非司法的方式来解决，力求“将纠纷消化在邻里之间”。“乡土社会没有专门的立法机关和人员，它通过人们的长期共同生活逐步形成规则，并以同样的方式废弃规则，这种秩序或‘法治’只能发生在社会变化很慢以至于个体生命的周期难以察觉变化的社会。”[②] 因此，在这样的社会或社区之中，占主导地位的纠纷解决机制是传统意义上的和解、调解等；但另一方面，“在一个现代的、人员高度流动、社会高度分工的工商社会中，任何负责行政、执法、司法的国家公职人员，即使他/她的个人道德无可挑剔，即使他/她具有高度的责任心和超过一般人的智识能力……仅仅凭着个人的道德直觉、经验积累和实践智慧，已不足以解决现代社会生活中的问题，甚至往往会做错事。在这种情况下，分工细致的国家公职人员往往必须依据一系列程序规则来辨识、确定和分配各种责任。”[③] 在这样的社会或社区之中，占据主导地位的纠纷解决机制就是现代意义上的、由国家机关参与的司法、诉讼或仲裁。

---

① 苏力：《〈秋菊打官司〉案、邱氏鼠药案和言论自由》，载《法学研究》1996 年第 3 期。

② 苏力著：《道路通向城市：转型中国的法治》，法律出版社 2004 年版，第 13 页。

③ 苏力著：《道路通向城市：转型中国的法治》，法律出版社 2004 年版，第 19 页。

第四节 社会转型对司法的影响

基于以上分析，我们可以发现，在稳定与发展方面，由于社会转型期间的纠纷具有普遍性、冲击性、交叉性等诸多特征，这给社会自身带来了巨大的压力。正如法理学家博登海默指出的："如果一个纠纷未得到根本解决，那么，社会机体上就可能产生溃烂的伤口；如果纠纷是以不适当的和不公正的方式解决的，那么，社会机体上就会留下一个创伤，而且这种创伤的增多，又有可能严重危及对令人满意的社会秩序的维护。"① 那么，社会转型及其引发的社会纠纷是否将对新时期的司法运行产生影响呢？答案无疑是肯定的。显然，社会转型造就的众多转型特征，以及社会转型造就的社会纠纷均对转型社会背景中的司法运行提出了新的要求和使命。具体而言，表现在以下方面。

一、从社会转型与法理权威之塑造的角度讲，司法运行对社会转型应当有所回应

一如前述，我国的社会转型是从重视民俗、道德、和解的传统治理方式迈向提倡法制规范、司法运行的现代治理方式之变迁进程。可以说，现代社会与传统社会最为重大的区别就在于前者更为强调法律的权威和司法的功能。因此，若想最大限度地彰显法制规范与法理性权威，司法运行就必须针对社会转型而有所回应。

具体而言，在传统社会中，治理方式上具有以下两个主要特征：一是社会规范的非成文性或模糊性。传统社会中调整社会行

① ［美］博登海默著：《法理学：法哲学及其方法》，邓正来译，华夏出版社1987年版，第489页。

动的规范主要包括了乡规民约、民俗风情、伦理道德等非制度化社会规范。[①] 这些社会性规范是基于历史而形成或固定的行为活动准则，它们“执行调节的、选择的、系统的、评价的、稳定的与过滤的一系列功能。它限定着人与人之间的关系。”[②] 当然，虽然它反映着特定社群的一种共同观念，即一个社群在社会化过程中发展起来的共同价值体系，但是，它却并不是以一种明确的方式来指导人们的行为，相反，这种社会规范是以口舌相传的方式世代流传并内化为每一个人的行为意识。进而，由于传统社会的社会性规范不具有成文性，因此，它的形成和实施就必然具有地域性，换言之，传统社会的规范具有很强的地域色彩，往往“十里之外一风俗”的现象非常普遍，这也就决定了民约、风俗、伦理道德在约束力和适用范围上都相对有限，不具有普遍性。二是纠纷的解决依赖社会内部的力量，往往诉诸和解、调解等方式。一方面，传统社会往往不希望有太多的纠纷或诉讼，因此，避讼的观念较为流行；另一方面，即使是社会纠纷亟须解决，也基本上采取诸如和解、调解等方式，如在我国古代，把“‘讼庭无鼠牙雀角之争，草野有让畔让路之美，和气致祥’作为治世目标，鼓励纠纷当事人‘自行和解’。”[③] 即使是国家动用司法机制来解决纠纷，所依据的司法依据也更多的是公共道德、情理天命，等等。可以说，传统社会的社会规范之规范性与强制性明显不足，同样，在纠纷解决机制上，传统社会往往仰赖的也正是一些不具有强制力或强制力较弱的中间调停人，所依据的也

① 王亚明：《传统中国纠纷解决机制的特点》，载《天津市政法管理干部学院学报》2008 年第 3 期。

② 凌文辁、郑晓明、方俐洛：《社会规范的跨文化比较》，载《心理学报》2003 年第 35 期。

③ 靖小琴、陈会林：《中国传统纠纷解决机制的特征与启示》，载《湖北大学学报》2006 年第 5 期。

是这些内省式的道德律令和合约式的乡俗民约。这显然不能适应现代社会的治理与发展要求。

而现代社会，在治理方式上与传统社会存在较大区别：一是法律规范成为社会治理的主要依据。随着经济发展的加快，原有的社会结构和社会秩序被打破，国家在社会、政治、经济、文化等领域的管理方式上进行了重大的调整和改革，法律规则逐渐代替了传统意义上的宗族指令和族长命令。换言之，法制规范成为调整社会行为与社会关系的主要规范，而非正式社会规范则成为法制规范的补充。① 用庞德的话讲，就是“法律成了社会控制的主要手段”，② 用马克斯·韦伯的话讲，就是法理型权威取代了传统型权威和魅力型权威。同样，随着社会结构的转变，社会意识也随之发生转换，民众的视野越来越开放，自身的经济利益需求也越来越强烈，因此，规则意识、权利意识、诉讼意识开始养成并逐渐膨胀。二是司法机构成为社会治理的主要工具。随着法律权威和公民法律意识的增强，一旦遇到社会纠纷，人们越来越习惯于通过司法或诉讼的途径来救济或维护自身的合法权益。而对于国家而言，它也必须担负起保障与救济公民权益的使命和责任。为此，如何强化国家的职权与如何保障、救济公民的权利就成为现代国家的重要命题。经由现代政治哲学家以及法律思想家的努力，旨在加强国家在社会冲突与纠纷解决中的能力，并旨在实现国家的法理型权威；同时，加强司法运行的政治设计，并旨在实现司法型权威，便逐渐成为各国学界的共识。一如洛克强调指出的，“哪里没有司法来保障人们的权利，在社会内部也没有

① 郭星华、陆益龙等著：《法律与社会：社会学和法学的视角》，中国人民大学出版社 2004 年版，第 184 页。

② ［美］庞德著：《通过法律的社会控制》，沈宗灵、董世忠译，商务印书馆 1984 年版，第 10 页。

其他权力来指挥强力或为公众供应必需品，那里就肯定不再有政府存在”。①

回到我国社会转型的现实处境上，当前我国正处在由传统社会迈向现代社会的重要关口，并且，法律的规范性作用和司法的解纷功能遭遇到很多挑战，因此，若要加强国家的法理型权威与司法的权威性②，就必然通过司法运行来回应社会转型中存在的诸多问题。具体如下：

第一，传统的行政性权威应当适度地让位于司法性权威。在现代社会，“司法越具有权威性，则表明法律越具有权威性，司法的作用范围越大，则表明法律在国家政治生活和社会生活中的地位和作用越突出，法治社会成本就越低。”③ 托克维尔也指出，“司法工作的最大目的，是用权利观念代替暴力观念，在国家管理与物质力量使用之间设立中间屏障。”④ 然而，在我国当前，通过行政的方式来规制社会行为、解决社会纠纷的情况还比较突出，“由于我国长期以来实行高度集中的经济体制，行政权在很大程度上指导和支配着整个社会生活，这在相当程度上影响了司法机关应当具有的独立性和权威性，由于司法体制自身不健全，法官队伍素质普遍不高，一定程度上也都影响了司法的权威性。”⑤ 因此，在社会转型过程中，司法功能的进一步发挥可以有力地缓解社会的不和谐因素，同时，行政性手段与司法手段的

---

① ［英］洛克著：《政府论》，叶启芳、瞿菊农译，商务印书馆 1964 年版，第 132 页。

② 所谓司法的权威性，主要是指司法机关在社会生活中的崇高地位，司法人员在民众心目中受到应有的尊重，以及司法裁判所具备的应有的强制执行力。参见王利明：《司法改革的若干建议》，载《法学家》2005 年第 4 期。

③ 王利明：《司法改革的若干建议》，载《法学家》2005 年第 4 期。

④ ［法］托克维尔著：《论美国的民主》，董果良译，商务印书馆 1988 年版，第 156 页。

⑤ 王利明：《司法改革的若干建议》，载《法学家》2005 年第 4 期。

协调运用，加强司法手段，反而可以进一步增强行政的权威。

第二，塑造法理型权威也需要增强司法本身的解纷能力。毫无疑问，在现代社会，最能体现法理型权威的是“司法”，它也因此被称为法律的守护神。但由于我国的社会转型更为复杂，在转型期间，社会纠纷也具有普遍性、冲击性、变异性等特点，这些与现代司法的有限性、被动性、稳定性等内质存在着非常严重的紧张关系。正如学者所指出的，“规模宏大的、急剧的社会转型不仅导致法律自身在治理规则、治理范围和治理方式等方面发生了巨大变化，更使法律在应对社会变化、治理社会矛盾、调处转型危机、维护转型秩序等方面遭遇到在社会常态下无法比拟的难题与挑战。”① 学者高军也指出，“市场经济的发展给我国带来经济繁荣的同时，也必然制造了社会利益主体和社会结构的裂变和分化，目前，我国已经成为世界上收入差距比较大、城乡差距比较严重的国家。我国社会矛盾和社会问题日益突出，腐败、住房、医疗、教育、三农、矿难等等诸多社会矛盾千头万绪，但社会正当和有效的利益表达途径却严重不足，在利益受侵害时，公民往往只能通过上访、静坐等方式表达诉求，整个社会‘群体性事件’频发。”② 为此，在我国社会发展的新时期，司法运行不仅应当应对现代性转型所引发的一般性挑战，而且还要应对一些隶属于中国特色的独特性挑战——更大程度上发挥司法的作用来解决纠纷。

① 刘金国、蒋立山主编：《中国社会转型与法律治理》，中国法制出版社 2006 年版，第 2 页。

② 高军：《当代中国的社会转型与法治路径的选择》，载 http://www.law-lib.com/lw/lw_view.asp?no=8490。

二、从司法机制与非司法机制关系的角度讲，司法运行对社会转型应当有所回应

在现代法治社会，虽然司法机制在社会治理、塑造法律权威方面起着主导性作用，但却也并非只有司法机制在发挥作用，其他的非司法机制也承担着诸多纠纷解决任务。换言之，司法机制与非司法机制在纠纷解决方面起着相互协调、功能互补的作用。具体而言，这些非司法性的纠纷解决机制，一般泛指各种诉讼外纠纷解决方式和方法。如在美国，传统上主要依赖于司法机制和诉讼方式解决纠纷。然而，进入20世纪60年代，仲裁等传统意义上的非诉讼纠纷解决手段得到普遍的重视和广泛的运用。在德国，如学者所指出的，为了顺应现代社会的变迁与发展，德国的纠纷解决机制形成了一个多元化的解纷体系：包括民间调解机构遍布城乡和各行各业；劳动纠纷等专门化纠纷解决机制的正常运行，等等。可见，非司法纠纷解决机制在德国呈现出应对社会发展与变化的积极态势，而且，其与司法性纠纷解决机制能够和谐相处、有机配合。可以说，从功能主义的角度讲，在世界范围内，非司法机制在应对社会转型的问题上一直处于积极的势态。

为此，笔者认为，在我国迈向现代社会的转型时期，司法机制应当与非司法机制协调好，做到职能区分、功能互补、资源共享、协调发展，共同应对社会转型所带来的困境与挑战，充分发挥司法机制的功能。

当然，在我国，面对社会转型，非司法性纠纷解决机制也做出了具体的应对变革。以仲裁为例，在20世纪80年代，我国的仲裁机构基本上依附于行政机关，隶属于行政机关，并且，是以作为行政机关解决纠纷和干预经济生活的一种子方式而出现的。改革开放之后，随着计划经济模式的逐渐式微，我国仲裁机制的行政化色彩浓厚，以及在诸多方面背离仲裁制度基本性质的做法

已经明显不适应时代变迁的需要，由此，社会发展引发着制度变革。1994 年《仲裁法》在我国出台。仲裁制度开始脱离行政机构并形成独有的一套纠纷解决系统。又如，我国刑事政策（广义上的非司法性机制）也对社会变迁及时地做出了积极应对。除仲裁机制的改良之外，依靠传统意义上的行政权威来调处纠纷的非司法解纷机制也在积极地应对着社会转型所带来的诸多困境。如针对因社会治安问题而引发的民事赔偿问题，公安机关根据原《治安管理处罚条例》和现《治安管理处罚法》一直承担着解纷主体的角色，对违反该条例而应承担的民事赔偿进行着调处。同时，随着交通运输的迅猛发展及汽车业的发展，道路事故纠纷也变得越来越多，公安机关的交通管理部门也根据《道路交通安全法》对交通事故所引发的损害赔偿提供着调解服务。另外，各行政主管机关如工商局、知识产权局、人劳局等，对其管理权限范围内的纠纷也设立专门机构积极地进行着调处。不仅如此，我国行政机关还依据传统国家和政府的权威地位，处理着部分与行政管理无关的纯民事纠纷，主要由乡镇司法所根据《民间纠纷处理办法》基于当事人的请求所进行的居间调解和裁决。客观地讲，这些非司法纠纷解决机制在社会转型期间起着卓有成效的解纷功能。对此，以道路交通事故纠纷的处理为例，有学者曾较为详尽地研究指出，“交通事故纠纷处理机制的形成以 1991 年 9 月 22 日国务院发布实施的《道路交通事故处理办法》为标志，经历了十年的改革开放。20 世纪 90 年代初我国社会正在经历从传统社会向现代社会转型的历史时期。这一时期，经济、交通等领域的发展较快，而政治、文化和法制文明等意识形态领域的发展则相对滞后。经济先行带来的交通事业的迅速发展要求必须建立一套统一、高效的交通管理体制，以及与之配套的交通事故纠纷解决机制。从 1980 年到 1990 年，交通事故总数从年 116692 起上升到 264817 起。考虑到‘统计黑数’问题，90

年代初每年实际发生的交通事故可能在 100 万起左右。1991 年我国法院一审审理的民事案件总数也已迅速增加至 188 万起。即使有一半的交通事故纠纷涌入法院，初具现代色彩而又极为脆弱的法院制度也将面临崩盘危境。”① 而对这些大量的道路交通事故纠纷，公安机关的道路纠纷解决机制消解了其中相当大的一部分。

毫无疑问，非司法性纠纷解决机制在世界范围内引动着新的发展，并与司法机制保持着良好的互动，以转型社会为制度背景，非司法性纠纷解决机制的制度性回应有着巨大的社会意义。然而，就二者互动而言，我国司法运行机制在转型期间的应对却显得相对迟钝。非司法性纠纷解决机制的主动性呼唤，司法机制无论是旨在增强自身功能的发挥，还是旨在保障司法机制与非司法机制之功能的协调，均应当做出努力。

特别是在社会转型的时代背景下，非司法纠纷解决机制在功能上尚显不足，这也要求司法纠纷解决机制对社会转型回应的必要性。可以说，尽管我国在非司法性纠纷解决机制方面已经做出了重大调整和改进，但改革的局限性仍催促着司法性纠纷解决机制的制度性回应。

以仲裁机制为例，1995 年《仲裁法》颁布之后，虽然克服了一些制度缺陷，缓解了一些纠纷解决压力，但是，在以下一些方面仍然存在诸多困境，致使仲裁机制在应对社会变迁的宏观趋势上显得有些捉襟见肘。据学者张榕教授的分析，由于制度内与

---

① 左卫民、马静华：《交通事故纠纷解决的行政机制研究》，载《四川大学学报》2005 年第 4 期。

制度外因素的影响，[①] 仲裁机制的解纷功能一直处于受压制状态。出乎人们意料的是，《仲裁法》的颁行并没有使我国仲裁事业步入一个良性发展时期，仲裁受案数的微乎其微使仲裁所发挥的实际效用与立法时的预期相去甚远。事实上，仲裁的受案数不但无法与法院受理的案件数相提并论，也远远低于《仲裁法》颁布前经济合同仲裁的受案数。例如，自 1995《仲裁法》生效后至 2003 年 8 年间，全国各地仲裁委共受理案件仅 9 万余件。而据 29 个省市工商局 1992 年统计，该年全国经济合同仲裁委员会共受理经济合同争议案件 279167 件，结案 283368 件（含前期未结案 9777 件）。[②]

① 一则，我国 1995 年颁布的《仲裁法》只有 80 个条文。法律规定非常粗陋。该法实施了 10 余年，才由最高人民法院在 2005 年作出相关的司法解释予以补充和完善，这种立法滞后的局面直接造成各地难以完成组建仲裁组织的任务。二则，《仲裁法》所确立的自治原则在仲裁实践中并没有被有效地贯彻和执行。三则，《仲裁法》的规定人为地影响着仲裁裁决的执行效力。“从仲裁的发展历史来看，法院对仲裁的参与走过了一个由较多的监督、较少的支持到有限的监督、积极的支持的过程。而当法院对仲裁权的参与程度逐渐降低，法院只是在非常有限的范围内对仲裁权实施最低限度的监督与支持，从而最大程度地保障仲裁权的独立性时，才是仲裁制度发展的理想境界。”而我国却截然相反，“我国《仲裁法》赋予了仲裁机构对商事纠纷和其他财产权益纠纷进行裁断的权力，但未赋予其强制执行权力及其他相关的权力，因此，在仲裁裁决的承认与执行、仲裁协议效力的认定及财产保全的实施等方面，仲裁机构都需要法院的支持与配合。”显然，这种使得仲裁机制依赖于司法机制的制度效应，并非是仲裁规律的实然，而是人为制度构设不合理的表现。四则，随着我国对外贸易的发展，涉外仲裁和国内仲裁在现代经贸往来之中几乎扮演着同等地位，并且联系越来越紧密，然而，根据我国仲裁法的相关规定，却对国内仲裁与涉外仲裁的监督实行双重标准，对涉外仲裁只就仲裁程序问题进行司法监督，而对国内仲裁除对仲裁程序问题进行监督外，还对仲裁实体问题如事实认定、法律适用等进行监督。参见张榕：《我国非诉讼纠纷解决机制的合理建构——以民事诉讼法的修改为视角》，载《厦门大学学报》2006 年第 2 期。

② 张榕：《我国非诉讼纠纷解决机制的合理建构——以民事诉讼法的修改为视角》，载《厦门大学学报》2006 年第 2 期。

对于行政机关对民事纠纷的解决而言，尽管当事人的可选择权利较大，例如，依据现有的法律或法规，一般都赋予当事人选择权，由当事人选择申请行政机关调解或直接向法院起诉，但所有行政调解的共同点是没有法律效力，不约束当事人。这在一定程度上制约了这些行政调解的纠纷解决功能。例如，《道路交通安全法》第 74 条规定："对交通事故损害赔偿的争议，当事人可以请求公安机关交通管理部门调解，也可以直接向人民法院提起民事诉讼。经公安机关交通管理部门调解，当事人未达成协议或者调解书生效后不履行的，当事人可以向人民法院提起民事诉讼。"除此之外，虽然使用行政机关进行纠纷解决的效率较高，但是，行政机关进行纠纷解决也有着一些不可克服的缺陷，如公正性和中立性明显不足等问题。如有学者指出，"现行交通事故纠纷处理程序的核心价值是效率，一切程序设计与技术运作几乎都以能否促进纠纷迅速、及时解决作为评判依据。为此，交通事故纠纷解决的行政机制中，国家权力分配倾向于行政机关，从而使交通行政管理权力与事故纠纷裁判权力合为一体。作为代价，交通事故纠纷解决程序存在严重的程序不公，不仅损害了当事人的合法的实体利益和程序利益，而且直接危及交管部门作为国家权力机关而存在的合法性基础。交通事故纠纷解决行政机制的实际运行已经显露出内在的、不可调和的、严重的价值冲突。"①

至于调解，除人民调解外，有关商会、律师事务所、会计师事务所、建筑师协会、保险协会、银行业协会等专业性中介机构调处纠纷的法律至今还付之阙如。②

---

① 左卫民、马静华：《交通事故纠纷解决的行政机制研究》，载《四川大学学报》2005 年第 4 期。

② 杜闻：《论 ADR 对重塑我国非诉讼纠纷解决体系的意义》，载《政法论坛》2003 年第 3 期。

基于以上，我们可以发现，转型期间尽管各项非司法性纠纷解决机制对各种社会纠纷做出了应对，但显然应对还不够充分，这也直接影响了我国非诉讼纠纷解决体系的重塑，无疑也减弱着非诉讼纠纷解决机制的解纷效能。当然，这也亟须司法运作进行积极而有效的调整和应对，也彰显着对社会转型期的司法运行机制进行理论探讨和制度调整之必要性。

第二章　问题成因：社会转型与司法运行的隔阂

自20世纪80年代，中国开始实行改革开放的基本国策，这促进着我国政治、经济、文化、社会等多个领域发生全方位的、规模巨大、影响甚广的结构性变迁——“转型”俨然成为中国当代社会的最为重大的社会特征与时代背景。随着改革开放的逐步深入，中国社会中衍生出种类繁多、数量巨大的纠纷潮流。[①]从纠纷解决的角度讲，普通民众在发生纠纷之后，最先想到的当然是化解纠纷。在我国，当发生纠纷之后，民众最希望通过私力的方式寻求纠纷的解决，如和解、调解、调停等等。后来，进入近现代，公共权力逐渐渗入基层社会，在我国实行改革开放之前，基层民众依靠行政权力解决纠纷的情况非常普遍，再到后来，党中央提出依法治国的目标，法律尤其是司法被赋予了解决纠纷的优先地位，因此，纠纷发生之后，老百姓最先想到的自然就是法院，当然，这也说明普通群众的法治观念也逐渐从过去单纯依靠私力、行政救济转变为依靠以诉讼为主的救济。可以说，这也是一个纠纷解决机制“转型”的时代，即传统纠纷解决机

① “尽管难以对20多年来中国社会纠纷的增长情况进行精确描述，但是，法院审结的诉讼案件数、信访机关受案数的变化却真实地映射出中国社会纠纷的日益增加与复杂化。面对激增的纠纷，既存纠纷解决机制出现一定程度的应对失灵。”参见左卫民：《变革时代的纠纷解决及其研究进路》，载《四川大学学报》2007年第2期。

制式微，新型纠纷解决机制正在发展。

然而，在传统纠纷解决机制退却的同时，司法是否就一定担负起纠纷解决的使命了呢？就目前而言，形势似乎并不那么乐观。对此，有学者概括指出，“一方面，产生于计划经济时期，依附于单位制、身份制、行政制的一些纠纷解决方式出现了不同程度的退化或萎缩，比如，行政裁决、人民调解等解纷方式。另一方面，曾被寄予厚望的诉讼，面对案件剧增也显现出力不从心、疲于应对的情况。”① 也有学者指出，“目前来说社会的解纷机制并不健全，行政权力的扩张导致人们与行政机关的纠纷也日益增多，使得解决纠纷的手段之一——行政手段显得苍白无力；在强调通过法律途径来解决社会纠纷的同时，对私力救济渐渐疏远，忽略了其在解决纠纷方面的重要作用；同时，司法程序的复杂化，使本已紧张的司法资源更无法得到充分的发挥作用，漫长的诉讼还是制约纠纷解决的主要因素。”② 换言之，这是一个司法运作机制在纠纷解决方面被寄予厚望，但却尚未准备妥当的时代。

那么，是什么原因造成了司法运行机制与社会转型之大背景之间的不协调呢？其具体的实质性问题是什么呢？造成这些不协调景象及实质性问题的内在机理又是什么呢？这些不得不促使我们对之进行反思和探讨。

第一节　社会转型与司法运行不协调的问题

立法机关靠制定立法文件即法律分配正义，而法院靠司法文

---

① 左卫民：《变革时代的纠纷解决及其研究进路》，载《四川大学学报》2007年第2期。

② 邢童：《在冲突中寻求发展与和谐之衡平——对基层人民法院解决纠纷的思考》，载 http://blog. chinacourt. org/wp - profile1. php? p = 65658&author = 8023

件裁判分配正义。法院的判决是将法律应用于具体当事人或法律争议，其直接的结果就是引起当事人权利义务的变化。在许多国家，对案件的判决理由还可以成为具有普遍约束力的一项规则。我们常说，法院掌握生杀予夺大权，法院是人民权利的最后一道保障，就是说的法院职能的重要性。为了应对改革的需要和社会转型的需求，自 1999 年开始，最高人民法院颁布了《人民法院五年改革纲要》（1999－2003）对司法改革进行统一部署、安排与改革。经过十几年的改革实践探索，司法运作在很多方面已经取得了初步成效，司法实践中围绕着改革所采取的诸多举措也都取得了积极的效果，有力地缓解了社会转型给司法运作所带来的诸多压力。例如，统一司法考试的推行极大地提高了法官的专业素质，证据制度改革保障了事实认定的正确性和审判的效率，人民陪审员制度的改革增进了司法的公正性和民主性，简易程序制度改革促进了司法裁处的及时性与效率性。但是，司法改革是一项长期的系统工程。就我国目前的司法运行而言，诸多地方还存在弊端，不能够适应社会转型的需要。这不仅包括目标模式的定位，功能角色的设定，还包括方法策略的采取等方面。

一、司法目标模式模糊

（一）过分重视当事人主义诉讼模式，导致纠纷解决的延迟与激化

所谓司法模式，是指一国诉讼制度与司法运行所采取的基本构造或形式。日本学者井户田侃在其专著《刑事程序构造论的展开》中认为，诉讼构造或诉讼模式是由诉讼主体构成的，诉讼构造的内容是诉讼法律关系，诉讼构造存在于具体的诉讼程序

运行过程之中。[①] 应当说，司法模式的设定直接关系着一个国家司法运行的整体性效果。

中国司法制度和诉讼制度的近代化肇始于1906年开始的清末新政。当时，清末法律修订在诉讼程序法领域学习的是德国和日本，因此，所采行的主要是欧洲大陆职权主义诉讼模式。后来，在民国时期，国民政府的法律基本上延续着清末修律的改革成果，在诉讼程序领域，其借鉴欧洲大陆职权主义诉讼模式的取向并未发生根本性改变。随着新中国的成立，我国司法程序开始转而向前苏联司法程序制度学习，鉴于前苏联的司法程序也基本上沿袭的是欧洲大陆职权主义诉讼传统，因此，从整体上讲，我国司法程序基本上是职权主义的。不仅如此，由于中华文化几千年来实行的是纠问主义诉讼传统，国家权力的职权性更为强烈，因此，学界通说认为，我国改革开放之前的诉讼制度（包括刑事和民事诉讼制度）是一种超职权主义模式。

在20世纪80年代末90年代初，随着我国改革开放的深入进行，国外司法程序方面的信息资源逐渐丰富起来，西方国家的程序模式，尤其是占据话语主导地位的英美当事人主义诉讼模式开始受到理论工作者和改革推动者的青睐，与此同时，我国固有的超职权主义诉讼模式也受到学界的猛烈批判。由此，一系列体现当事人主义诉讼模式的程序原则在理论界开始被提倡，如对抗原则、辩论原则等等。而且，当事人主义诉讼模式也开始成为程序正义的化身，被赋予一种当然的价值正当性。可以说，时至20世纪90年代，两大诉讼在司法改革层面均转向学习与借鉴英美当事人主义的诉讼制度。

在民事诉讼领域，在20世纪70年代末期，社会转型刚刚开

---

① 参见樊崇义等著：《刑事诉讼法修改专题研究报告》，中国人民公安大学出版社2004年版，第55页。

始，虽然我国政治、经济、文化以及社会生活等各领域均发生着整体性的发展与变革，法院系统刚刚从“文革”时期恢复过来，但在那时，法律制度的重建与司法系统的重建在一定程度上还能够应对社会的整体发展需求。但是，从20世纪80年代开始，改革开放的浪潮推动着整个国家和社会整体性的迅猛发展，巨大的社会转型一下给司法系统造就了巨大的紧张和压力。

在这样严峻的司法改革语境下，最容易引发改革理论家想象的无疑是增加司法设置，诸如配备更多的法官、提供更多的司法投入，以及让更多的司法设备进入法院，等等。然而，这些终归都是学者和改革家的一相情愿。现实没有那么理想，转型期间的国家财力状况也不允许我们对这条道路奢望太多。其实，即使是在经济比较发达的西方法治国家，司法的投入也不可能是无限制的。司法改革也必须在有限度的财政投入范围内进行。那么，如何在现有的司法投入或稳步发展的司法投入下，大幅度地提高司法的解纷效率呢？这无疑成为我国司法领域的重要议题。显然，超职权主义的诉讼模式已经不太适应现代化的社会发展需求，大量的社会纠纷等着法院去处理，要求法院积极取证和积极主导诉讼不堪重负。由此，由当事人举证、质证而法官消极中立的当事人主义诉讼模式逐渐吸引着改革者的目光。进而，开展审判方式改革、迈向当事人主义诉讼模式的改革呼声遂成为学界和改革界的主流。在改革进程上，1998年6月19日，最高人民法院审判委员会通过了《关于民事经济审判方式改革问题的若干规定》，对举证制度、庭审方式及合议庭和独任审判员的职责进行了较明确的规范，从而推动了我国民事诉讼模式向当事人主义转型的进程。事实上，后来庭审方式改革逐步推进到庭审制度改革，到审判制度改革，再到法院制度改革，最后到司法改革。①

可以说，英美法系的当事人主义已经成为司法改革领域所格外憧憬的理想模式。但事实上，这种憧憬之后也隐藏着诸多隐忧。其实，英美当事人主义诉讼模式也离不开社会背景。众所周知，当事人主义诉讼模式中的当事人推动诉讼开展需要具备一定条件，最为重要的就是当事人的诉讼意识和文化水平较高，律师的代理率较高，除此之外，当事人主义诉讼虽然可以缓解法官的办案压力，却并不必然减少司法耗费，因为当事人主义诉讼模式是一种耗费非常高的诉讼模式。然而，在我国转型期间，不仅当事人的文化水平有差距，且律师的代理率也不高，即使有律师代理，律师获取证据的难度客观上还比较大，在很大程度上取决于某些机关尤其是行政机关的配合程度。这些均一定程度上决定着以当事人主义为目标定位的现实缺憾。正如学者所指出的，这"颇类似于一种'休克疗法'，即无视既有的社会环境和法律秩序，一味以西方国家的'美丽图景'为参照，将大量无法适用的司法理念强行引入并高声鼓噪，希冀通过司法改革这个'点'而带动整个'面'。而当'激情'的泡沫在现实面前逐一破灭后，一种悲天悯人的情绪又可怕地弥漫着，由此使得中国司法改革在理念上处于混沌状态。"②

在刑事诉讼领域，也是同样的。1996 年刑事诉讼法的修改标志着刑事诉讼领域也开始由传统意义的超职权主义有意识地迈向当事人主义。

1996 年修改后的刑事诉讼法对我国刑事诉讼制度框架作了

---

① 景汉朝、卢子娟：《经济审判方式改革若干问题研究》，载《法学研究》1997 年第 5 期。

② 陈文华：《当前中国司法改革的路径思考》，载《河北法学》2007 年第 11 期。

重要调整，其中一个较大的特征就是吸收了一些英美当事人主义的因素，尤其是对对抗制诉讼的借鉴。例如，龙宗智教授所总结的："在诉讼构造方面，诉讼的对抗性增强，具有向对抗制诉讼模式靠拢的趋向。诉讼对抗性增强首先表现在审判程序中控辩式审判方式的建立。在刑事审判中，通过确立控辩举证与辩论的法庭审判方式，对抗与判定的格局基本确立。对抗性的增强还表现在审前程序。由于在一定程度上加强了对抗诉方行为的约束，提高了审前活动中被追诉者的地位与权利，尤其是辩护律师在审前程序中获得了一定的活动空间，虽然未能根本改变控诉方占压倒优势、被追诉者的权利实现较为困难的基本状况，但过去那种审前程序只是控诉方单方面的追究程序，只是检控方的立证过程的状况已有改变。可见，审前程序中的律师辩护活动，也使诉讼的对抗性得以增强。"① 正因为吸收和借鉴西方优秀制度经验，这在当时起到了积极的作用。②

然而，当事人主义诉讼模式要在我国司法体制中得以充分表达，至少有两大主要障碍：一是高昂的代价。推行竞技式或对抗式审判的当事人主义诉讼制度，一般都要仰赖于高昂的律师费用，烦琐的陪审团审理程序和审前准备程序，这些无疑给诉讼进

---

① 龙宗智：《徘徊于传统与现代之间：论中国刑事诉讼法的再修改》，载《政法论坛》2004 年第 5 期。

② 陈光中："刑事诉讼法的成功修改是我国法制建设的一项重大成就"，载《中国法学》1997 年第 5 期。这些改革中较为突出的包括：一是借鉴对抗制，改革第一审审判程序，刑事审判模式开始发生根本性转化；二是吸收无罪推定原则基本精神，建立了法院统一定罪制度，与之适应废除了免予起诉制度，并在法律上确认了疑罪从无；三是律师介入诉讼的时间提前，辩护律师的活动空间有较大的扩展；四是废除收容审查，改革强制措施体系，加强了人权保障；五是确定被害人为诉讼当事人并建立公诉到自诉的转换制度，被害人走出公诉人的遮蔽，诉讼地位显著加强。参见龙宗智：《徘徊于传统与现代之间：论中国刑事诉讼法的再修改》，载《政法论坛》2004 年第 5 期。

程的推动增加了很大的压力，也给当事人增加了很多负担。正如学者指出的，“成本非常高，这与纠问制是不一样的，纠问制的成本，至少表面成本，是比较低的。当然成本有很多种，也许社会成本更高。但是我们就计算的成本来看，对抗制是比较高的。”① 尽管这种当事人主义的诉讼模式在美国这样的发达国家可以有效施行，因为在美国，“它的社会财富极端丰富，它有机会建立这样一个制度，能够保证所有人都可以享受到对抗制的优越性……而且，很多学者律师慈善机构，花了很多的钱建立这样一种公共法律援助机构，使对抗制能够真正落到实处，使被告人能够享受到更多的优越性。”② 但是，这在欠发达或者发展中国家则受到制约。二是耗时耗力。“在英美当事人主义诉讼模式下，法官无权积极主动地干预辩护活动，是否辩护、如何辩护基本上取决于控辩双方。实践中，由于双方律师在立证、审证方面往往斤斤计较，吹毛求疵，这就使得诉讼旷日持久的现象不易及时纠正，最终难以实现迅速审判的要求。”③ 美国前总统布什曾抱怨该国诉讼制度道：“美国正从一个自由的国度演变为诉讼的乐园。”前副总统奎尔也曾批评指出：“令人惊讶的诉讼费用以及漫长的诉讼期限，已使美国的竞争能力受到内在机制的损害。”三是严重的形式化色彩。在当事人主义诉讼模式中，与法院的被动性相对的是律师的主动性。他们尽情地在诉讼进程中运用着一些形式主义的技巧，千方百计地旨在获取诉讼结果的胜利，这些很容易导致诉讼程序戏剧化和功利化。对此，王利明教

---

① 陈卫东、虞平等：《对抗制的深究》，载 http://www.civillaw.com.cn/article/default.asp? id = 28684。

② 陈卫东、虞平等：《对抗制的深究》，载 http://www.civillaw.com.cn/article/default.asp? id = 28684。

③ 左卫民著：《价值与结构——刑事程序的双重分析》，法律出版社 2003 年版，第 112 页。

授指出，“律师们才控制着美国司法审判的过程，只有他们负责对案件的调查，并向法庭提供他们认为相关的证据。律师还控制着诉讼的步调，如果他们的当事人和他们自身的利益要求他们尽快作出决定，他们会使整个过程变得迅速；反之，如果他们放慢诉讼过程的话，他们也可以使整个诉讼变得像蜗牛爬坡一样缓慢。几乎开庭过程的每一个方面都反映律师的倾向，虽然法官穿着代表国家权威的长袍，但事实上他们在美国的法庭上常常成了律师策略下的人质。[①] 律师墨帅对当事人主义诉讼容易形式化的弊端进行了批评，“在众多律师的眼中，‘法庭如战场’，讲求的是一种对抗制诉讼特色，崇尚的是帮当事人‘用尽一切权利’的法则。原本说来，律师与法官身份性质不同，遵循这种规则未尝不可，但很多规则之上还有一个‘度’的规则约束，倘若律师完全秉承某种‘执著到偏激’的执业风格，醉心于把玩诉讼技巧而忽视实质正义，恐怕也是值得反思的事情。比如，面对一起本来事实明确的欠款纠纷案件，习惯性地按照先提管辖异议，再提诉讼时效，而后质量异议的‘三步走’模式或拖延战术，这样的‘策略’不仅浪费精力和司法资源，甚至也把当事人给教‘坏’了。律师在这方面恐怕也需要适度‘自省吾身’，或者说多一点‘内敛’精神的。”[②] 四是不利于发现真实。对此，纽约大学虞平教授指出，“它是一种战斗性的模式，不完全有利于揭露事实真相，或者说不是最有利的方式，这一点，我觉得美国反映在对抗制的模式下，最大的缺陷可以说就是它的财富的影响，这样的对抗制实际上就是说你有多少的财富，你就享受了多少制度的优越性。比方说，大家看到双方的律师很重要，一个被

① 转引自王利明著：《司法改革研究》，法律出版社2000年版，第306页。

② 墨帅：《从司法和谐理念反思律师执业思维》，载 www. bmla. org. cn/bjlawyers2。

告人如果很有钱他可以雇很多一流的律师为他辩护，他就能够很大程度上享受对抗制的这样一个好处，反过来说，我们知道刑事诉讼的被告中有百分之九十都是弱势群体，从经济、政治、社会地位上讲都处在社会的下层，所以他们并不是有很多机会享受这种优越性，所以财富的影响是很重要的，这不可回避。”①

总体而言，尽管当事人主义对程序公平、程序正义、程序公正、裁判正义等给予重视，但客观地讲，也的确忽略了很多同样重要的价值。如针对民事诉讼领域中当事人主义诉讼模式的目标定位，我国学者肖建华即质疑指出，“在理论上，漠视实体公正和程序公正对司法公正的同等意义、以程序正义否定实体正义、以程序公正否定结果公正、以对抗模式产生的裁判正义否定以合作为基础的调解正义、以西方‘法律现代化范式’中的绝对当事人主义否定与中国传统文化一脉相承的审判职权主义因素、以模糊的‘法律真实’概念否定发现案件真实的必要性等等”。②同样，在刑事诉讼领域，也有学者指出，过多地崇拜当事人主义诉讼模式，而诟病职权主义诉讼模式，容易导致我国司法改革进程中的路径依赖，“需要指出，诟病职权主义诉讼，拔高当事人主义诉讼，认为我国刑事诉讼制度改革应当抛弃职权主义诉讼而转向当事人主义诉讼的观点，导致了改革路径的错误选择，从而产生了较为严重的‘路径依赖’问题，这是我国当前司法改革陷入困境的主要原因。应当说，制度变迁都具有‘路径依赖’的特性，但是，如果出现‘路径依赖’现象而不自觉或不能及时退出，那么在错误的路径上走得愈远，退出的成本就愈高，甚至会锁定在这个路径之中。如果坚持目前的改革路径而不能作出

① 陈卫东、虞平等：《对抗制的深究》，载 http://www.civillaw.com.cn/article/default.asp? id =28684。

② 肖建华：《构建协同主义的民事诉讼模式》，载《政法论坛》2006 年第5 期。

及时的调校，那么因‘路径依赖’所产生的退出成本会滚雪球般地越来越高，直至完全被锁定而无法自拔。因此，摆脱当前困境的唯一出路就是及时退出错误的路径，重新校正、锁定改革的目标和走向。”[①] 相反，“如考虑到我国在司法传统等方面与大陆法国家的亲缘性和近似性，这一点尤其需要重视，尤其应当关注职权主义诉讼制度所独有的某些具体体制。当然，对当事人主义诉讼的某些独特制度安排如辩诉交易，考虑到中国的现实，也有研究并借鉴的必要与可能。”[②]

笔者也认为，自从20世纪80年代以来，我国在诉讼模式上以英美当事人主义为理想对象，并主张转向当事人主义的司法改革，至少存在以下几个方面的理论问题与改革困境。

第一，国外的制度经验，当事人主义也好，职权主义也罢，均只在功能意义上有价值，如果不能够适应我国的具体国情，则对于我国的司法改革其实并无多少现实意义。换言之，追求社会

① 学者左卫民和万毅指出，长期以来，我国刑事诉讼制度改革遵循的一个基本逻辑，就是将我国现行刑事诉讼制度中所存在的一些根本性问题，归结为职权主义诉讼制度的结构性缺陷，认为我国现行刑事诉讼制度的瑕疵也与大陆职权主义诉讼制度相关。如对于我国刑事诉讼制度在理念上偏重犯罪控制，而重视人权保障不足这一现象，理论界和实务界的一种观念是：这是大陆职权主义诉讼的“先天性”缺陷，与大陆职权主义诉讼注重犯罪控制相关。正是基于这种认识，改革的逻辑被简化为：既然我国现行刑事诉讼制度在人权保障功能上不足，那么就应当向注重人权保障的英美当事人诉讼学习，通过引进、移植英美当事人主义诉讼的对抗式制度，来改善我国刑事诉讼制度的“生态环境”，构建一种人权保障与犯罪控制并重的、兼采职权主义和当事人主义两家之长的“混血式”诉讼制度。但是，理性地审视，正是这种过分夸大大陆职权主义诉讼与英美当事人主义诉讼之间分歧、将两者截然对立起来的化约论认识，导致了理论的误区，并影响到改革实践中的目标偏执和路径狭窄。参见左卫民、万毅：《我国刑事诉讼制度改革若干基本理论问题研究》，载《中国法学》2003年第4期。

② 左卫民、万毅：《我国刑事诉讼制度改革若干基本理论问题研究》，载《中国法学》2003年第4期。

秩序、社会和谐以及法律正义是各国诉讼制度与司法程序的共通目标。然而，各国根据自身的具体制度条件与资源情况所采取的制度方式显然不同。我国当前的制度现状所需要的是最大限度地实现社会纠纷的合理解决，消解因转型社会所带来的诸多社会纠纷，给予贫困当事人更多的司法救济，对此，提倡当事人举证和质证的当事人主义诉讼模式尽管可以起到一定的作用，但是，最终很容易被其固有的弊端所拖累。如司法高层曾指出的，“如果没有对困难群众、困难群体特殊的制度保护，法庭就容易变成诉讼技巧的竞技场，强者和弱者在形式正义面前将很难获得实质正义的平衡。这里也许包含两方面的意思：一是要注重对弱势群体的法律救助，二是要防止法庭变成‘诉讼技巧的竞技场’。”① 刑事诉讼法学者汪建成就指出，“所谓刑事诉讼中的当事人主义模式或是职权主义模式，无非都是各国为了实现正义之目标而选取的具体方法。尽管对于我们这些来自外部的观察者而言，西方世界（尤其是以英美国家为代表的英美法系）的各项具体制度很容易令人产生‘乱花渐欲迷人眼’一般的新鲜感，但比较法方法论中最基本的功能性原则始终是值得给予足够重视的，即每个社会的法律在实质上都面临同样的问题，但是各种不同的法律制度以极不相同的方法解决这些问题。因此，任何以比较法研究作为出发点的问题必须从纯粹功能的角度提出。”②

第二，我国引进英美当事人主义制度缺乏必要的配套机制予

---

① “对于前者，不仅法官，律师也负有同样义务，而近年来律师在法律援助领域的大显身手当属问心无愧。但对于后者，可能会在不少律师当中产生某些争议，索性说，法庭究竟该不该成为律师的竞技场？律师应如何审视自己的职业角色及‘行为艺术’？”参见墨帅：《从司法和谐理念反思律师执业思维》，载 www.bmla.org.cn/bjlawyers2。

② 汪建成：《刑事诉讼法再修改过程中面临的几个选择》，载《中国法学》2006 年第 6 期。

以保障。对此，刑事诉讼法学界的汪建成教授作出较为细致的分析，认为我国不具备建立对抗制诉讼模式的必要性和可行性，其论点主要有三个方面的内容：一是我国短时间之内难以建立判例法制度，而当事人主义诉讼模式最为重要的制度基础是判例法制度。反观我国以及欧洲大陆法系国家，立法机关制定法律，法官仅仅是法律的适用者，凡是合乎法律条文的，就是对的，反之就是错的。因此，无论是我国还是欧洲大陆法系国家都没有形成英美法系这种独特的制度。① 二是我国辩护律师队伍的整体规模尚难以满足对抗式诉讼模式的需求，这也是引进对抗制诉讼模式所可能遇到的最大障碍之一。对此，学者张建伟曾指出，“当今世界的当事人主义诉讼模式其实是律师主义，律师对一审中的事实和法律适用有着较高水平的专业判断，能够在上诉中抓住问题的症结……但是，目前我国的律师辩护率最佳时仅达 30%，一般情况下不过 10%。”② 三是交叉询问制度及陪审团制度在我国将很难运行。“对抗制诉讼模式一个众所周知的标志即交叉询问，而所谓交叉询问恰恰是控辩双方向陪审团证明案件事实的过程。在这个过程中，陪审团自始至终扮演被动听审的角色，诉讼进程完全由控辩双方的交叉质证展开，也正是在这个意义上，英美法系的诉讼模式被冠以当事人主义之名。”“由于陪审团负责认定

---

① 汪建成：《刑事诉讼法再修改过程中面临的几个选择》，载《中国法学》2006 年第 6 期。

② 参见曾献文：《刑事二审改革：在真相与权威间前进》，载《检察日报》2008 年 7 月 23 日。“也许有人会说，职权色彩过于浓厚的诉讼程序对于律师不具有足够的吸引力，若能改采对抗式诉讼模式，便会吸引更多的律师参与到刑事诉讼程序中来，对抗制法庭不仅需要，而且可以造就一个强大的律师界。这种设想在逻辑上似乎是成立的，但是它把问题简单化了。对抗制诉讼程序切实有效地运行，不仅要求有一支庞大的律师队伍，而且与一国法律职业的格局有着非常重要的关系。”参见汪建成：《刑事诉讼法再修改过程中面临的几个选择》，载《中国法学》2006 年第 6 期。

案件事实，法官对交叉询问过程的过分干预是没有必要的，而且也是不被许可的。但是，在我国以及传统大陆法系国家，案件事实认定由法官负责，法官不可能完全任由控辩双方举证和质证，而不提出自己的看法。尽管近年来无论是我国还是欧洲大陆法系国家都在强调法官中立地位的重要性，但是只要不存在陪审团制度，法官的中立地位就不可能完全像英美法系国家那样，以被动性的形式表现出来。”①

第三，引进英美当事人主义制度，可能造成制度与制度之间，以及制度与环境之间诸多的运行冲突。以我国刑事诉讼法领域的当事人主义改革为例，1996 年刑事诉讼法修改在审判程序引进了诸多当事人主义举措，然而，这一良好意愿的改良却暴露出诸多问题，也引发了一系列机制冲突。归结起来主要有两个方面：一是“控辩式”庭审方式与“纠问式”侦查程序之间的机制冲突。具体而言，在修订后的刑事诉讼法中，传统意义上的职权主义或超职权主义起诉程序和庭审程序得到了很大程度的改造，但是，现行的侦查制度却仍然是一种以职权主义甚或是超职权主义诉讼理念为基础的制度设计，它与改革之后的当事人主义庭审方式无论是在观念上还是在运行上均存在冲突。② 二是检察机关的审判监督职能与“控辩式”庭审方式之间的冲突。具体而言，在修订后的刑事诉讼法中，一方面确立了对抗制的庭审方式，但同时也确认甚至强化了检察机关的法律监督职能，如

---

① “这里实际上涉及一个技术性问题：在陪审团审判模式之下，事实认定过程的主持者与最终的事实认定者是分离的，前者为法官后者为陪审团，二者构成一种互相分工与制约的关系；但是在我国以及大陆法系国家，这两个角色是合一的。”参见汪建成：《刑事诉讼法再修改过程中面临的几个选择》，载《中国法学》2006 年第 6 期。

② 谢佑平、万毅著：《刑事侦查制度原理》，中国人民公安大学出版社 2003 年版，序第 2 页。

1996年刑事诉讼法第169条规定，人民检察院发现人民法院审理案件违反法律规定的诉讼程序，有权向人民法院提出纠正意见。可见，人民检察院不仅超越被追诉人，而且在权能上还超越法官，是一种超当事人角色，显然这与对抗制庭审方式相违背。[①] 可以说，由于这两大冲突的存在，立法者期待的公正审判的目标未能实现。至于解决得不彻底的问题，那就更多了，如辩护权的充实问题；强制性措施的滥用问题；程序性违法的救济问题；公诉方式问题，等等。[②] 可见，在诉讼制度改革中引进某种模式确实是牵一发而动全身之重大事件。

第四，引进英美当事人主义诉讼模式，易于导致纠纷矛盾的逐渐激化，不利于诉讼纠纷的合理解决。可以说，英美当事人主义诉讼模式具有效率低、成本高的特点，而且英美当事人主义强调对抗或抗辩，很容易导致纠纷当事人之间的矛盾趋于激化。因此，近年来在民事诉讼领域，世界性的发展趋势在于弱化当事人对抗、强化当事人之间的合作、强调纠纷之解决、强调法官职权的行使等。正如学者指出的，“针对司法活动中出现的诉讼成本过高、审判迟延等现象，即便是一向推崇对抗式司法体制的英美法系国家，近年来也在进行反思和质疑，认为对抗制的过度发挥是‘促进隐瞒事实、要手段和胜者全赢的解决办法，而不是促进问题的建设性解决’，从而引发对替代性或多元化纠纷解决方式的推崇。比如美国号称诉讼大国，但实际上在联邦和各州法院立案的大多数案件最终都未能进入审判阶段，可以说和解、谈判、协商、仲裁及调解等‘非刚性’手段以及量刑听证、社区矫正等多样化措施对于每个案件的迅速有效解决都起到了重要作

---

① 龙宗智著：《刑事庭审制度研究》，中国政法大学出版社2001年版，第119页。

② 孙长永：《略论刑事诉讼法的再修改》，载《现代法学》2004年第3期。

用。而在这一过程中，律师发挥着重要的不可替代的协调作用。英国则为应对‘司法危机’而发起民事诉讼制度改革运动，并伴随其发表了一系列司法调查及评估报告，以期促使诉讼活动最大限度地‘接近正义’。”① 而着眼于我国，当前转型时期正处于纠纷和矛盾多发期，最大程度地化解纠纷应当是民事诉讼的重中之重，因此，“变革对抗制的观念体系，强调当事人和律师之间的合作、公正和对事实的尊重，以免使‘诉讼程序退化为战场，而不是适用法律规则的场所’”，也许才是我国今后民事司法机制的转型方向。②

（二）过分重视诉讼内部的矛盾冲突，导致纠纷解决的非彻底性

近年来，学界对司法现状的反思，以及对当事人主义、辩论主义目标模型的深入反思，协同主义开始成为我国民事诉讼制度改革的目标指向。所谓协同主义，是指民事诉讼中法院或法官运用职权发挥能动作用，与当事人实现充分的相互沟通与协作，从而使法官和当事人在事实发现、程序促进等方面共同推进民事诉讼的一种模式。③ 显然，这是对当事人主义辩论模式的不满或反对。“简单地说，协同主义是针对传统辩论主义的不足，通过确保法官权力运用与责任强化，促进法官与当事人在诉讼中

---

① 墨帅：《从司法和谐理念反思律师执业思维》，载 www. bmla. org. cn/bjlawyers2。

② 墨帅：《从司法和谐理念反思律师执业思维》，载 www. bmla. org. cn/bjlawyers2。

③ 也有学者主张，“民事诉讼协同主义，是由当事人的真实义务和法院的阐明权（义务）等一系列诉讼义务构成的理想化的诉讼图景。协同主义的基础条件是民事诉讼制度的社会化、福利化，通过适当扩大法院职权，修正、补充辩论主义。”参见王福华：《民事诉讼协同主义：在理想与现实之间》，载《现代法学》2006 年第 6 期。

互动。”①

从理论源流上考察，最先提出协同主义诉讼模式的学者是德国学者贝特曼（Beuermann）。在1972年，贝特曼最先使用“协同原则”（Kooperationsmaxime）这一术语来概括民事诉讼制度的变革。六年之后，鲁道夫·瓦塞尔曼以更为激进的方式主张协同主义诉讼模式，在鲁道夫·瓦塞尔曼的《社会性民事诉讼——社会法治国家中民事诉讼的理论与实务》一书中，他认为应当以协同主义取代辩论主义。② 据王福华教授的介绍，目前世界范围的学术界对协同主义的概念主要在以下三个层面来使用：一是将协同主义作为一种诉讼模式，它是既独立于当事人主义，又独立于职权主义的新型诉讼模式，代表者为德国学者施瓦布、瓦塞尔曼，我国民事诉讼法学家田平安教授等持此论。二是将其作为一个补充、修正辩论主义的诉讼原则来对待，代表者为德国学者尧厄尼希、格雷格、约阿希姆·穆泽拉克教授，日本的兼子一、高桥宏志教授等都支持这样的观点。三是在诉讼法律关系方面认识协同主义，从法院与当事人的诉讼权利义务角度对其内涵加以讨论，代表者为德国的弗莱堡、施蒂尔纳教授等他们是此观点的支持者。由于第二种观点赞成者甚众，因此，该观点当然地成为主流观点。③ 相应地，在立法方面，“最先在民事诉讼中注入协同主义元素的立法是1895年的《奥地利民事诉讼法》。随后，诉讼协同精神在1930年《德国民事诉讼法》、1971年《法国民事诉讼法》中得到一定程度的落实。1998年《英国民事诉讼规则》也明确将‘法院与当事人必须共同合作以便实现公正、公

---

① 肖建华：《构建协同主义的民事诉讼模式》，载《政法论坛》2006年第5期。

② 王福华：《民事诉讼协同主义：在理想和现实之间》，载《现代法学》2006年第6期。

③ 王福华：《民事诉讼协同主义：在理想和现实之间》，载《现代法学》2006年第6期。

平和节约的诉讼目标’规定为最高原则。”①

应当说，这种提倡当事人与法院有机协作、协同解决纠纷的协同主义已经触及我国长期以来在司法运作之目标定位方面的误区，具有一定之合理性。

第一，随着各国社会转型的加剧，自由社会逐渐向福利社会迈进，自由的实现也一定程度上仰赖国家司法机关与当事人之间的协作。这尤其体现在当事人诉讼手段不平等，或某些当事人诉讼手段相对较弱的情形下。正如唐力教授指出的，“自由，已不再是抽象的，或者说仅停留在受教育的阶层的东西，相反，是必须在全体市民中具体、实在地得以实现的内容；但是，假设将国家的任务限制在对社会生活法的限制内，这样的要求就无法实现。法单纯形成了形式上的平等，现实中并不是不需要去除非人间性和不平等性，相反，根据具体情况，这种趋势还非常强烈。人间的自由与社会正义必须实现的话，或者用更为简明的语言来说，如果要得到更多的自由和社会正义，使非人间性和不平等性变得更少，国家就不能旁观在社会中的对立现象，相反，国家要保护弱者不受强者侵害，而且，必须积极地介入经济、社会秩序中。”②

第二，如前所述，辩论主义或当事人主义有碍诉讼真实的发现，从客观表象的角度讲，也引发了当事人之间的过度对抗，再加上，当前我国当事人得到律师帮助的效果并不理想，而且，当事人自身的法律知识也比较缺乏，在某些时候，急需法官掌握诉讼平衡。其实，在现代社会，法官也承担着在一定程度上对当事

① 王福华:《民事诉讼协同主义：在理想和现实之间》，载《现代法学》2006年第6期。

② 转引自唐力:《辩论主义的嬗变与协同主义的兴起》，载《现代法学》2005年第6期。

人的协助。当然，这肯定也会在一定程度上与法官的消极中立之角色发生冲突——法官的这种协助是否会与法官的中立性产生抵触呢？对此，有学者解释道，“法官的独立或者不偏向原则本身并没有自己的目的，它必须有助于法官根据真实作出正确的判决。在这一点上，与协同主义有助于实现正确的裁判的目标指向是一致的。”① 以施瓦布教授为代表的德国学者也赞成法官的有限度积极能动主义，并“将诉讼协同关系比作‘当事人与法院组成了协同解决民事纠纷的工作组’，法官在诉讼中不再被动和消极，与当事人之间形成了一种互动或协动关系。其结果是，民事诉讼不再是过去那种由当事人支配和主导的作业体制，而是一种依靠法院指挥和辅助形成的‘作业共同体’。”②

然而，协同主义诉讼模式之定位似乎也有不尽合理之处。具体而言：

第一，对协同主义诉讼模式也并非全然都是赞同之声，如有学者指出，“目前构建我国民事诉讼制度的首要任务，恐怕还是在于如何使作为整个民事诉讼核心的辩论程序真正得以实在化，而非超前地对协同主义要素不加区别地引入；否则，可能导致法院实质诉讼指挥权的滥用，导致犹如盲目引进物种破坏生态平衡般的诉讼灾难。”③ 同时，协同主义诉讼模式产生于西方、服务于西方，而且在每一个国家的具体用途并不一样，我国机械地借用协同主义诉讼模式也是有着适用上的问题的，“协同主义因素的出现使民事诉讼制度获得应对诉讼不公和诉讼拖延的能力，但

① 唐力：《辩论主义的嬗变与协同主义的兴起》，载《现代法学》2005 年第 6 期。

② 王福华：《民事诉讼协同主义：在理想和现实之间》，载《现代法学》2006 年第 6 期。

③ 王福华：《民事诉讼协同主义：在理想和现实之间》，载《现代法学》2006 年第 6 期。

相比较而言，大陆法系更倾向于强调避免因当事人在诉讼技巧、财力等方面的差异带来诉讼结果的不公正；而在英美则将民事诉讼协同的重心放在解决当事人控制诉讼程序所带来的诉讼迟延问题上。”① 那么，我们有没有搞清楚我们希望协同主义诉讼模式解决什么问题呢？显然，这还有待于进一步的检讨与反思。

第二，而且更为重要的是，协同主义诉讼模式之理想定位似乎还没能将转型社会这一大的历史背景作为考量——协同主义尽管在一定程度上认识到当事人主义诉讼模式的局限，但是关注点仍然还仅仅限制在诉讼案件之内。在笔者看来，一方面，诉讼模式之定位与改革并非仅仅是司法系统内部的事情，而毋宁是一个全体社会的共同事业。苏永钦教授在评价我国台湾地区司法改革运动时指出：“说得夸张一点，把司法问题看成司法体系‘内部’的问题，正是过去改革所犯的致命错误。”② 在我国大陆地区，就司法改革之初而言，正是因为仅仅着眼于司法运行的内部，从而导致改革的困难。“自司法改革以来，我们看到的大多是司法机关忙碌的背影，听到的几乎全是司法机关振奋人心的呼喊和口号，甚至理论界关注与评价的目光也主要聚焦于司法机关及其推行的一系列改革举措上。不仅在司法机关内部改革开展得轰轰烈烈，而且不少学者也遥相呼应、紧跟潮流，司法机关每推出一项改革举措，便引发阵阵骚动，各种研讨会层出不穷，相关的评论文章铺天盖地，喝彩者有之、怀疑者有之、批评者有之，呈现一派繁荣的景象。”③ “然而，在各种纷繁的改革举措与喧闹的评论中冷静思索，我们发现与这场改革有着更广泛联系和切身

① 王福华：《民事诉讼协同主义：在理想和现实之间》，载《现代法学》2006年第6期。

② 苏永钦：《司法改革的再改革》，台湾月旦出版社1998年版，第1页。

③ 吴卫军：《当前中国司法改革的三大误区》，载《政治与法律》2005年第1期。

利害关系、同时也更应该有资格参与其中并大声疾呼的一个群体——广大民众（包括诉讼当事人）却似乎被遗忘了。”[①] 另一方面，中国处在社会转型期，进入司法程序的纠纷所需解决的不仅仅是诉讼卷宗所显示出的内容，更为重要的还在于平息诉讼之外的社会冲突。由于司法没有很好地重视这一问题，因此，经常出现案件在法院这一环节结案了，但是，当事人又试图通过信访等其他途径来寻求进一步解决。尽管其中不乏一些滋事、缠讼的当事人，但是，有很多问题都是与司法运作过于重视诉讼内部有关。最近10年以来，信访量逐年增加，“为应对这一局势，从中央到地方，各级党委、人大、政府、法院和检察院及相关职能部门都设有信访机构，信访机构由一个传达社会信息的渠道逐步变成了解决纠纷的正式机构。信访机构事实上扮演着超级法院的角色，成为纠纷解决机制的核心部分，极端的成为最终的纠纷解决机构。”[②] 这些信访案件中，涉法涉诉案件在各地均处于多数。其实，尽管信访机制在转型期间具有一定的化解纠纷的社会功能，但是，客观地评价，信访机制的成本非常巨大。不仅包括信

① 吴卫军：《当前中国司法改革的三大误区》，载《政治与法律》2005年第1期。

② 周永坤：《信访潮与中国纠纷解决机制的路径选择》，载《法制与社会》2007年第11期。

访人的成本，更包括大量的公共成本。[①] 信访情况的不容乐观一方面显示了我国转型期间的社会纠纷的复杂性，以及信访机制改革的必要性，但同时也暗示着我国诉讼模式朝向当事人主义或协同主义诉讼模式之定位的模糊性和非科学性，致使大量社会纠纷流入信访机制。

二、司法功能定位不准

现代社会是法理型社会，法理型权威与法治机制的构建离不开法治的公信力与司法的公信力，一如伯尔曼所说：法律必须被信仰。学者董皞指出，司法公信力就是司法赢得社会公众信任和信赖的力量。司法公信力是一个表征关系的范畴，它反映了社会公众与司法之间的关系，反映的是社会公众与司法机关、司法机关工作人员以及司法权之间的信用关系。[②] 郑成良教授也认为，法治的公信力主要取决于两个方面：一是社会公众是否相信法律本身是公平正义的；二是他们是否相信法律有足够的力量按它自己的逻辑发生作用。[③] 当然，我们必须承认，在任何一个现代社会，即使是西方法治发达国家，法治的公信力以及法治功能的发

---

① 从经济学的角度看，信访的成本至少可以区分为以下两个方面：一是，信访人的成本，包括信访的路费、时间甚至人身安全和精神等诸多方面。几乎所有的上访者，都要经历从村里到县、到市、到省、到北京的过程。来到北京，又几乎要走访能找到的每一个中央级机关。调查显示，实际上通过上访解决的问题只有2‰；二是公共成本。对于政府来说，成本也是高昂的。“且不说政府在信访上所付出的正常的人员与设备代价，现在单单是政府为降低信访量所花的钱已难以计量。这方面的成本起码有：（1）堵住信访的源头所花的人力物力。（2）拦截上访人员所花的人力物力。（3）从北京或省城拉回上访人员花费巨大。同时由于许多上访的结果是对正规制度内解决结果的否定（例如判决、行政决定），这进一步造成法律与政府威信的流失。”参见周永坤：《信访潮与中国纠纷解决机制的路径选择》，载《法制与社会》2007年第11期。

② 董皞：《司法功能与司法公正、司法权威》，载《政法论坛》2002年第2期。

③ 郑成良：《法治公信力与司法公信力》，载《法学研究》2007年第4期。

挥不可能得到完全的发挥与实现，“法治的公信力在所有国度都不可能百分之百地达到此种‘理想类型’的程度”，但是，在我国社会转型期间，法律功能的发挥与司法功能的实现却存在着不少真空局面，很多亟须法治与司法发挥功能的场所，法治与司法却并未完全到位，这严重地影响着我国法理型社会的形塑，也极大地影响着我国司法权威的维护。“反思我国的法治，在第一个方面并没有大的问题，在第二个方面却不能很好地回应公众的信任和信赖。如果法律有足够的力量按它自己的逻辑发生作用，也就意味着在法律所管辖的领域，对于任何地方的任何人而言，凡是合法利益都会得到尊重和保护，凡是被侵害的权利都有机会获得救济，凡是违法责任都不会由于对法外因素的考量而得到豁免。”①

在此意义上，笔者认为，一方面，司法功能的定位与发挥程度最大限度地决定着司法之公信力与法治之公信力的实现。“因为司法机关及其工作人员是行使司法权、实施司法行为的主体，自然也就成了司法公信力的载体，社会公众对它们信任与否直接影响公众对司法的心理感受，其感受如何是社会公众的心理因素在起作用。当一定数量的多数人对司法这一社会现象具有认同感时，我们就可以说司法具有公信力。”② 另一方面，评价法治公信力与司法公信力之主体不是其他，正是最广大范围的人民群众。然而，反观我国社会转型期间的司法功能之定位与发挥却并没有很好地起到模塑法治之公信力与司法之公信力的地位与角色。以下两个方面是值得注意的：

---

① 山西“黑窑工”之类的事件让我们清醒地看到，在那些愿意信任和信赖法治的社会公众面前，我们的法治还显得很苍白，在合法利益需要保护、被侵害的权利需要救济和违法责任需要追究的某些地方和某些时候，法律往往是不在场的。参见郑成良：《法治公信力与司法公信力》，载《法学研究》2007 年第 4 期。

② 董皞：《司法功能与司法公正、司法权威》，载《政法论坛》2002 年第 2 期。

1. 司法过度积极，容易导致司法权丧失公信力，从而有成为社会控制的工具的危险。

第一，法官须谨守中立地位。从诉讼法理的角度讲，法官是社会纠纷解决的第三方，在居于其间、消极中立的角色空间内，应当秉持消极中立的地位，而不能越位。“‘第三方中立’就是要求第三方在纠纷解决过程中与纠纷的双方当事人保持同等的距离，对双方采取不偏不倚的态度和行为。”①

之所以采行消极中立的立场，而非过度积极的立场，在诉讼法学上有着深厚的哲学意涵。一方面，从当事人的角度讲，当事人之所以诉诸法官正是在于法官作为第三方秉持中立的角色和地位，发挥着公正执法的作用。“从纠纷双方的立场来说，基于人的自利本性，纠纷的双方当事人自然都希望第三方能偏向自己，作出于己有利的判断和处置，但是，由于双方都有同样的趋利心理，而作为纠纷双方当事人的地位和意志是完全平等的，不存在谁服从谁的问题，这一矛盾的现实性迫使双方当事人清醒地认识到：只有让第三方保持中立，平等地对待双方当事人，才是对双方均无害处的理性决策，因此，可以说，第三方中立是纠纷双方当事人基于趋利心理而作出的理性选择。”② 而另一方面，从决策者或裁判者的角度讲，也只有秉持相对消极的立场，才能够清晰地观察诉讼纠纷的整个过程，最终做出理性而正确的裁判结论。如陈瑞华教授指出，“法院不主动干预控辩双方之间的讼争，可以为双方平等地参与司法裁判过程，平等地对法院的裁判结论施加积极的影响，创造基本的条件。法院不主动发动新的诉

---

① 谢佑平、万毅：《审判中立论》，载《湖南政法干部管理学院学报》2001 年第 4 期。

② 谢佑平、万毅：《审判中立论》，载《湖南政法干部管理学院学报》2001 年第 4 期。

讼程序，有助于裁判的冷静、克制和自律，防止出现裁判者在存有偏见、预断的心理预期的前提下，进行实质上的自我裁判活动。司法权的被动性是确保裁判过程和结论获得争议各方普遍认同、确保裁判者的公正形象得到社会公众信赖的基本保证之一。”① 另有学者将其称为禁止单方接触的原则，即，“不适当的单方接触由于所出示的证据材料并未记录在案，一方面使其他当事人无从知晓，另一方面使司法或行政裁定者作出决定的基础可能超出正式听审中记录在案的证据材料之外，从而动摇决定本身的公正性。”② 美国权威辞书——布莱克法律辞典将其解释为：“指只对一方；由一方实施或为了一方的利益；只为一方从事或代表一方进行申请。”“在由一方得到或获准什么或只为一方利益的场合，不通知任何有利害关系的对方当事人或者无任何有利害关系的对方当事人主张权利而进行的司法程序、命令、禁令等，称之为单方。”③

然而，我国的司法运行中却没有彻底贯彻以上诸如司法消极中立以求真实发现与程序公正的诉讼法理原则。

一方面，司法鉴定的“自侦自鉴”、“自诉自鉴”机制，影

---

① 陈瑞华：《司法权的性质》，载《法学研究》2000 年第 5 期。

② 依据学者的考证，在英语中的表述为“ex parte contacts prohibited”或“prohibitions of ex parte communications”，其中“ex parte”源自拉丁语，意为“单方面”或“偏向一边（one sided)”。因此，禁止单方接触有时会更简洁地表述为“the ex parte prohibition”，即“禁止偏向一边”。参见侯淑雯：《禁止单方接触与保障程序公平》，载《现代法学》2001 年第 5 期。

③ 反偏见规则要求作出决定的人与决定本身或被决定影响的人没有利害关系，不存偏见地作出决定。一般来说，偏见有实质偏见（actual bias）和表面偏见（an appearance ofbias）两种，前者指有证据表明决定者确实与被决定者或决定的结果有利害关系；后者又分为两种情形，即合理怀疑的偏见（reasonable suspicion of bias）和真正可能的偏见（real likelihood of bias)，参见侯淑雯：《禁止单方接触与保障程序公平》，载《现代法学》2001 年第 5 期。

响着司法运行之功能定位，不符合司法中立的基本原则。显然，鉴定结论在司法运行程序中是非常重要的——鉴定结论在刑事诉讼中就是罪行的确认问题，甚至涉及人之生死问题。对于这样重要的鉴定问题，法国的勒内·弗洛奥指出，“鉴定错了，裁判就会发生错误，这是肯定无疑的。”① 但是，我国在刑事案件中存在的“自侦自鉴”、“自诉自鉴”，法院在审判中，对此证据的采信基本是包容侦查机关或检察机关而作出肯定判断，法院在此严格地说并没有很好地保持中立，当然，就目前而言，由于许许多多的原因法院要在这一问题上保持标准中立也比较难。

另一方面，禁止单方接触原则守持不够好。从应然的角度讲，禁止单方接触不仅是法官、准法官、准立法者和其他依法享有特定事项决定权的人的司法行为规范，同时，还是一套道德行为准则。然而，在我国的诉讼案件以内，单方面接触当事人和律师的现象仍然是一个正在克服中的问题，具体而言，实践中主要表现为以下几种现象：一是法院案多人少，为图方便，法官一人单独会见当事人及其代理人；二是法官为省事，双方难以通知到一起的，为了赶案件进度，而采取了分别会见单方当事人及其代理人的方法，客观上属于单方接触当事人及其代理人；三是强调了方便诉讼当事人，而损伤了程序的正当性，比如在非办案场所接触、会见当事人及其代理人。这不仅给当事人各方影响案件的公正审理提供了机会，而且还造成了一定的社会影响，损伤了司法的公信力。正如学者所指出的，“作为一名法官，以中立的裁判者的身份兼听双方当事人的意见，并借此赢得当事人的信任，获得社会的承认，从而与司法所拥有的国家强制力相一致，建立真正的司法权威。法官不规范接触当事人及其代理人的行为，与

① ［法］弗洛里奥著：《错案》，赵淑美、张洪竹译，法律出版社 1984 年版，序。

法官的身份、职业道德和社会的期盼是格格不入的，严重影响法官乃至法院的形象和权威。”①

第二，法官须谨守消极地位，过度参与非司法的社会工作。司法与其他各种公权力相比具有自身的特征，即脆弱性和容易受干扰性，这也决定着司法的功能发挥必须以较为消极的方式来处理。由于司法权在政治权力结构中是最弱小的权利，它容易受到其他权力的干涉而失去独立性，所以，司法需要特别保护和特别的关照。西方社会将司法看成“最不危险的部门。”正如汉密尔顿分析认为：“司法部门既无强制，又无意志而只有判断，而且为实施其判断也需要借助于行政部门的力量。它无可辩驳地证明：司法部门为三权分立中最弱的一个，与其他二者不可比拟。”其实，司法的这种低调也是自保的一种重要方式。如果司法过度参与非司法性事务过多，则必然会引发其他部门或权力侵入司法的事务之中，最终导致司法权在处理司法事务时的变异。

然而，在我国社会转型期间，司法在诉讼案件以外，还长时间担负着社会控制的重要使命，包括维持治安、抚平社区民愤，甚至走进田野指导春耕生产等都成了法官的责任。尽管许多社会活动十分有价值，但是这些价值并不能冲淡这样一个事实，即法官的舞台是法庭；我们并没有足够的理由，使法官离开法庭搏出位去从事过多的社会活动，某些法院在理解司法能动上出现偏差，司法能动变成了司法乱动。我国《法官法》第 5 条规定，法官的职责：（1）依法参加合议庭审判或者独任审判案件；（2）法律规定的其他职责。同时，该法对有关法官的权利义务方面的规定，也没有法官应当承担过多其他活动的条文。因此，在工作日内法官应该出现的地方更多的应该是在法庭上。过多的非司法

① 融鹏等：《法官接触当事人及其代理人制度刍议》，载 http://szbxls.anyp.com/ulilongchang/4820－126022.aspx。

性事务大量涌入法院，不仅扰乱了司法的正常运行，而且，还给其他因素干扰司法提供了机会。可以说，尽管这是转型期间难以避免的，但是，这种过于“积极”的行为，已经严重影响到司法的本位角色，使司法在人民的印象中沦为社会控制和治理的工具，而不是社会正义的化身。

2. 司法过度消极，易导致司法权接近正义职责担当的缺位。

如果说司法过于积极不符合司法的本位角色，那么司法过度消极，也不是转型社会所需要的。司法在现代社会担当着权利保障与权利救济的最高使命，也是合法权益得以保障的终极权威。也就是说，在当今社会转型期间，在大量诉讼纠纷涌入法院的过程中，法院对于当事人的“接近正义”之要求若不能予以满足，很明显，又是一种过于消极的表现。

传统社会的社会治理体现为一种“官民文化”或管理文化，而现代社会则体现为一种“服务文化”。“官”一般指代国家、国家各组成机关及其工作人员；“民”一般指代不承担国家权能的组织与个人。在一个国家实体中，官方掌管着国家的一切职能，处于优势地位；民方是实质上的被管理者，不享有国家职能，因而处于劣势地位。[①] 就司法领域而言，传统社会司法被视为治理社会的工具，而现代社会，司法则成为为公民提供服务的部门，因此，应当最大限度地让公民用得起“司法”、接近得了“正义”。回顾各国司法改革运动，“接近正义”——最大限度地为当事人或普通公众提供最广泛的使用司法的机会——是各国的共通追求。在“接近正义”理论的倡导下，接近正义运动经历了三个阶段：接近正义运动的第一波旨在改革现行制度为贫困者提供法律援助。主要措施包括对律师收费制度、法律援助制度、社会保障制度等进行改革。接近正义运动的第二波旨在让消费者

① 齐延平：《司法权中立的内容构成》，载《法商研究》1999 年第 4 期。

或者环境保护主义者有机会获得“扩散利益”的机会。公民的环境权能否接近正义，通过司法途径予以救济，这就是要建立一种公益诉讼的制度，使这种制度能够保证公民的权利行使，同时能够遏制污染企业的权利滥用，督促政府机关适当地履行自己的职权。接近正义运动的第三波是发展替代性纠纷解决机制。[①] 在我国社会转型期间，对普通民众的接近正义需求进行积极的回应，至少在以下几个方面需要作出努力。

第一，我国民事诉讼中的起诉条件应当有把握地适度放宽，积极探索对涉及行业垄断、环境污染等公益诉讼方面案件的受理。司法在社会纠纷面前有时显得过度消极。随着经济和工业的快速发展，环境污染侵权问题、行业垄断等带来的纠纷困扰着转型时期的民众。其中，就环境污染导致的侵权受损情形而言，比较典型的就是太湖蓝藻事件。[②] 显然，现实中存在的问题亟须司法机制予以回应。具体而言，公益纠纷的频繁发生催促着法院进行积极的应对。就涉及公益的诉讼而言，一方面，我国起诉条件的设定较为机械，使得公益诉讼的提起较为困难。根据我国民事诉讼法及相关司法解释的规定，起诉不符合条件的民事案件，人民法院不予受理。起诉必须符合四个条件：（1）原告与本案有直接利害关系；（2）有明确的被告；（3）有具体的诉讼请求和

---

① 陈雄根：《公民环境权与接近正义——以环境公益诉讼为视角》，载《求索》2007 年第 9 期。

② 2007 年 5 月 29 日，由于太湖附近的企业污染，无锡市因为太湖的蓝藻暴发，自来水笼头里面流出来的水散发恶臭气味，从这一刻起，无锡市的居民有的为了喝上矿泉水到超市排长队，有的家庭为买水一次就投资几百元，一位市民面对电视镜头表示，因为买不到矿泉水他只好用啤酒代替饮水，另一位市民表示，他实在忍不住想洗澡，只好用自来水洗完后再用桶装水冲掉身上的臭味。凡此种种，追求现代化生活品位的人们，他们生活品质还能有多高呢？那几日的无锡市民，生活于他们实在只剩下了生活的基本需求——喝上干净的水。参见《光明日报》2007 年 06 月 25 日第 10 版。

事实、理由；（4）属于人民法院受理民事诉讼的范围和受诉人民法院管辖。此外，我国民事诉讼法第111条又规定了不予受理的七种情形。因此，如果当事人的起诉不符合民事诉讼法第108条的规定或者属于民事诉讼法第111条规定的情形，提请管辖的法院将不予受理。另外，在我国，目前只有检察机关代表国家向法院提起追究被告人刑事责任的诉讼属于公益诉讼。这也很大程度上阻碍着公益性诉讼的提起。另一方面，根据我国法律，法院对案件和纠纷的受理本该是形式审查，但是，在我国司法实践中，在案件立案时，或多或少进行了实质审查，这一做法实际上并借此把本应由司法解决的纠纷挡在了司法救济之外，形成了选择性立案。对此，有学者指出，我国目前的信访几乎都与司法救济的缺陷有关：目前信访中涉法信访的比率在很多地方高达95%，而其中很多是因为司法救济不畅和不充分所引起的，有相当的信访是法院该受理不受理，当事人投诉无门才走上信访的道路。①

第二，民事诉讼中诉讼费收费设计不合理也是司法过度消极的表现之一。正如日本学者棚濑孝雄指出的，“在讨论审判应有的作用时不能无视成本问题。因为无论审判能够怎样完美地实现正义，如果付出的代价过于昂贵，则人们往往只能放弃通过审判来实现正义的希望；面对现代社会中权利救济大众化的需求和趋势，缺少成本意识的司法制度更容易产生功能不全的问题。”②然而，在我国，1984年，最高人民法院依据1982年《民事诉讼法（试行）》颁布了第一个全国通用的《民事诉讼收费办法（试

---

① 周永坤：《信访潮与中国纠纷解决机制的路径选择》，载《暨南大学学报》2006年第1期。

② ［日］棚濑孝雄著：《纠纷的解决与审判制度》，王亚新译，中国政法大学出版社1994年版，第266页。

行)》，后于1989年制定了《人民法院诉讼收费办法》并施行至2006年国务院《诉讼费用交纳办法》的颁布实施。其间实行了接近20年的时间，这对于应对民众需求一直显得较为窘促。由于当时我国各级财政尚不能全额支付法院的运转费用，这就使得诉讼收费事实上还承载着保障法院经费、提高法官待遇及优化法院审判工作条件的任务。① 所以20年间收费标准一直很高，加上各地法院还加收了“其他诉讼费”，有的法院“其他诉讼费”增加了100%，而“其他诉讼费”是只收不退的。对此，国家的改革力度很大，国务院颁发了《诉讼费用交纳办法》，采用收支两条线，法院由中央财政直接解决了部分开支。诉讼费过高、乱收费得到遏制。2006年国务院颁布的《诉讼费用交纳办法》尽管降低了诉讼费用，方便了民众对民事诉讼的利用，但《诉讼费用交纳办法》仍然存在不合理之处，尤其是还对标的额大的经济案件提高了收费标准。② 进而，以《诉讼费用交纳办法》为分析对象，不仅仍有进一步降低诉讼费用的必要，同时，还应进一步予以合理化。一方面，考虑到我国转型期间的普通民众中中低收入群体仍占绝大多数，为了使更多的民众能够充分利用司法救济，为了最大限度地满足普通公民接近正义，我国诉讼费用还有必要进一步降低。与此同时，对于诉讼费用降低之后，如何避免一些滥诉现象，如何平衡各阶层公民对司法救济途径的使用，

---

① 寿可等：《“接近正义”中的诉权保障》，载《河南公安高等专科学校学报》2007年第5期。

② 左卫民：《十字路口的中国司法改革：反思与前瞻》，载《现代法学》2008年第5期。有论者以2005年全国法院受理的各类收费案件数为基准，按照新旧的诉讼费用收取办法计算后得出，新标准下法院所收取的费用将减少74.4678亿元，下降58.58%。参见高绍安：《〈诉讼费用交纳办法〉实施后的问题与对策》，载《中国审判》2007年第5期。

也是一个必须正视的问题。① 不仅如此，另一方面，应当适度考虑公益诉讼收费标准的合理化。如有学者指出，“诉讼费用承担和激励机制，在环境的公益诉讼中，必然涉及诉讼费用的问题和其他诉讼支出问题，虽然国务院于2006年颁布了《诉讼收费办法》，诉讼收费比以前有所减少，但是相对于其他国家，诉讼收费在个人收入中所占的比重仍偏高，国家除了要对所有的诉讼收费减少外，还要针对公益诉讼的特点，明确规定在公益诉讼中，诉讼费用低于其他诉讼。如果在公益诉讼中胜诉，所有的诉讼费用应当由被告承担。如果在环境公益诉讼中败诉，那么检察院提起的诉讼可以由国库支付。社会团体和公民个人提起的诉讼由原告承担，原告可以通过公益诉讼基金的形式转嫁诉讼费用。我国的环境公益诉讼应当规定激励机制，对在诉讼中胜诉的原告可以根据当地的生活水平奖励诉讼所涉金额的一定比例，用以弥补诉讼支出和奖励。”②

三、司法运行方法错位

转型期间的司法运行必须有一套切实而有效的方法，这不仅维系着司法运行功能的实现，也维系着司法运行目标的实现。但是，由于我国的司法改良过程中矫枉过，正较多地强调程序价值，而使司法在实际操作方法中显得过于刚性，以至程序诉讼出现形式主义倾向，事实证明这不利于纠纷的解决；同时，由于当前我国的司法解纷方法还显得过于单一，这也使司法方法显得过于刚性。司法方法的过度刚性是决不能有效解决转型期的纠纷矛

① 左卫民：《十字路口的中国司法改革：反思与前瞻》，载《现代法学》2008年第5期。

② 陈雄根：《公民环境权与接近正义——以环境公益诉讼为视角》，载《求索》2007年第9期。

盾的。

1. 司法操作过程的过分刚性，易于导致诉讼沦为程序形式主义。

从司法程序的基本原理出发，程序刚性或者说诉讼的形式化是司法运行的基本特征之一，正如马克斯·韦伯所说，现代社会遵循的是一种形式理性的运行逻辑，所有的司法运作均必须遵循严格的形式主义规范，诉讼程序的封闭性营造了一个完全独立于社会的独立系统。贺卫方也指出，“正义需要与之相适应的堂皇的仪表和具有一定戏剧性的演示，否则，人们就看不见它，甚至不知道它的存在。宣示正义准则的角色也会因为不同凡俗的仪表而使自己的精神得到升华。”① 具体而言，一方面，司法程序的形式性有利于司法运行的可操作性。在此意义上，司法程序实际上起到了游戏规则的功能和作用，即只要进入诉讼，无论是法官还是当事人就必须按照程序法的规定来行为，这样就增强了各诉讼主体行为的可预测性。另一方面，司法程序的形式性还有利于司法运行的稳定性。由于程序法具有很强的技术性，这决定着程序法不像实体法一样那么具有变动性，从历史的角度讲，程序法在历史进程中总能保持相对的稳定性和延续性。② 然而，在我国社会转型期间，特别是前几年，矫枉过正，司法在应对各种社会纠纷的过程中却表现出“形式化过度”的不良倾向。

第一，倾斜于法律与司法的形式性。尽管形式性是司法程序的基本特征，但却并非本质特征。“程序的本质特点既不是形式性也不是实质性，而是过程性和交涉性。……形式性规范也可以

---

① 贺卫方著：《司法的理念与制度》，中国政法大学出版社 1998 年版，第 73 页。

② 万毅著：《变革社会的程序正义——语境中的中国刑事司法改革》，中国方正出版社 2004 年版，第 66 ~ 67 页。

通过程序来实现一种静中有动的状态。”① 可以说，法律与司法最为重要的目的乃在于实现公正；相应地，形式化的程序则是凸显制度能力与实现制度公正的渠道或手段而已。对于正义实现的终极价值，德国法学家耶林指出，“法不只是单纯的思想，而是有生命的力量。因此，正义之神一手提着天平，用它衡量法；另一手握着剑，用它维护法。剑如果不带着天平，就是赤裸裸的暴力；天平如果不带着剑，就意味着软弱无力。两者是相辅相成的，只有在正义之神操剑的力量和掌握天平的技巧并驾齐驱的时候，一种完美的法治状态才能占统治地位。”② 正是基于此，如果只注重形式性而忽视实质正义的实现，或者忽视诉讼主体的交涉正义，则该司法程序的运行效果肯定不会很好。尤其是在我国转型期间，社会纠纷趋于多元、趋于庞杂、趋于强冲突等。反观我国现阶段，在当事人主义诉讼模式的引导下，加强当事人之间的诉讼对抗成为司法改良的主导思想。正是由于司法强化对抗价值而偏废协商等同样重要的价值，社会中的纠纷与冲突表现出不良的特征：冲突双方是一种“你死我活”的关系，双方的目标不仅是获得自己的利益，而是要彻底战胜对方。缺少一种以“讨价还价”为特征的理性解决利益冲突的方式，缺少理性解决冲突的知识话语和文化环境，其结果往往是“鱼死网破”。这不仅影响着诉讼的和谐，同样也影响着社会的和谐。

第二，法官在程序形式外的隐性运行，导致司法程序“形式化”的架空。由于一些程序设置的缺陷，不能满足当前转型语境的现实需求，不仅使得办案人员被拖累在这些形式性较强的程序格式之中，而且，由于不能实现应对社会转型的政策任务，

---

① 季卫东著：《法治秩序的建构》，中国政法大学出版社 1999 年版，第 20 页。

② ［德］鲁道尔夫·封·耶林：《权利斗争论》，潘汉典译，载《法学译丛》1985 年第 2 期。

办案人员的压力也非常大。由此，实务机关的办案人员在行动逻辑上就潜在地发生着扭曲——一些规避法定程序的行为时有出现，法定程序于此也会形式化。学者马贵翔对刑事诉讼领域中的程序形式化作了分析，认为“我国刑事司法程序的形式化是指因司法人员进行幕后操作而使法定的程序流于形式。”[①] 比如，法院在开庭前与检察院协调定案后使法庭审判成为‘走过场’就是一种较为典型的刑事司法程序形式化的表现。法院的先定后审也不仅仅限于与检察院私下协调，也包括与有关部门的协调定案。[②] 这些规避程序的司法行为的存在，致使程序的诸多功能无以发挥。

2. 司法解纷方法的过分单一，易导致诉讼与社会正义的实现脱节。

司法运行方法上的错位不仅表现在司法程序之形式化，而且，在解纷方法上也显得过于单一，难以“通过司法与诉讼实现社会正义”。具体表现在，繁简分化不科学，解纷依据较为单一，审判形式也较为单一，等等。

第一，简易程序尚待进一步完善。从诉讼法理的角度讲，案件的性质决定着程序的设置。从司法成本的角度讲，程序的使用方式也应当以案件的不同类别为基础，复杂重大的案件使用普通程序，简单轻微的案件则使用简易程序。相反，如果不加区分地按照普通程序进行审理，难免因为程序的过于繁复而阻碍诉讼程序的及时终结和诉讼纠纷的及时解决。这既不利于诉讼当事人的权益保障，也不利于国家司法资源的节省。

---

① 马贵翔：《我国刑事司法程序形式化的程序正义透析》，载《法商研究》2002 年第 5 期。

② 马贵翔：《我国刑事司法程序形式化的程序正义透析》，载《法商研究》2002 年第 5 期。

在刑事诉讼领域中，就我国现行的简易程序设置而言，存在着两方面的问题：一是简易程序的类型单一化，限制了其分流、处理案件的能力。二是我国简易程序的利用率不高。据调查，在绝大多数的基层人民法院，适用简易程序审理的案件比率占整个审结案件20%左右。而从最高人民法院对刑事案件判决的统计表明，1992年、1994年、1996年判处5年有期徒刑以下、拘役、管制、免予刑事处分、宣告无罪的罪犯占总数的比例约为64%、62%、60%。这些案件其实均可以适用简易程序来进行审理。在此意义上，我国刑事诉讼中适用简易程序审理的案件比例显然偏低，这显然不利于刑事纠纷及时有效地得到解决。①

在民事诉讼领域中，随着经济体制改革的不断深入和社会主义市场经济体制的确立，市场发育带来的经济关系的复杂化，也同样产生了民事案件迅速增长与民事审判不能及时解决民事纠纷的矛盾。为了缓解压力，全国各地法院都在通过扩大民事简易程序的适用来解决这一矛盾。但是，民事诉讼程序中的简易程序设置与实践也存在类似的问题。在立法上，虽然我国民事诉讼法对简易程序设有专章，但是规定却极为简陋，其条文所占比例仅为民事诉讼法的1.9%，这与简易程序的实际适用比率很不协调。再加上一些程序规则设置不尽合理，如适用简易程序审理案件的范围不明确、简易程序转化为普通程序不明确，未设置适用简易程序的专门机构和人员，等等，这导致实践中简易程序的适用较为随意化。不仅如此，这些不科学、不合理的制度设置还导致实践中简易程序的适用陷入困境，使简易程序的功能作用难以发挥。具体而言，主要存在以下问题：在实践中当事人口头起诉经常被法院以没有书状为由拒绝；简便传唤缺乏强制力保障，极有

① 万毅：《刑事程序简易化改革之我见》，载《四川师范大学学报》2007年第4期。

可能形同虚设；法官怕担风险很可能按普通程序进行审理，等等。①

第二，解纷依据尚待进一步拓展。法官在办案过程中，重视法律依据是理所当然，但这并不必然排斥参考其他合理性依据，如情理依据、常理依据，以及一些在基层被广泛适用的习惯性规范等。这一忽视使得诉讼纠纷不仅没有得到很好的解决，而且还在一定程度上造成了国家法与民间法之间的冲突与碰撞。其实，从法制史的角度讲，我国长期以来的中华法律文化一直是将国家法与民间法以及民族习惯法等视为水乳相融的统一体。其一，在规范层面，法定的国家法与约定的民间法之间彼此相互补充，并多元并存。也就是说，国家法不仅对民间法没有采取严令禁绝的态度，相反还极为包容。“在中华法系数千年的实践里程中，国家制定法与民族习惯法的关系，如同其与家族习惯法一样，也呈现互补互济的态势。”② 其二，在实践层面，无论是在非诉讼领域，还是在诉讼领域，国家法与民间法均一同起着司法依据的作用。具体而言，一方面，在非诉讼领域，虽然在和解、调解的过程中，我国传统文化较为重视常理、情理的作用，但客观地讲，这种常理和情理发挥作用是以国家法为后盾的。另一方面，在诉讼领域，虽然国家法是当然的司法依据，但是正式纠纷的解决却往往也穿插着非正式法律依据。正如著名学者黄宗智教授指出的：绝大多数判决无疑是以法律为依据的，但是仍有小部分是由

① 吴霜、王刚：《论民事简易程序的现状分析与改革设想》，载《法制与社会》2008 年第 3 期。

② 清末的一块石刻碑文，记载了我国古老的少数民族——羌族的八条习惯法规范。其中，除少数内容与国家法律有冲突外，大多数内容都能够和大清律例的精神原则相一致。正如其开首言明的“尝闻官有禁条而柔治，民有私禁以清地方而安良善，皆以戒人为不善。”参见龙大轩：《和合：传统文化中的国家法与民间法》，载《西南民族大学学报》2007 年第 190 期。

县官以息事宁人的原则，断令维持民间调解所达成的结果，或者断令此事应交亲邻调解处理。……县官基于法律的意见当然具有官方的威严，但官方的统治思想是民间调解优先，只要它没有越出法律所容许的范围。”[①] 可以说，尽管这种吸纳民间法原理作为司法依据的法制传统是衍生于传统中国，但在转型期间似乎也并不能忽视该传统的现代意义，因为“国家法与民间法的并存互动的传统法文化模式，既是受和合思维影响而产生的文化现象，又反过来体现出和合文化的价值和精神。”[②] 着眼于当前我国民事司法领域，实践中经常出现办案人员严格依照国家法判案，但是却并没有起到案结事了的理想效果，相反却陷入了如苏力教授所分析指出的“秋菊式的困境”。

第三，审判形式尚待进一步反思。审判形式也是纠纷解决方式中较为重要的一环。在民事诉讼领域，根据我国《民事诉讼法》第121条规定，“人民法院审理民事案件，根据需要进行巡回审理，就地办案。”从法制史的角度讲，在新中国司法运行的历史上，就地办案曾一度成为基层人民法院审理民事案件的主要方式。至今，基层法院的派出法庭仍在有限地采用这种方式。[③] 而发明和创造这种便民审判方式的“马锡五”及“马锡五式”的审判方式更是得到提倡和发扬。然而，在前几年，这种“马锡五式”的审判方式，在理论界的口诛笔伐下“就地中心主义”日渐式微。取而代之的是有证举在法庭、有证质在法庭、有证认在法庭、有理说在法庭的“法庭中心主义”。“法庭中心主义”

① 黄宗智著：《经验与理论：中国社会、经济与法律的实践历史研究》，中国人民大学出版社2008年版，第155页。

② 龙大轩：《和合：传统文化中的国家法与民间法》，载《西南民族大学学报》2007年第190期。

③ 李振宇、吕志祥：《接近正义——对民事诉讼简易程序改革的思考》，载《社科纵横》2004年第4期。

启动的背后是英美一元法庭对抗式诉讼模式对我国的强烈影响，事实上由于诉讼模式、诉讼技术、文化背景等的不同，“法庭中心主义”在我国尤其是在广大农村的缺陷很快被实践证明。根据笔者在省会城市中级人民法院和农村县基层人民法院分别担任法官审判案件的经验，在当前社会转型期间，在司法方法上分别对待“差别司法”效果会更好一些。东西部以及各地的经济条件差距非常大，很多边远的山区，纠纷当事人参与诉讼非常困难，因此，就地便民式的审判形式具有现实需求性。特别是在偏远的农村，这种方式应当成为基层人民法院及其派出法庭以简易程序审理民事案件的补充方式。而在工商社会背景下的城市法院审判案件重在法庭场域效果会更好。当然，没有必要把二者对立起来，因案而异，只是有所侧重而已。

四、司法程序技术失当

（一）司法裁判的审理与说理技术相脱节

从诉讼传统的角度讲，“我国司法制度从总体上来说属于欧陆法系，由于深受传统‘法典主义’思想的影响，司法裁判程序就像一架自动售货机，输入事实和法律，制造出判决。法官制作裁判文书只需要简单地说明法庭查明或认定的事实及适用的法律即可，并不需要借助于充足、完善的判决理由来支撑自己的判决结论，因此，判决书说理一直没有获得制度化的正当性，而在司法表象上呈现出‘无理’判决的现象。”① 但近年来，这种判决书不说理或者说理不充分的现象已经受到学界、实务界的重视。一方面，对判决书进行说理，有利于提高涉讼当事人的服判比率，提升司法机关的公信力。如学者所指出的，判决书要有说

① 万毅、林喜芬：《从无理的判决到判决书说理——判决书说理制度的正当性》，载《法学论坛》2004 年第 5 期。

理性，要让当事人心悦诚服地接受判决结果。特别是对我们这样一个成文法国家，成文法的演绎推论的方法决定了法院的判决及当事人的请求无法通过法律规范而只能借由具体的判决中的理由来阐述。如果判决不说理或者说理不充分，不仅不能保证司法公正，而且会掩盖执法不公甚至贪赃枉法的行为，还可能无法摆脱大量涉法上访的被动局面。① 另一方面，长期以来，法官对判决书不说理或者说理不充分已经造成非常多的现实问题，这不利于对诉讼案件的一次性终结。从诉讼法理上讲，裁判说理和论证能够最大限度地、较为彻底地息讼宁人。然而，实践中，法官更多地集中于审理，而对裁判说理重视不够，也由此导致出现很多涉法信访的情况，给司法带来很多不和谐。笔者就成都市两级人民法院2000—2005年信访案件的有关数据进行过分析，其中一条较为重要的曲线“案件瑕疵与改判、维持的交叉曲线”显示，从案件瑕疵看，上访案件几乎都存在不同程度的瑕疵，但启动再审程序改判的数量极少，绝大多数是维持，即“两个极个别”，案件有问题需要改判的是极个别；案件一点瑕疵没有的也是极个别。② 尽管这些有当事人不能区分何者为重要程序瑕疵、何者为轻微程序瑕疵等方面的原因，但是，如果裁判者对判决作出一定的说理，这些信访很大程度上也就得以化解了。

（二）司法裁判的审级之间功能不恰当地耦合

作为最为重要的司法程序技术——审级制度，一直以来都是各国司法改良与完善的重要对象。在两大诉讼程序领域，审级制度的目标是“纠纷的解决”与“法律秩序的维护”，而这双重目标的实现在各级法院之间也是有技术上的分工的，并非每一级法

① 王福华：《司法权威与法院判决的公信力》，载《政治与法律》2004年第5期。

② 资料来源：成都市中级人民法院立案庭：《信访调查报告2000—2005》。

院都担负着事实认定、解决纠纷与法律统一等职责。从比较法的角度讲，虽然英美法系国家与欧陆法系国家在审级制度的构建上存在一定的差异，但基本上都遵循了两个共通的原则，一是尽量维护初审法院的判决安定性；二是实行审级之间的技术分工，即“越靠近塔顶的程序在制定政策和服务于公共目的方面的功能越强，越靠近塔基的程序在直接解决纠纷和服务于私人目的方面的功能越强。”① 相反，在我国，审级制度的构建原则不仅对初审法院的判决安定性有失关照，从而影响了当事人的服判和纠纷的化解，而且，由于忽视审级之间的分工导致各审级之间协调性不强的问题。

具体而言，以民事诉讼为例，在我国当前，实行的是四级两审终审制，这“是一种柱型结构的司法等级制。自塔基至塔顶，各级法院的价值目标、职能配置及运作方式几乎没有分别，每一级法院都可以受理一审案件，同时都可以作为终审法院（自中级人民法院开始）；每一级法院、每一级程序都追求同一个目标，即个案的实质公正；当事人在不同审级享有几乎完全相同的程序权利；每一级法院、每一级程序都有权全面审理事实问题和法律问题，有权直接传唤当事人和证据并重新调查事实，有权根据自己查明的事实作出判决。”② 这样一来，一方面，上下级法院之间的审级功能呈现出平行化特征。“这种司法等级制没有职能分层，已经失却程序结构意义上的‘审级’的价值，多一级法院只是增加了一层行政级别而已。在两级审判的主体结构之外，设置了多种‘边道’通往再审程序，以救济两级审判中发

① 傅郁林：《审级制度的建构原理——从民事程序视角的比较分析》，载《中国社会科学》2002 年第 4 期。

② 傅郁林：《审级制度的建构原理——从民事程序视角的比较分析》，载《中国社会科学》2002 年第 4 期。

生的司法错误。"① 客观上，这造成了我国长期以来审判过分重视事实认定、过分重视纠纷解决、过分重视上级法院的权威，而导致初审法院的司法判决安定性不够，从而也使得当事人对基层法院长期持一种极度不满和极端不信任的态度。当然，之所以出现如此情形，主要是因为我国民事司法系统中对后审程序与再审纠错程序的过度信赖。但随着转型的深入，增强更高层级法院在法律适用或法制统一方面的制度功能应是大势所趋。另一方面，上下级法院之间协调性不强。中国现行的法官办案中各管一段，期望用高级机关权威或靠后的程序来解决矛盾。案件承办法官大多只考虑本程序内矛盾的暂时克服，从而尽快结案，对于存在的尚未从根本上解决的问题遗留给上级法院或者后一个程序。"一审不服你去打二审，二审不服你去打再审"，寄希望于用更高级的机关或随后的程序来化解矛盾，其结果使纠纷陷入一种"击鼓传花"的游戏。当然全国法院普遍存在的结案率考核机制也推动了这一逻辑的演进。目前结案率的考核基本采用的是行政机关甚至是工业化生产的单位时间内完成任务的"计件"方式，按照月、季度、半年、年为单位考核承办人结案率。在案件比率要求的有限时间内，法官只能匆忙进行"粗加工"，转手推给下一道工序。由于这种逻辑错误，导致各程序间出现断裂，其结果是越是高级的机关越是靠后的程序，信访量越大、信访手段越激烈。

第二节　社会转型与司法运行不协调的成因

司法运行与社会转型不协调的现象和问题不是凭空产生的，

① 傅郁林：《审级制度的建构原理——从民事程序视角的比较分析》，载《中国社会科学》2002 年第 4 期。

相反，有着深层的原因。具体而言，笔者认为，基本上可以总结为以下几个方面：

一、盲目化：司法改革过急，导致改革设计背离司法理性

长期以来，党和国家一直较为支持司法领域的改革措施。党的十六大报告指出，“社会主义司法制度必须保障在全社会实现公平和正义。……从制度上保证审判机关和检察机关依法独立公正地行使审判权和检察权。完善诉讼程序，保障公民和法人的合法权益。”十七大报告也明确指出，“深化司法体制改革，优化司法职权配置，规范司法行为，建设公正高效权威的社会主义司法制度，保证审判机关、检察机关依法独立地行使审判权、检察权。”随着十六大和十七大精神的全面贯彻落实，司法改革步伐也逐渐加快。但是，面对良好的改革局面，法院的诸多司法改革举措却也表现出“过急”的特点，逐渐背离了迈向司法理性与司法和谐的目标，最终一定程度上影响了司法改革的进程。

第一，在某些改革举措上，司法系统的改革表现得过急，且缺乏社会的有力支持。从司法政治学的角度讲，尽管在社会转型期间，司法机关的地位和作用日显重要，司法改革相对国家其他政治体制改革，较为迫切，风险最小，而收益较大，因此，很有可能走在政治体制改革的前面，并为政治体制改革的整体推进提供经验素材。但是，由于司法体制与国家的政治制度是密不可分的，因而不可能采取急风暴雨式的改革，相反只能循序渐进。静观我国一些司法改革，客观地评价，其中大部分体现着司法理性与司法和谐需求等价值观念，但也有一些表现出过急的动向。在理论界，有如学者主张的完全废除审判委员会制度、完全迈向当事人主义等等，这些想法都显得过于理想，与客观现实相距甚远，这也不可能起到应对社会转型纠纷解决的效果。在审判上急

于引进英美的“集中审理”模式，推行审判的“法庭中心主义”等等，这些改革举措往往也并没有得到社会各界的普遍认同，“无论是党委政府机关，还是人大及社会各界都没有多大热情，内外存在明显的反差。这种司法改革内热外冷的现状继续存在下去的话，改革是难以成功的。”①

第二，司法改革的强势引导，以及过急的趋势，演化为自上而下的快速、激进的改革，导致各地纷纷制定改革措施，从而产生司法改革权滥用的现象。美国著名法理学家博登海默认为：“权力在社会关系中代表着能动而易变的原则。在权力未受到控制时，可以将它比作自由流动、高涨的能量，而其结果往往具有破坏性。权力的行使，常常以无情的和不可忍受的压制为标志”；他进一步指出：“我们都必须把法律视为社会生活中的一种限制力量。法律与赤裸裸的权力所具有的那些侵略性、扩张性趋向大相径庭，因为它所寻求的是政治和社会领域中的妥协、和平与一致”。② 在此意义上，可以说，司法理性的实现不仅需要司法改革措施本身的合理，而且，需要司法改革权力的合理运用，如果大部分改革举措都是在法律规定的限定范围之外，则这种“非法”的改革方式也就不可能产生多么符合司法理性的改革举措。由于对司法改革的急速倡导，不仅高层司法机关频繁出台改革措施，而且地方基层司法机关出于种种因素的考量也频繁出台试点项目，由此改革成为一种时尚，客观地讲，虽然大部分改革项目契合了我国司法的整体发展趋势，但有一些也与立法文本、现实语境以及民众意愿相违背，如有的司法机关搞由当事人在法官名册中选择本案审判法官，搞陪审团，还有的搞人大代表

① 高洪宾：《司法改革的若干问题思考》，载《政治与法律》2004 年第 1 期。

② ［美］博登海默著：《法理学：法律哲学与法律方法》，邓正来译，中国政法大学出版社 1998 年版，第 360 页。

列席审判委员会研究案件，各地跃跃欲试，百花齐放。这些改革初衷是好的，但是没有合法性根据，司法缺乏合法性根据，极易导致司法权的滥用。

第三，在改革之后，对改革措施欠缺磨合、调和、整合的过程，相反，一出现问题又寄希望于下一轮的改革或修法，这不仅容易导致改革措施流于破产，而且给我国司法功能之发挥、司法技术之提升、司法方法之协调造成了诸多障碍。以我国刑事司法程序改革为例，当时1996年刑事诉讼法修改之后，有学者非常有见地地指出，应当采取磨合、调和、整合的实施策略。所谓磨合，就使让司法人员熟悉新的制度，适应新制度的要求，同时公、检、法机关之间、执法司法机关与律师之间，在新制度操作上也有一个磨合实践过程。调合，就是对一些法律规定不具体不清晰，或者有某些地方不尽妥当，尤其是实践中矛盾比较突出的，通过司法解释、地方性的规范，以及多方协调形成的规范性文件，来调解运作矛盾，弥补制度之不足。要从根本上解决问题，还必须改革法律规范，整合法律制度，建立更合理的法律框架和制度规范，使有关问题和矛盾在制度的层面得到解决。这种解决可能要经过一个局部整合到全局性整合的过程。[①] 但是，良好的理论意愿没有引起较多的关注，实践中一旦出现问题，往往寄希望于新一轮的法律修订，这极大地损伤着立法的权威性，也使得司法机关陷入左右为难、对立法文本应接不暇的境地。

二、强势化：司法运行过热，而多元化纠纷解决机制受压抑

从经济学的角度讲，司法运行不是没有成本的，相反是纠纷解决中成本较大的；司法运行提供的服务也不是无限的，而是依

① 龙宗智：《徘徊于传统与现代之间》，载 http://www.xingshisusong.com/xingshidongtai/3083_8.html。

赖于一国的具体经济条件与制度环境的。然而，我国社会转型期间的司法运行在强调自身重要性的同时，却忽视了自身的适用局限，导致司法运行的“过热化”，司法运行在社会转型期间进行纠纷解决的“强势化”，这不仅导致多元化的纠纷解决机制受到压抑，而且，也造成了我国司法运行本身在纠纷解决方面的定位不够合理。

在转型期间，司法运行过热最大的弊害就在于重视司法的构建而忽视与其他纠纷解决机制的协调和互补。可以说，尽管“在我国法治现代化的进程中，需要优先解决的问题是正规诉讼法律程序的建立和完善，而不是非正式方式的充分利用和发展；需要强调的是国家法律和司法的统一及其至高无上的权威，而不是当事人根据多样化的社会规范进行的自治和自律”。[①] 但是，“在 20 世纪 90 年代以后，随着我国审判方式改革的全面展开和逐步深入，非诉讼纠纷解决的作用在不断萎缩。这说明，一方面，在我国法治现代化和社会转型的进程中，由于缺乏法治的经验、传统以及对诉讼的盲目崇拜，社会大众的主流意识出现了一种偏向，即把诉讼视为实现权利的唯一正确途径，把诉讼率的高低作为判断法治现代化的标准；另一方面，由于我国的民事司法改革完全是法院自发和主导进行的，缺乏应有的组织性，其针对的主要是审判制度，并未从整个司法制度及整体纠纷解决机制的层面来考量基本的法律政策，而法院在扩张自身权力的过程中往往存在有意或无意排斥其他纠纷解决方式的倾向。”[②] 另一方面，解决转型社会之众多社会纠纷不能仅仅依靠司法与诉讼，还应当

① 杜闻：《论 ADR 对重塑我国非诉讼纠纷解决体系的意义》，载《政法论坛》2003 年第 3 期。

② 张榕：《我国非诉讼纠纷解决机制的合理建构——以民事诉讼法的修改为视角》，载《厦门大学学报》2006 年第 2 期。

依靠非司法性纠纷解决机制。“缓解诉讼爆炸的最佳选择是分流案件，分流案件的最好方式是鼓励可选择争议解决方法的运用。现代社会复杂纷繁，传统司法难以完全适应，有必要探索更快捷、低廉、简单、更接近需要、更适应不同当事人要求的纠纷解决机制。”① 具体而言，非司法性纠纷解决机制具有以下制度功能可以缓解社会转型所带来的诸多弊端：第一，灵活解决纠纷的功能。第二，合理分配司法资源的功能。第三，降低纠纷解决成本的功能。第四，促成当事人合意解决纠纷的功能。第五，实现案件分流的功能。第六，非司法性纠纷解决机制的存在为实现当事人的纠纷解决程序选择权提供了可能。②

三、行政化：司法运行过硬而协调机制缺失

导致我国司法功能定位存在误区，以及审级制度等司法技术发生偏颇的主要原因是我国司法之行政化，这无形中增加了我国司法运行的“硬度”，换言之，我国当前司法运行缺乏协调、协商机制，柔性不足。

第一，法院以行政的方式来行使司法权。作为维护公平正义的法官，应当尊重当事人的人格。因为在诉讼中当事人才是程序的主体，不能把当事人当成审判的客体和纠问的对象。在司法改革过程中，当事人的权益也主要靠当事人自己去维护，法官只是居中的裁判员而不是运动员。然而，中国司法领域长期以来奉行欧陆职权主义模式（即纠问式），司法官员容易滑向官僚化，进而影响当事人的权益，尤其是在刑事司法运行之中倾向明显。诚

① 范愉：《浅谈当代“非诉讼纠纷解决”的发展及其趋势》，载《比较法研究》2003 年第 4 期。

② 杜闻：《论 ADR 对重塑我国非诉讼纠纷解决体系的意义》，载《政法论坛》2003 年第 3 期。

然，纠问式审判在现阶段还难以改变，“由于我国的民主法制尚处于一个框架构筑或成形的阶段，受传统审判模式的影响，不仅当事人不知所措，就连法官也难脱定式，一般人根本就不具备这种司法修养，即便有了具备司法资格的代理人参与，同样也由于代表利益角度的不同而无法保证‘控’、‘辩’焦点的贯彻落实，因此，无论以哪种审理方式为主，都不能缺少法官的主动纠问。”① 尽管如此，也应当克服行政化的“长官式”审判。

第二，法院受到行政权力的诸多影响。就法院体制而言，张卫平教授将其概括为“法院体制行政化”。所谓“法院体制行政化”，是指法院在整个体制构成和运作方面与行政管理在体制构成和运作方面有着基本相通的属性，是按照行政体制的结构和运作模式建构和运行的。“法院在整个权力体系中被设置为一种行政单位，法院与其他权力机构的关系是一种行政关系。同时法院内部也是按照行政化结构来搭建的，在法院内部形成了明显的科层化等级结构，院长和庭长的职位具有行政和司法的双重权威。结构的行政化必然导致运作的行政化，使审判业务也具有了行政化特色。审判业务行政化最突出的表现是院长、庭长批案制度。批案制度使得审判权集中在院长、庭长这些有职位的法官身上，普通法官并不具有实质意义的审判权。”② 学者齐延平也指出，我国司法权难以在官、民间保持中立，除历史传统的原因外，还有现实制度设计方面的原因。③ 一是就司法机关生存的物质基础而言，民众无疑是其最终的衣食父母。但就供给渠道而言，政府则是其直接的衣食父母。因而，行政机关可以对司法部门颐指气

---

① 冀明：《浅谈民事庭审适用技术之“纠问”》，载 http://www.gjfy.gov.cn/fy-wh/fglt/20071029/113014.html。

② 张卫平：《体制、观念与司法改革》，载《中国法学》2003 年第 1 期；易延友：《司法独立之理念》，载天涯法网 http://lawsky.org。

③ 齐延平：《司法权中立的内容构成》，载《法商研究》1999 年第 4 期。

使，而民众却不可能。二是司法机关是通过民选产生的，但司法机关一旦产生，也就成为官方的一部分了，它与政府的其他权力部门就有了较密切的利益联系和情感联系。因而在官民纠纷中，易滋生偏袒官方、轻视民众之倾向。三是民众虽握有一个国家最终的主权，但官方却握有一个国家现实的最高权力。因而关注前者的权益不会有多少好处，但不关注后者的权力却会有众多坏处。[①] 以法院系统配套设置的等级制度为例，显然就是行政等级化的直接翻版。有违司法权的平等原则。“法官在审判案件时是平等地行使权力，而不是因为你高级法官说话就比一般法官说话更具有权威和权力。实际上无论是合议庭还是审判委员会都不是也不应是按法官等级设置的。现在搞法官等级无非想提高法官的待遇，而改善法官的物质待遇，完全可以通过其他途径，如考虑资深法官的待遇可以用法官津贴的办法来解决，而不应该用法官等级的待遇来解决。”[②] 这些分析在一定程度上指出了我国法院、法官受到行政影响的现实。

四、政策化：司法运行过变，而程序保障缺席

由于我国司法运行在社会转型期间表现出很强烈的行政化倾向，因此，也就不可避免地沾染着诸多政策性的色彩与工具主义的取向。受司法政策的影响，司法运行表现出“过变”的特征，不仅没有较好地遵循司法运行的基本规律，而且，也无法履行社会转型期间国家赋予司法的诸多任务和使命。这在刑事司法领域表现得最为明显。法院司法被视为是与公安执法、检察起诉相结合的“刀把子”。尽管这在中国古代的社会语境中有其存在的合理性，而且，当代中国司法政策化的弊端很大程度上也是中国古

① 齐延平：《司法权中立的内容构成》，载《法商研究》1999 年第 4 期。

② 张卫平：《体制、观念与司法改革》，载《中国法学》2003 年第 1 期。

代司法传统的遗留。"中国古代高度集中的政治专权制度和简单的自然经济制度催化和孕育了专政、强权、单一的司法制度，其显著特点则是诸法合一，刑法为主。"① 新中国成立之后，"司法被定位为无产阶级专政的工具，其职责为打击破坏社会主义秩序的反革命分子和刑事犯罪分子，维护国家政权。"具体而言，司法的政策化与工具主义倾向主要包括以下三方面的含义：一是司法是统治阶级的工具。法律是统治阶级意志的体现，司法服从和服务于统治阶级，在中国则是无产阶级对资产阶级和一切反动、落后剥削阶级进行斗争的"刀把子"。二是司法是国家的工具。司法是国家机器的有机组成部分，司法是国家的手段，是维护国家机器运转的工具。三是司法是政策的工具。不容否认的是，司法职能一旦过度工具化、政策化，司法的公平、正义的价值理念和价值追求难免受到干扰和冲击，司法的权威和司法的作用必然削弱，而且，司法的运行及其改革、发展也很容易被政策牵着鼻子走。

事实也证明，一方面，在刑事法领域，我国工具主义的司法政策在转型时期因为过度注重打击犯罪和社会控制，而忽视了犯罪的预防和罪犯的回归社会。随着理论的发展与实证考察的深入，学界逐渐认识到，"在现有社会经济历史条件下，犯罪态势是不可能通过单纯的刑法作用加以大幅度改变的，犯罪本身也遵循着一定的规律，所以当前针对种种犯罪，正确的态度是不要对其加以苛求，只要能够将犯罪限制在不妨碍社会良性运行的程度之内就已经实现了刑法的价值，至于如何从根本上去改变犯罪现

---

① 陈文华：《当前中国司法改革的路径思考》，载《河北法学》2007 年第 11 期。

状，这并非单纯是刑法的任务”，[①] 也并非通过司法的政策化和工具化就能得以实现。另一方面，在民事法领域，由于司法政策具有多变的特点，受多变的司法政策之影响，司法运行也显得“过变”，无法应对转型社会的要求。以法院民事调解为例，尽管我国在民事诉讼立法及司法中历来重视调解的解纷功能，客观上，调解也一直发挥着重要的实践作用。但是，我国针对调解制度的司法政策却经历了很大的变化。调解发展的路径是：极端重视——忽略——重视。[②] 1989 年民事案件的调解率为 73%，1990 年 65.7%，1993 年 59.8%，1996 年 53.9%，1999 年 42.1%，2000 年 37.7%，2001 年 35.1%，2002 年 33.4%，2003 年 31.9%，2004 年 31.7%。[③] 由此可见，司法政策的改变具有很强的人为性，很多情况下与社会转型的现实并不相符，从而影响着司法机能的发挥。对此，学者张榕指出，“法院调解并没有建立在合理的机制上，也无法发挥制度本身应有的作用，它

① 黄京平：《“宽严相济”刑事政策的时代含义及实现方式》，载 http://www.criminallaw.com.cn.

② 我国自建立民事诉讼制度以来便十分注重法院调解，在很长一个时期调解是法院审理与结案的主要方式。我国法院调解实行的是调审合一的诉讼调解模式，即调解与审判相互结合，调解与审判可以动态转换、交互运行，调解不成或调解书签收前一方当事人反悔的，仍由同一承办法官或合议庭进行审判的模式。这种调审不分的运行模式及在立法与司法中对调解的过分强调，在实务中导致了片面追求调解率、严重背离当事人自愿的弊端。现行民事诉讼法为消解上述问题，确立了“自愿与合法调解”的原则，但并没有改变法院调解的运行模式。此后，在民事审判方式改革中，由于追求“当庭宣判率”，法院调解明显走向衰落。但到 2002 年 9 月司法政策发生变化后，在强化非诉讼调解化解民事纠纷作用的同时，最高人民法院发布了《关于人民法院民事调解工作若干问题的规定》，法院调解的作用被重塑，许多法院也将调解率作为法院案件与效率评估的标准之一。参见张榕：《我国非诉讼纠纷解决机制的合理建构——以民事诉讼法的修改为视角》，载《厦门大学学报》2006 年第 2 期。

③ 相关数字来源于《中国法律年鉴》和《中国统计年鉴》。

更多地受制于政策和人为的影响，并容易从一个极端走向另一个极端，且带有较浓厚的功利色彩。至于当事人的程序权利，在现行的调解制度中是难以保障的。虽然，最高人民法院关于法院调解的司法解释在一定程度上弥补了法律的不足，但并没有从根本上改变调审不分、程序保障缺失的问题。”①

① 张榕：《我国非诉讼纠纷解决机制的合理建构——以民事诉讼法的修改为视角》，载《厦门大学学报》2006 年第 2 期。

第三章　目标模式：和合司法的理论构想与框架

社会制度中正义是首要价值，正像真理是思想体系的首要价值一样。[①] 司法将静态的法律规范作用于动态的程序及鲜活的案件，目的是将规范预期兑换为现实正义。显然，正义理所当然地是司法制度所要实现和维护的首要价值，这是不能动摇的。然而，法律规范具有恒定性品质，而社会现实是纷繁复杂的，因此司法的方法不应当是单一的、闭合的、恒定的，而应当是多元的、开放的、对应现实的。因此，正义是永恒的，但运送正义的司法方式却应当是灵活的。[②]

面对特殊社会阶段复杂的社会矛盾，采取标准化司法的方案已经和正在遭遇不同程度的障碍。司法的方法不应当是单一的、恒定的、闭合的，而应是多元的、对应的、开放的，如同 J. 弗兰克（Jerome Frank）所说“更多地回应社会”。[③] “法律的真正

---

① ［美］约翰·罗尔斯著：《正义论》，何怀宏译，中国社会科学出版社 2001 年版，第 3 页。

② 曲颖、王建新主编：《司法能动的方式》，成都市中级人民法院编印资料，第 1 页。

③ ［美］P. 诺内特、P. 塞尔兹尼克著：《转变中的法律与社会——迈向回应型法》，张志铭译，中国政法大学出版社 2004 年版，第 73 页。

基础完全是‘社会学’的”。[①] “重大的法律变化是随着社会变化而发生的，并取决于社会变化。”[②] 因此，司法方法的调整，必须从中国国情出发。从社会变化的影响点看，社会转型最终是否成功，衡量的标准不是 GDP 总量，而是法律制度。[③] 因此，研究法律的司法方法，必须将其回放定位在社会学的宏观坐标中来度量。司法方法是司法制度的范畴，司法制度是社会学中社会制度的范畴。显然司法制度及其方法与转型社会的变化应当是一种协调的关系，正如卡多佐所说：司法必须与社会现实相适应。[④]

由于标准式司法理想在转型中国社会遭遇的障碍，迫使我们做出一种“硬心肠的”反省。[⑤] 标准式司法理想是：司法对社会纠纷解决具有相适应的状态及其能动的可能性，司法功能覆盖整个社会生活，司法具有应对一切社会纠纷的能力。同时从程序到实体的司法裁判方式具有格式化、典型化期待。目前，我国法院普遍按照标准型司法方式解决转型社会凸现的各类纠纷，但实际上效果很不理想。未能实现普遍性和单一性统一的“合理性”。[⑥] 从内部看，尽管司法机关使出了浑身解术，做出了巨大努力甚至是牺牲。但从外部看，社会对司法功能的发挥尚不满意，有些“社会转型病”并未根治，“涉诉信访‘洪峰’不断涌现，已经

① ［德］马克斯·韦伯著：《论经济与社会中的法律》，张乃根译，中国大百科全书出版社 2003 年版，第 310 页。

② ［美］劳伦斯·M. 弗里德曼著：《法律制度——从社会科学角度观察》，李琼英、林欣译，中国政法大学出版社 2004 年版，第 314 页。

③ 朱兴文著：《权利冲突论》，中国法制出版社 2004 年版，第 264 页。

④ ［美］博登海默著：《法理学：法律哲学与法律方法》，邓正来译，中国政法大学出版社 2004 年版，第 158 页。

⑤ ［美］孙隆基著：《中国文化的深层结构》，广西师范大学出版社 2004 年版，序。

⑥ ［德］黑格尔著：《法哲学原理》，张企泰译，商务印书馆 1996 年版，第 254 页。

成为困扰法院工作的一个严重问题，同时对司法权威提出了严峻挑战。”[①] 龙宗智教授认为这是评价的“二元逻辑”所致。[②] 内部评价是司法概念体系（标准式司法）的评价，外部评价更加注重的是社会实际问题得到解决的评价。法院面对外部评价给出的压力备感困惑。

第一节　和合司法的目标定位：提出与论证

正义是永恒的，而运送正义的司法方式却应当是灵活的。在此意义上，尽管国外的司法运作机制为我国提供了诸多参考经验，一些普适性原则也得到运用并产生了较好的效果，但是，遗憾的是，外国的理论模型最终都没能够解决我国司法运行的本质性问题，这不得不令人反省。特别是我国现在正处于社会转型期间，社会冲突与司法条件都有其独特性，因此，在司法的目标定位上也应当考虑与转型社会这一历史背景的契合，司法制度及其方法与转型社会的变化应当是一种协调的关系。

社会转型期，利益关系错综复杂，社会矛盾更加突出，越来越多的矛盾纠纷以民事案件的方式进入法院。随着经济体制的变革、社会结构的变动、利益格局的调整、思想观念的变化，经济社会中不断出现了新的矛盾与纠纷。各级人民法院为应对这一社会变革，在司法策略上作出了回应性调整，如降低司法救济的门槛和诉讼成本，充分发挥调解的作用，搭建多元化纠纷解决平台，动员社会力量化解纠纷，强化诉讼的服务性，等等，应当说有效平息了大量的转型期纠纷。从最高人民法院到地方各级人民

① 刘嵘：《关注涉诉信访》，载《人民司法》2006 年第 2 期。

② 龙宗智在第五届成都法院院长论坛上的专家发言，载 http://www.china-court.org。

法院在司法运行的目标定位上都倾向于一种和合的追求，于是，笔者思考社会转型期间的我国司法运行目标可否定位为“和合司法”。所谓和合司法，是一种立基于司法民主与程序法治，致力于纠纷解决、矛盾化解与社会和谐的司法运行原理和目标定位。首先，和合司法是一种致力于诉讼和谐的司法模型。由于和合司法主张当事人之间的和谐关系与法官司法权的适度协调，可以有效化解当事人主义诉讼模式中因当事人之间过度抗辩而导致的使司法充满打斗的硝烟至诉讼矛盾激化的现象。其次，和合司法是一种致力于社会和谐的司法模型。由于和合司法主张在诉讼内部和外部相结合，以社会和谐为目标，超越当事人主义诉讼模式和协同主义诉讼模式，最终达到纠纷的合理解决、彻底解决，最终达致社会和谐。

第二节　和合司法的理论基础：社会与文化

转型期间，我国法院在审判实务中对和合司法的选择并不是偶然的，而是与中国社会背景与深厚的传统文化有关。

一、传统中国的和谐文化观是和合司法的文化根基

从制度学的角度看，“文化是制度之母。”① “由于我国正处在社会转型时期，旧的价值观念被打破，而新的价值观念还没有完全统一地建立起来，因而社会文化表现为多重价值观念的重合叠加。精英文化有其固守者，大众文化也有为数众多的享用者，其间难免有冲突的地方。在构建和谐社会方面，丰富的传统文化

① 转引自万毅、林喜芬：《精英意识与大众诉求：中国司法改革的精神危机及其消解》，载《政治与法律》2004 年第 2 期。

资源无疑是重要的源头活水。”① 从历史文化的角度讲，‘和合’一直是中华民族的传统精神气质。另外，从和合思想在社会进步方面的作用而言，它不仅在我国古代和近现代起着维系社会稳定、平息社会纠纷、维护安定团结等重要功效，而且，在当代西方，也被视为一种能够弥补自由主义理论缺陷的重要思想。因此，将以中国和合文化为母本的思想，衍生用于司法制度的运作也存在着深厚的文化合理性。② 奈斯比特说：“我们越是全球化并在经济上相互依存，我们就越是做着符合人性的事情；我们越是承认我们的特性，我们就越想紧紧依靠我们的语言，越想紧紧抓住我们的根本和文化。”③ 全球化所展现的是“互相依赖的增加，这种依赖把世界空间的各个部分联系在一起，从而使它们实现一种日益具有限制性的统一和整合。”④ 面对 20 世纪以来全球化的文化问题，西方的一些思想家开始将目光转向东方，他们希望“将东方文化作为一种良药来疏解西方文化中物质沉淀的阻塞”。⑤ 对此，有学者指出，“和合文化”作为中华民族多元文化所整合的人文精神的精髓，是 21 世纪人类的最大原理和高价值。⑥

从文化史的角度讲，和合思想在中华传统文化中有着深厚丰

---

① 李淑云：《反思与构建：“和合文化”的现实价值与时代定位》，载《社科纵横》2007 年第 9 期。

② 瞿琨：《非诉讼纠纷解决机制的价值再分析与发展路径探讨——兼论社区调解制度的完善》，载《上海大学学报》（社会科学版）2007 年第 2 期。

③ 陈刚、李林河：《对文化全球化与本土化关系的辩证思考》，载《新华文摘》2001 年第 2 期。

④ 杨博华：《全球化、文化认同与文化帝国主义》，载《文化研究》2002 年第 8 期。

⑤ 张成岗：《中国传统文化的后现代诠释》，载《现代哲学》2000 年第 2 期。

⑥ 张立文：《中国文化的和合精神与 21 世纪》，载 http://www.lunwenwang.com。

富的资源。中华和合思想文化源远流长，博大精深。“‘和合’是中国思想文化中被普遍接受和认同的人文精神，它纵贯整个中国文化发展的全过程，横摄于各个时代的各家各派的思想文化之中，因此它是中国思想文化中最完善最富生命力的体现形式。”①“主张‘和合’也是中国儒家、道家、墨家、法家的共通之处。和合思想不仅体现在个体自身的灵与肉的和合，也体现在人与社会的和谐，更体现在人与自然的和合。”② 据学者考证，“和”与“合”两字，最早分别见于甲骨文和金文。“和合”一词最早出自《国语·郑语》：“商契能和合五教，以保于百姓者也。”即是说商契能和合父义、母慈、兄友、弟恭、子孝“五教”，使百姓安身立命。《国语》、《管子》、《墨子》都提出“和合”范畴。《周易》讲阴阳和合，《诗经》讲“和羹”，孔子讲“和为贵”，《老子》讲“知和日常”，《易传》讲“和合太和”，《太平经》讲“和合阴阳”，佛教讲“因缘和合”等。③ 同样，关于和谐的文化史也源远流长。“和合、和谐是中华民族传统文化思想的重要命题与核心价值，是心灵关怀与价值理想，是精神家园与终极关切。它不仅具有现实的意义，而且具有普适价值。从实践价值而言，和谐、和合需要人格物、致知、诚意、正心、修身，意诚而后心正，心正而后身修，身修而止于至善；人人有一颗和善的心，即‘不忍人之心’，推之家庭，家庭和爱，不仅要父义、母慈、兄友、弟恭、子孝，而且要全家遵纪守法、廉洁奉公，杜绝后门，这样才能家和万事成；由家庭推及人际，人与人之间要讲诚信，诚是真实无妄，它是五常之本，百行之源。信是诚实不

---

① 阎献晨：《关于和合文化现代价值分析》，载《前进》1999 年第 9 期。

② 瞿琨：《非诉讼纠纷解决机制的价值再分析与发展路径探讨——兼论社区调解制度的完善》，载《上海大学学报》（社会科学版）2007 年第 2 期。

③ 阎献晨：《关于和合文化现代价值分析》，载《前进》1999 年第 9 期。

欺，遵守诺言。"[①] 据学者考证后指出，和谐有协调、谐和、调和、和合的意思。谐，《说文》："谐，洽也，从言皆声。"《六书统》："谐，洽，从言从和，合众意也。"每一件事情、方案、措施若符合大众的意见，便是民心所向，就能协调、和谐。《玉篇》又训"谐，和也"。和谐主旨是和。《左传》襄公 11 年记载："八年之中，九合诸侯，如乐之和，无所不谐。"诸侯国之间取得和谐、协调。《晋书·挚虞传》："施之金石，则音韵和谐。"《尚书·尧典》在说到当时天下各个诸侯国之间应该怎样协调彼此关系时，以"协和万邦"作为指导思想，认为这样黎民百姓才能变恶为善、和平共处。[②]

以中国和合文化为母本衍生的司法制度及司法方法，必然贯穿和合文化精神——司法和合主义。司法和合主义认为：司法必须在依法治国的政治前提下，在法律的框架内，以公平正义为首要价值取向，强调司法的对应性、相融性、辩证性、和谐性。近年来，我国执政党提出和谐社会的基本理论，不仅是对我国传统文化的回溯和升华，也是对转型社会现实的回应，意义深远。"在以和谐为核心的'和合文化'的影响下，中国百姓形成了'和为贵'的民族心理，他们具有'息讼'、'厌讼'的法律意识，对待纠纷的态度则是息事宁人、排斥争讼。中国老百姓在'和合文化'的长期浸润下，逐渐形成了调解传统，而在当下中国，正确认识'和合文化'对人们心理的深刻影响仍然很有必要，因为法治是需要民众心理支持。"[③] 在中国转型社会的背景

① 李淑云：《反思与构建："和合文化"的现实价值与时代定位》，载《社科纵横》2007 年第 9 期。

② 李淑云：《反思与构建："和合文化"的现实价值与时代定位》，载《社科纵横》2007 年第 9 期。

③ 瞿琨：《非诉讼纠纷解决机制的价值再分析与发展路径探讨——兼论社区调解制度的完善》，载《上海大学学报》（社会科学版）2007 年第 2 期。

下，通过对司法和合主义的实践，应采取柔性的、本位的、平行的措施，以落实司法的根本任务，实现定分止争平息社会矛盾的目标。中国历史的经验（成功与失败）也反复证明了一个事实：中国的问题到最后大多数是依靠中国的办法（制度）得以最终解决。以民事诉讼领域的调解为例，尽管如前所述，受到过变的司法政策之影响，我国通过人民调解进行的非诉讼纠纷解决机制曾经一度受到排挤：从1997年到2004年，人民调解组织的总数从98.5万个下降到85.3万个；调解人员的总数从1027.4万人下降到514.4万人；调解纠纷的总数也从554.3万件下降到441.4万件。这与注重法院诉讼、忽视以调解为代表的非诉讼机制有关，非诉讼纠纷解决机制的传统文化基础——“和合文化”也受到了全面批判，被认为是中国人法治观念淡漠的表现。[①] 但如学者瞿琨所正确指出的：我们应当认识到，在深受传统“和合文化”影响的中国，以调解为代表的在法院以外的各种非诉讼纠纷解决方式始终具有生命力，即使是从1979年我国强调法治以来，调解也一直发挥着自身独特的作用，仍然在我国的纠纷解决体系中占有不可替代的地位。近年来，由于诉讼不断攀升带来的压力，以及法院诉讼纠纷解决机制固有程式的司法成本较高，人们开始以企盼的眼光重新看待非诉讼纠纷解决机制。

二、转型中国的社会环境是和合司法的社会根基

“和合思想最为突出的贡献是强调社会要保持和合的整体性。”[②] 这里，最著名的论述是孔子的“礼之用，和为贵。”如果

---

① 瞿琨：《非诉讼纠纷解决机制的价值再分析与发展路径探讨——兼论社区调解制度的完善》，载《上海大学学报》（社会科学版）2007年第2期。

② 顾行超：《中华传统和合思想及其当代价值》，载《中央社会主义学院学报》2007年第6期。

说这一思想观点表达了对人与人之间和谐关系的理想追求的话，那么，他的“和而不同”思想，又及时地为人们提供了正确处理人际关系的方法。和合不是混合、苟合，而是要“同归而殊途，一致而百虑”，依此来达到整个社会的和合。“一言以蔽之，这一思想，对于保持中国社会的稳定和发展，对于维护统一的多民族国家有着重要的积极作用。”①

第一，我国当前的社会转型需要一种动态的纠纷观，这是决定我国采行和合司法的社会条件之一。所谓动态纠纷观，是指将纠纷作为社会秩序的一个有机组成部分，纠纷不仅是正常的，而且，在效果上还是辩证统一的。“有社会就有纠纷，有人际即生冲突”是人们生活、实践、思考的必然前提与逻辑起点。② 它要求转型社会的司法运行承认纠纷存在的合理性，也尽量去消解纠纷。

在我国传统社会，受“无讼”思想的影响，纠纷被视为社会不和谐的体现，诉讼本身也被视为是扰乱社会秩序的行为。这种纠纷观念又被称为“静态诉讼观”。可以说，在这种纠纷观念的影响下，既然诉讼受到批驳，司法也就没有了容身之地。进入近当代，我国的诉讼模型开始受到英美当事人主义的影响——通过诉讼来实现定分止争的任务被提到了议事日程，司法成为化解纠纷的前沿阵地和主力军。可以说，在这种诉讼观念下，纠纷一旦进入司法程序，就必须形式化地、同一式地予以解决。因此，各种纠纷在社会中的不同意义这一重要问题也就被遮蔽了。其实，冲突并不是一种社会总体上顺利运转的偶然事件，它是社会

---

① 顾行超：《中华传统和合思想及其当代价值》，载《中央社会主义学院学报》2007 年第 6 期。

② 谢佑平等著：《刑事司法权力的配置与运行研究》，中国人民公安大学出版社 2005 年版，第 1 页。

生活中一个持续存在和不可避免的组成部分。它还有一定的积极效果，如引发一些社会方面的有益变化。[①] 而我国当前正处于社会转型期间，一方面，我们已经不能再像传统社会一样，秉持无讼观，遮蔽司法在纠纷解决中的制度功能，毕竟，纠纷是不可避免的，尤其是在转型期间；另一方面，我们也不能像西方当事人主义那样更注重诉讼内部。因为，转型期间很多纠纷性质并不一样，有些需要强制消除、有些在现有条件不可能予以消除只能慢慢化解，同时，还有一些纠纷甚至具有正向而积极的社会引导功能。可以说，“社会需要和谐，这是化解社会冲突的有效选择。不能以冲突化解冲突，以恐怖反对恐怖，以战争反对战争，其结果是反恐愈反愈恐，战争愈演愈烈，冲突愈来愈深。应通过对话、谈判、谅解、和解的通达途径来消除冲突。这样便构成了人心和善、家庭和爱、人际和立、社会和达、世界和平、宇宙和合的逻辑结构，体现了中华民族的民族精神和中华民族传统文化的精髓。”[②] 因此，秉持动态的纠纷观，是当前转型时期坚持和合司法的社会基础。

第二，我国当前的社会转型需要在法治国社会与福利国社会之间寻求平衡，这也是决定着我们必须选择和合司法的社会条件之一。“现在的社会矛盾，主要涉及的是不同的利益关系和利益诉求之间的平衡，这需要充分运用法律这一社会利益分配机制和社会矛盾的调节器来解决。”[③] 从西方共通的制度经验的角度讲，“传统治理模式已经在应对社会转型方面显示出严重的不足，发

---

① 谢佑平等著：《刑事司法权力的配置与运行研究》，中国人民公安大学出版社 2005 年版，第 8 页。

② 李淑云：《反思与构建：“和合文化”的现实价值与时代定位》，载《社科纵横》2007 年第 9 期。

③ 高军：《当代中国的社会转型与法治路径的选择》，载 http://www.law-lib.com/lw/lw_view.asp?no=8490。

达国家成功的历史经验已充分证明了法治是成功实现社会转型的必然选择。”[①] 然而，近年来，即便是在西方，也开始反思传统的极端自由主义思想以及一味追求法治国社会的司法理想。“伴随着社会矛盾的不断升级与逐渐调和，西方国家也思考从‘个人本位’向‘社会本位’的现代化转型。福利法治国的倡导者、追随者尽管看到了‘福利’和‘法治’之间价值上的内在紧张与冲突，但永远不敢公然轻言放弃‘法治’：‘法治’是前提，‘福利’是诉求；‘法治’是旗帜，‘福利’是目的；‘福利’旨在回应社会的物质需求，‘法治’期望保障社会需求的价值方向。”[②] 所谓的社会国原则，一般来说是要求国家对于社会经济地位较低之人民利益给予维护。对弱势者予以保护，社会国原则要求的是国家实现社会正义，并建立社会安全制度与保障制度，以建构和谐社会，这是宪法的重要内容，运用在行政法上，就是从干涉行政走向给付行政、行政行为的多样化以及行政裁量必须考虑到社会国原则，以追求社会的实质正义。[③] 尽管美国学者弗里德曼指出，福利国与法治国原则并不冲突，他认为，在福利国家中，同样可以卫护法治与个人自由的基础，为此，他提出了五个原则：（1）要有用以防范公共权力的非法干预和滥用自由裁量权的行政管辖，它包括对行政活动进行司法管辖的行政法院制度、普通法院制度、行政管辖与向高等法院申诉结合的制度；（2）规定一些确定的标准作为公共权力对私人权利干预范围的界限；（3）对合法利益必须进行不可预见的干预时，应给予合理的赔偿；（4）政府活动的扩展必须要伴以取消政府和一般公

---

① 高军：《当代中国的社会转型与法治路径的选择》，载 http://www.law-lib.com/lw/lw_view.asp? no=8490。

② 倪洪涛、刘丽：《走出福利法治国的困境》，载《法律科学》2006 年第4 期。

③ 刘性仁：《论述宪法与行政法的关系》，载 http://article1.chinalawinfo.com/article/user/article。

共权力所享有的不追究法律责任的豁免权；（5）行政当局以及最终由议会行使对公共权力的监督。但毕竟一种要求国家积极能动，而另一种要求国家消极被动，势必在具体的制度运作中存在冲突。因此，影响到司法运行层面，司法目标的模型设定也必须回应法治国社会与福利国社会的冲突。而我国当前的社会转型，可以说是实现一种更为理性而和谐的社会，肯定会吸取法治国社会与福利国社会中的诸多有益因素，因此，我国转型期间的司法也必须有所准备。一言以蔽之，如果说当事人主义致力于法治国原则下的当事人自治，协同主义致力于社会国原则下的法院积极能动，则和合司法致力于法院与当事人之间，以及司法与社会之间的有机和谐。

第三节　和合司法的方法策略：本位、柔性、平行

司法理论是用于解决现实问题的。和合司法的理论并不是带着美丽光环的装饰品，相反，和合司法有其深邃的价值内涵。其以司法和合主义为解决之道，强调柔性司法、本位司法和平行司法等，主张从根本上化解社会矛盾，构建和谐社会。第一，坚持结构/功能意义上的本位司法，也就是“守本分”，使法院（法官）回归到自己的位置（审判席）上，使司法权在权力结构和功能上保持和谐。第二，坚持过程/方法意义上的柔性司法，即以引导、组织、协商、衡平等原则为主，主张通过较为人性化的方式来解决纠纷，赋予司法程序更加人性化的关照，使司法权在司法过程和方法上保持和谐。第三，坚持程序/技术意义上的平行司法，使司法裁判与司法说理，审级之间在解纷方面保持平行的重要性，使司法权在程序/技术上保持和谐。当然，这些功能、方法、技术均是致力于诉讼的和谐和社会的和谐。

一、和合司法的结构/功能定位：本位司法

1. 本位司法之一：在社会治理方面，以维护法律为使命实现有保留的消极克制。

尽管司法权作为有“威望”的公共权威力量之一在转型期间被理所当然地推上前台。然而，司法不是万能的，也不应承载起一些本不应当由其担负的责任。“法院不是改革的先锋，法院不能做改革的先锋”，实际上“法院在某种程度上代替了政府，成为在政府之外的一个政府。”① 司法已经不是法律适用的代言人，相反却成了社会控制的行政工具。从社会治理的角度讲，社会治理过程对司法的倚重，本是法制社会的应然，但将转型时期的社会矛盾相对集中提交司法，而中国司法的现实条件尚不足以保证司法承载这样的历史使命。“这一方面在于中国司法机构自身尚不具备解决各种社会矛盾和社会冲突的实力（直观上表现为需要处理的各种类型的案件超出了司法机构的负荷）；另一方面更在于，司法在国家制度结构中（特别是在制度实践中）以及在全社会的权威体系中并不具备法治社会所具有的、与实施社会治理的实际要求相吻合的地位。”② 因此，为了克服当前司法在社会治理中的工具主义倾向，司法必须保持应有的冷静和克制。

第一，司法不“能”的纠纷，法院不应参与。“司法权的作用范围不是无限的，它并不能够解决社会的所有问题。”③ 中国社会转型中出现的诸如城建拆迁、资源利用、非法集资等社会突

① 苏力：《经济社会发展与司法回应》，在第六届成都法院院长论坛上的学术报告。

② 顾培东著：《从经济改革到司法改革》，法律出版社 2003 年版，第 3 页。

③ 孙万胜著：《司法权的法律（法理）之维：司法改革的体系化理论思考》，法律出版社 2002 年版，第 134 页。

出矛盾，现实中把这些矛盾相对集中地提交给了司法，事实上司法尚不完全具备或者根本没有解决这些矛盾的能力。经验告诉我们，司法搏出位到“服务区”外过多参与自己没有权限和没有能力解决的纠纷，效果并不好。如前述类型的案件，尽管法院作出了判决，但至今仍未息诉的不在少数。转型初期，各地许多法院都希望自己来引导社会改革（地方政府也这么希望），直接参与政府联合拆迁、受处非法集资、确认宪法权等，其结果大多数案件成了“哽骨案”咽不下吐不出，案结事未了，社会民众也不满意，“费力不讨好”。

第二，司法不“宜”的纠纷，法院不应参与。法官对当事人主张的判决结论是唯一的，不能对此不置可否，这决定了转型社会中某些领域的纠纷并不适合进行司法判断（“硬宰”）而只适合用其他方法处理。例如涉及高度政治性、政策性或者可能引发全局动荡的问题等等，应当严格把握案件的受理范围，不适宜司法介入的应当暂缓受理。而这些案件往往表现为一个单纯的诉讼案件，当事人实质是希望通过个案的判决来反映转型社会中的问题，来对抗某些政策的运行。转型社会中有许多问题属于制度不完善或者发展中的问题，如果法院对这些问题形成的案件一律受理，由于案件要受到司法技术的限制，对发展中的某些问题作出过早的司法判断，就可能导致社会的不安甚至影响社会的发展。当然法院也可以解决一些具有实际规则意义的案件。法院只是确认规则。①

2. 本位司法之二：在诉讼审理方面，以接近正义为原则实现有限度的积极能动。

第一，有条件地扩大受理范围。马歇尔在审理马伯里诉麦迪

---

① 苏力：《经济社会发展与司法回应》，在第六届成都法院院长论坛上的学术报告。

逊案件时说：公民权利的精髓在于公民受到侵害时，每个公民都有权请求法律保护。[①] 为此，法院应当扩展诉讼途径，使公民在受到侵害时能够便捷地进入诉讼、接近司法。例如，应当合理地扩大受理范围，建立公益诉讼制度。对转型期间因工业化和市场化进程的加快而引发的诸如环境污染、消费者权益受侵害、虚假信息等案件适度扩大受理范围。

第二，大幅降低诉讼费用。现有的诉讼费用收取制度不恰当地阻碍着当事人接近司法。因此，长远来看，应该废除公民向法院交纳诉讼费用尤其是起诉费用的制度。在现阶段，主要应要求法院积极主动地贯彻落实诉讼费用的缓交、减免制度，消除公民因经济问题被拒司法于门外的现象。[②]

二、和合司法的过程/方法选择：柔性司法

1. 柔性司法之一：引导私力救济与组织诉讼协商。

第一，引导私力救济是最贴近社会基层、最经济的司法方法。司法的权威性，应当最大限度地用于引导当事人之间纠纷的化解上，而非致力于凌驾于当事人之上。在我国，和合文化在民众思想中是根深蒂固的，很多情况下，民众之间发生矛盾和纠纷，并不希望对簿公堂，而是希望有个较有威望的机构或个人居间做出调停，给一个公平的“说法”。为此，司法主体应当遵循民众追求和合的思想，通过国家和法律赋予法官的权威地位，在当事人之间做出引导，依据自身的法律素养和社会知识，引导当事人息讼、和解，消解社会冲突，而非一味地将纠纷引入诉讼，作出判决。而且，从司法原理的角度讲，“非诉讼纠纷解决机制

① 江国华：《无诉讼即无宪政》，载《法律科学》2002 年第 1 期。

② 左卫民、朱铜辉：《公民诉讼权：宪法与司法保障研究》，载《法学》2001 年第 4 期。

追求当事人之间的协商与沟通，推崇他们之间的关系稳定与和谐，在解决纠纷时具有成本低、效率高、柔性强的优点，特别是它具有的对人们心灵的教化作用以及人文关怀是法院诉讼不能比的。”① 目前，非诉讼纠纷解决机制在我国已经初步形成一个体系，它的基本方式有调解与仲裁。解决的纠纷主要有民间纠纷、劳动争议纠纷、消费者纠纷、交通事故纠纷、医患纠纷、知识产权纠纷、土地和林木权属纠纷、城市建设中房屋拆迁纠纷等。属于我国非诉讼纠纷解决机制的还有：行政方式解决纠纷与行业自治组织解决内部纠纷。前者包括行政调解、行政仲裁、行政复议等行政方式，涉及的纠纷比较广泛，有消费者纠纷、交通事故纠纷、医疗纠纷、价格争议纠纷、环境污染纠纷、土地和林木权属纠纷、城市建设中房屋拆迁纠纷等；后者如上海浦东区个体劳动者协会、私营企业协会成立的行业性调解委员会，江苏无锡市市政设施管理处在民工队伍中设立的调解组织。②

第二，组织诉讼协商是最符合当事人基本利益的司法方法。与西方司法方法的刚性和形式相比，柔性司法更注重对利益的重新分配。从制度论层面分析，利益是制度的出发点和归宿，那么司法制度和方法同样应当把握利益这个杠杆。追求诉讼利益的最大化和损失的最小化（不管是程序利益还是实体利益）是双方当事人诉讼利益的共同性。由于人们的“趋社会性”，又使得当事人为了追求诉讼共同利益的“合作”成为可能。③ 哈贝马斯曾

---

① 瞿琨：《非诉讼纠纷解决机制的价值再分析与发展路径探讨——兼论社区调解制度的完善》，载《上海大学学报》（社会科学版）2007 年第 2 期。

② 瞿琨：《非诉讼纠纷解决机制的价值再分析与发展路径探讨——兼论社区调解制度的完善》，载《上海大学学报》（社会科学版）2007 年第 2 期。

③ ［美］赫伯特·金迪斯等著：《人类社会的趋社会性及其研究：一个超越经济学的经济分析》，汪丁丁、叶航、罗卫东编，上海世纪出版集团 2006 年版，第 52～67 页。

指出，在交往的过程中人们由目的理性转化为交往理性。诉讼也是一个交往与协商的场域，交往过程中交往主体的角色是实现交往行为的关键，正是在角色转换的过程中，交往主体不能仅仅以自我为目的来行为，而必须以交往者的共同目的、交往的共同准则来行为。[①] 法官引导当事人运用对话协商的方式对于解决中国转型社会中的纠纷就是比较有功效的。[②] 司法和合主义的柔性司法要求法官在案件处理过程中，力图创建冲突解决的理性协商方式的平台和语境："你死我活"→"讨价还价"→"各得其所"。

2. 柔性司法之二：衡平各种案件因素与调动各种解纷资源。

第一，通过衡平各种案件因素，而非单纯使用硬邦邦的司法技术，最终达致纠纷的化解与和合。现代司法的一个重要特征，即创造一个相对封闭的程序空间，使案外因素隔离于诉讼之外。然而，在我国转型期间，尤其是考虑到各地区在司法程序技术的发展方面很不平衡，因此，不考虑案外因素来解决纠纷几乎是不现实的。很多当事人进入诉讼程序，其实法律上的问题较少，而案外因素却影响较大。正如学者所指出的，"法官办案子应当'以法律为准绳'，这就是说，'本本'上的法律是怎么规定的，怎么判决就是了。我相信，在很多法院，特别是那些层级较高的法院，确实也是这样做的。但是，在数量众多的乡镇派出法庭，

---

① 李松玉著：《制度权威研究——制度规范与社会秩序》，社会科学文献出版社 2005 年版，第 47 页。

② 美国学者布莱克论述："人们通过协商对冲突本身进行讨论，并寻求解决冲突的办法，也就是说是一个相互妥协的过程。它广泛地发生于不同的社会情境中，是许多传统社会解决纠纷的主要方式。美国律师常通过协商的方式解决对被告的犯罪指控，并在民事案件中大量地采用协商方式解决纠纷。因此美国近代历史上律师的大量增长——是 25 年前的两倍——就很好地说明社会对于协商仲裁者的需要在不断地增长。"参见［美］唐·布莱克著：《社会学视野中的司法》，郭星华译，法律出版社 2002 年版，第 83 页。

这个司法王国的‘天条’，未必在任何时候有那么大的权威。因为，如果所有的案件都必须严格按照‘本本’来处理，要么可能将某些诉讼当事人拒于法庭大门之外，要么司法裁判无法得到讼争双方的认可”。[①] 因此，就笔者的经验而言，基层司法不仅应当重视诉讼空间的封闭性，同时，也应当对诉讼案件之外的因素保持一定的开放性。

第二，通过调动各种解纷资源，而非单纯使用不灵活的司法技术，最终达致纠纷的化解与和合。选择有效途径，利用内在制度和外在制度资源的变通式解决纠纷。内在制度（非正式制度）：是从人类经验中演化出来的。它体现着过去曾最有益于人类的各种解决办法。外在制度（正式制度）：是被自上而下的强加和执行的。他们由一批代理人设计和确定。这些代理人通过一个政治过程获得权威。外在制度配有惩罚措施，这些措施以各种正式的方式强加于社会，并可以靠法定暴力来强制实施。[②] 司法制度（实体法、程序法）就是典型的外在制度。面对中国国情，法官在处理案件中不仅要运用外在的司法制度，还要运用伦理、习惯、良好礼貌和商业习俗等内在制度促进纠纷的解决。基层法庭处理的案件为何出现“两高两低”，即调解率高、和解撤诉率高；上诉率、上访率低。[③] 他们的主要经验就是将司法制度（正式制度）内难以解决的案件虚置到司法制度（正式制度）之外（承办人把自己转换到法官角色之外成为一个“不打领带的

---

① 喻中：《乡土中国的司法图景》，中国法制出版社2007年版，第1页。

② ［德］柯武刚、史漫飞著：《制度经济学》，韩朝华译，商务印书馆2004年版，第36～37页。

③ “两高两低”的结论所依据的数据来源于成都市中级人民法院《2006年人民法庭检查统计表》；基层法官调解率数据来源于成都市中级人民法院《上挂法官办案情况统计表》。

人”[1])，运用非正式制度（伦理、习惯、商业习俗等）予以解决（和解）；尔后法官再回到司法制度（正式制度）内以司法制度（正式制度）可以容忍的方式（案外和解撤诉或者下达调解书）“结案”。基层法官注重“案结事了人和”把程序内解决不了的案件虚置于程序外的“社会状态”，施以“闲聊”最终促成和解，然后再回到程序内“结案”，其实是十分机智的。

三、和合司法的裁判/技术保障：平行司法

1. 平行司法之一：司法裁判与司法说理平行重视。

“随着中国社会的发展，诉讼民主化进程将加快，司法职能的转化也将更具现代性，在这样的背景下，强化法官司法判决的论证，实现从无理判决到判决说理的过渡是必要的，也是必需的。”[2] 可以说，司法裁判与司法说理是平行重要的司法事项。前者旨在宣布一项法律裁决，后者旨在说明该法律裁决的依据。这不仅能够让诉讼当事人更加合理地接受判决，而且，可以进一步降低当事人上诉或信访的几率，促使诉讼程序内的和谐与社会中的和谐。

2. 平行司法之二：司法审级之间平行重视。

笔者认为，对于当事人获得救济的程序价值而言，案件处理中的任何一个程序，不管是一审、二审、执行，都是一个整体的平行关系，没有高级程序和低级程序，每一个程序都处于同一平面，而且不应当脱节。虽然各个程序相对独立，但有效解决同一案件纠纷的目的要求决定了各个程序的有机组合“藕断丝连”，即各程序阶段都要考虑案件整体的司法效益——案结事了人和，

---

① 在这里用“领带”这个符号来代表法官和正式制度。

② 万毅、林喜芬：《从无理的判决到判决书说理——判决书说理制度的正当性》，载《法学论坛》2004年第5期。

息诉服判。对于上述司法效益局部性追求向整体性追求的导引，必须通过司法官员的意识构建形成各个程序平行联动。要耦合每一个程序实现司法效益，就必须建立平行联动意识，就必须超越承办法官所陷入的本级程序。

第四章 “本位司法”：“和合司法”的功能定位

在社会转型的大背景下，对司法权之功能定位与价值剖析具有十分重要的意义。司法改革中的教训告诉我们，对这一问题的忽视“不可避免地导致了我国司法改革呈现出一种‘非理性繁荣’的局面。”① 为此，亟须回归司法改革的原点，对司法权及其运作的基本原理做出诠释、解析与探讨。这不仅是整个法制变迁的基础前提，也是法学研究的基本要求。②

如前所述，司法权如若不能回归本位，将陷入非常尴尬的处境与功能上的悖论之中。一方面，如果过度能动，必将导致司法权丧失公信力，沦为社会控制的工具。另一方面，司法过度消极，导致司法权难以担当起接近正义的重任。为此，笔者认为，中国的司法运行在功能定位上应当回归本位：一方面，在社会治理方面，以维护法律为使命实现有保留的消极克制。另一方面，在诉讼审理方面，以接近正义为原则实现有限度的积极能动。

---

① 胡夏冰著：《司法权——性质与构成的分析》，人民法院出版社 2003 年版，序。

② 学者武建敏提出实践法学，并指出“实践法学揭示了法律及其运作的本性，要求法律的运作按照事物的本性展开，并且要求从事物的本性中引发出合理的制度设计”。（参见武建敏著：《司法理论与司法模式》，华夏出版社 2006 年版，第 1 页。）对此，笔者认为，研究司法的功能定位也应当以司法权及其运作的基本规律为基点。

第一节 司法权的位阶与坐标

司法权是现代政治哲学与政治社会学的基础范畴之一。在公共权力的领域内，它与立法权、行政权并驾齐驱，甚至很多情况下，更受到学界的关注。[①] 因此，在研究司法及司法权的学术领域，如果不先将司法权与立法权、司法权与行政权等关系范畴梳理清楚，对司法权运作的认知和理解必定是偏颇的。

在西方的理论源流之中，无论是立法权，司法权，还是行政权，均是来自于主权这一更为基础的理论范畴。而西方社会中主权意识的勃兴是民族国家形成之后的事情。在古希腊和古罗马时期，国家或者与城邦同义，或者与民族联姻，基本上是一个社群共同体的统称。到了中世纪，基督教思想与教会权力是与国家权力并驾齐驱的另一个权力源，甚至在某种程度上，世俗国家的所有臣民（包括君主）都是皈依基督教的教徒，教皇具有至高无上的权力和地位，因此，这一时期的世俗国家权力还并没有获致完整意义上的统治地位。

客观地讲，世俗国家基本上是14世纪以降的产物。在欧洲文艺复兴之后，人的概念与意义逐渐从神及其神权的荫蔽之下“解救”出来，世俗国家有了登临历史舞台的可能性与必要性。在这个神权统治由盛入衰的年代，思想领域中活跃着很多倡导世俗国家的思想家，他们提出了诸多支撑世俗国家的观点和论断，宪政思想家马西利乌斯就是其中致力于为世俗国家重新提供理论

---

① 对此，如意大利法学家卡佩莱蒂所指出的，“图书馆，当然，数个世纪以来充斥着有关司法裁判程序的研究成果。每一种重要的哲学进路——而我所意旨的不仅是法哲学，还包括政治、道德乃至神秘主义哲学——在司法裁判的领域皆有所体现。”参见［意］卡佩莱蒂著：《比较法视野中的司法程序》，徐昕、王奕译，清华大学出版社2005年版，第10页。

支点的典型。在王权与教权竞争的政治现实背景下，马西利乌斯首先摈弃了中世纪盛行的上帝创造国家说，通过复兴亚里士多德的政制理论论证了基于“人性的国家和政治社会”等学说。在马西利乌斯看来，国家权力的掌控者——各级政府官吏才是国家和平和社会安定的捍卫者，教士集团在世俗社会的神圣不应存在，也不应享有垄断政治权力的至上地位。不仅如此，马西利乌斯还一定程度上袒露了议会至上的思想，这些政治理念也为后来的思想家进一步思考提供了基础。随之以后，法国思想家让·博丹系统而全面地阐述了“主权”概念，这一思想成为现代国家存在的核心正当理由。具体而言，博丹极力为世俗王权的巩固和中央集权的合法性辩护，他强调指出：第一，国家之所以为国家的根本性要素是因为有主权的存在，只有主权在一国境内完全确立起来，就像父权之于家庭存在的决定性地位那样，国家才能独立而自存在于包括家庭在内的其他组织，国家的“生命”才得以赋予；第二，博丹通过将国家中的主权与家庭中的父权做比，认为国家的世俗权力有着深刻的渊源，并进而否弃“君权神授说”，还进一步延伸论证了私权与公共权力的分野，“主权本身仅及于公共权力，并不包括私权，从而与家长在家庭中的私人权力或权力区别开来。”①

经由上述理论家的努力，主权/公共权力的概念开始并逐渐解脱神权或文化权的内涵，成为一种世俗性的权力；同时，公共权力更是一种有别于私权力的权力。当然，尽管马西利乌斯和博丹的政治思想为后续人们进一步认知公权力的内涵和意义起到了基础性的引导作用，并促进了神权的消解和主权的勃兴，但是，这种思考尚停留在公权力的外部层面，对公共权力的内部构造之

① 黄基泉著：《西方宪政思想史略》，山东人民出版社 2004 年版，第 93 ~ 95 页。

奥秘缺乏审视和探究。那么，公权力到底包含哪些种类，这些权力之间的内部关系又是什么呢？这些基础性问题，无疑是探讨司法权之定位的起点。

在西方的理论思想中，关于立法权、司法权、行政权之间的关系问题，主要有两种学说：一种是立法至上理论；一种是权力制衡理论。就立法至上理论而言，在西方思想脉络中，该学说其实是由两种理论交织而成的，一是由爱德华·科克倡导的法律至上说；二是由约翰·洛克系统论证的立法权至上说。两者互为补充，互相增进。关于爱德华·科克的思想在后文的司法独立部分还有论述，在此仅以其名言来表达其法律至上的思想——“上帝恩赐陛下以丰富的知识和非凡的天资，但微臣认为陛下对英王国的法律并不熟悉，而这些涉及臣民们的生命、继承权、财产等的案件并不是按天赋理性来决断的，而是按人为理性和法律判决的。法律是一门艺术，它需经长期的学习和实践才能掌握，在未达到这一水平前，任何人都不能从事案件的审判工作……‘国王不应该服从任何人，但应服从上帝和法律’。”① 科克的思想还可以追溯到英格兰著名思想家布拉克顿的《论英格兰的法律和习惯》之理论，在该著述中，布拉克顿也曾宣称，“国王本人不应受制于任何人，但他却应受制于上帝和法，因为法造就了国王。因此，就让国王将法所赐予他的东西——统治和权力——再归还给法，因为在由意志而不是法行使统治的地方没有国王。国王的权力是正义的权力，而不是非正义的权力。只要他实施正义，他就是上帝的代言人，但是当他转向实施不义时，他就是魔鬼的大总管。因此，让国王依法来驯化他的权力，法是对权力的

① ［美］罗斯科·庞德著：《普通法的精神》，唐前宏等译，法律出版社 2001 年版，第 42 页。

约束”。[1] 由此可见，经由布拉克顿——科克的思想脉络，尽管王权/世俗权力战胜了神权，但是，王权/世俗权力也并非就可以任意妄为，相反却应当受到法律或法权的限制，即法权至上，法权大于王权，法律高于国王。另一个思想分支是由启蒙思想家洛克提倡的议会至上理论。洛克对此指出，“处在社会中的人的自由，就是除经人们同意在国家内所建立的立法权以外，不受其他任何立法权的支配；除了立法机关根据对它的委托所制定的法律以外，不受任何意志的统辖或任何法律的约束。”[2] 其实，立法至上的理论在洛克之前就曾有学者提出论述，在 1657—1660 年间，英国学者乔治·劳森出版了两部政治学著述，提出了立法权至上是“一切管理活动的基础和准则”的思想。[3] 只是后来，洛克的思想更加系统，也更具有穿透力。洛克借用了社会契约理论作为其论证的基点，他“信守古典自然法学派关于文明社会或国家起源于契约的解证理路，基于消除自然状态的缺陷引起的‘战争状态’之考量，人们便通过‘协议’组建政府或国家，进入政治社会，促使自然法的内容或人的自然权利得以现实化。”[4] 但是，洛克的社会契约假设与其他的启蒙思想家有所不同，第一，在洛克看来，个人通过契约只是放弃了在自然状态下自行执行自然法的权利，相反却保留着生命、自由和财产等自然权利，这些权利是不可转让的，并先于国家或政府而存在，并构成了政府或国家不可逾越的权力范围或限度；第二，出于排除暴虐政府

---

① 转引自［美］考文著：《美国宪法的“高级法”背景》，强世功译，生活·读书·新知三联书店 1996 年版，第 21 ~ 22 页。

② ［英］约翰·洛克著：《政府论》，叶启芳、瞿菊农译，商务印书馆 1964 年版，第 16 页。

③ ［英］维尔著：《宪政与分权》，苏力译，生活·读书·新知三联书店 1997 年版，第 53 页。

④ 黄基泉：《西方宪政思想史略》，山东人民出版社 2004 年版，第 179 页。

解体所引发的社会陷于无政府状态之担忧，洛克指出，市民社会的出现得益于人与人之间关系的契约化，“在任何地方，不论多少人这样地结合成一个社会，从而人人放弃其自然法的执行权而把它交给公众，在那里、也只有在那里才有一个政治的或公民的社会。”[①] 同样的，政府或公共机构也只是受托者，如果背弃契约，人民留有反抗之权利。[②] 经由上述理论建构，洛克建构起其主权国家的权力来源之合法性基础，进而，他还系统论证了该人民主权国家的政体如何架构的问题。对此，洛克提出国家权力应当划分为立法权、执行权和对外权。其中，“立法权是指享有权利来指导如何运用国家的力量以保障这个社会及其成员的权力。”执行权是经常存在的负责执行被制定和继续有效的法律的权力。对外权则包括战争与和平、联合与联盟以及同国外的一切人士和社会进行一切事务的权力。[③] 当然，洛克的三权并非平行分配的，如果那样的话，也就不存在立法权至上的主张了。在洛克看来，“立法权，不论属于一个人或较多的人，不论经常或定期存在，是每一个国家中的最高权力”。“因为谁能够对另一个人订定法律就必须是在他之上。而且，立法权之所以是社会的立法权，既然是因为它有权为社会的一切部分和每个成员制定法律，制定他们的行动的准则，并在法律被违反时授权加以执行，那么立法权就必须是最高的权力，社会的任何成员或社会的任何部分所有的其他一切权力，都是从它获得和隶属于它的。”[④]

---

① 唐士其：《西方政治思想史》，北京大学出版社 2002 年版，第 235 页。转引自黄基泉著：《西方宪政思想史略》，山东人民出版社 2004 年版，第 179 页。

② 黄基泉：《西方宪政思想史略》，山东人民出版社 2004 年版，第 179 页。

③ [英] 约翰·洛克著：《政府论》（下），叶启芳、瞿菊农译，商务印书馆 1964 年版，第 89、90 页。

④ [英] 约翰·洛克著：《政府论》（下），叶启芳、瞿菊农译，商务印书馆 1964 年版，第 83、92 页。

就权力制衡理论而言，最负盛名的启蒙学者是法国思想家孟德斯鸠。尽管孟德斯鸠也提倡法律之治，也是社会契约论的倡导者，但是，在孟德斯鸠的眼中，如何处理法律下的自由及法律下的权力才是最为重要的。首先，就自由而言，孟氏认为，自由是人的本性、理性的必然要求。“当人类是自由人类的时候，他们就处于文明状态，但如果他们服从于专制权力，丧失自由，那么他们便陷入野蛮状态。因此，只要一个民族尚未从专制权力下解放出来，这个民族就尚未摆脱野蛮状态。自由是一个民族成熟、文明、进步的基本标志”。① 由此可见，孟德斯鸠的自由概念具有以下两方面的要求：一是自由是由法律建立的，自由与一定的秩序、安全相联系，而这种秩序、安全的制度状态就是法律，因而，在自由和政制的关系上，建立自由的仅仅是法律，甚至仅仅是基本的法律。二是法律是自由，自由构成法律的内在价值和精神。② 换言之，自由是由法律保障的，同时，法律又是“自由的”。如果不继续深入思考孟德斯鸠的理论体系，稍有逻辑的人已经看出这是一个“同义反复”，亟须解决的问题便是，如何来保障法律是“自由的”呢？又如何来保障这种“法律下的自由”呢？对此，孟德斯鸠意识到，人类是一种政治性的动物，人类社会到处遍布着政治性的因素，在一个政治社会中保障自由无可避免地要牵涉到政府权力的定位和政府职能的分配问题。对此，他提出自由只有在“国家的权力不被滥用的时候才存在。但是一切有权力的人都容易滥用权力，这是万古不易的一条经验。有权力的人们使用权力一直到遇有界限的地方才休止。”③ 因此，对

① 王人博、程燎原著：《法治论》，山东人民出版社 2001 年版，第 37 页。

② 王人博、程燎原著：《法治论》，山东人民出版社 2001 年版，第 38 页。

③ ［法］孟德斯鸠著：《论法的精神》（上），张雁深译，商务印书馆 1961 年版，第 154 页。

付权力集中和滥用的好方法就是让权力来制衡权力，为此，他构建了三权分立的模式，将国家权力区分为立法权力、行政权力、司法权力，“认为这三种权力的划分与制衡的直接目的就是政治自由；以‘三权分立’为原则的政治体制是政治自由的根本保障。当某一个人或组织独占或垄断了上述三项权力，自由也就不存在了，因为在一个人或组织握有绝对权力的国家，公民的自由是不受到关怀的。”① 在此需要指出的是，尽管孟德斯鸠论证的重心是如何防止权力的集中和滥用，并未明确触及“到底立法权、司法权、行政权等权力如何配置”、“到底何种权力更加优越”等问题，但是，按照孟德斯鸠理论逻辑的脉络，通说一般认为，孟德斯鸠所主张的是一种相互制衡而没有哪一种权力应居于支配性地位的权力架构。

在当代社会，立法权至上理论与分权制衡理论均有其支持者，因此，我们无法通过历史的解读与比较的分析确证何种权力配置理论更加优越。但是，一个共通的趋势是值得注意的，即各国关于权力架构的配置中均非常注重“民主性”和“制衡性”这两大要素。客观地讲，这两个要素也是上述两种理论脉络中所共有的。一方面，就立法权至上理论而言，毋庸置疑的是，在该理论中，立法权概念的核心便是“民意”或“民主”，所需要考量的是，立法权是否就不受制约而任意妄为了呢？答案当然是否定的，一如美国政治学家考文所指出的，“洛克明确而详尽地将立法权的界限规定如下：首先，立法权不是专断任意的权力。即使是那些决定政体的大多数人也不能赋予代理机关以专断权力，因为多数人的权力本身导源于自由的主权个人的委托，而这些个人在‘自然状态中没有任意支配他人的生命、自由和财产的专断权力’，甚至没有任意支配他们自己的生命、自由和财产的专

① 王人博、程燎原著：《法治论》，山东人民出版社 2001 年版，第 39 页。

断权力。通过这种对'专断权力'的警告，洛克无疑预示了现代的法律之正当程序这一内容宽泛的概念。其次，立法机关不能大权独揽，以临时的专断命令来行使统治，而必须依据颁布的、长期有效的法律来统治，并由资深法官来执行司法和判定臣民的权力。它不会因为特殊情况而变更法律，而是不问贫富、不论贵贱以一法而治。再次，立法权不能转委托。最后，立法权并非国家的终极权力，因为'社会始终保留着一种最高权力，以保卫自己不受任何团体的攻击和谋算'。"[①] 同时，也是更重要的，洛克还提出立法权与执行权必须分属于不同的权力机关，以便防范权力的垄断。[②] 另一方面，就分权制衡理论而言，制衡性自不待言，由于作为分权一支的立法权本身就是民意的体现，通过相互制衡其他权力，民主性也相应会得到体现。

鉴于权力划分是现代意义的国家哲学的基础，也是实行法制、实现法治的基础性前提。因此，将司法权、立法权、行政权放置在一起来理解，是体认司法权力法治化的前提，也是正确界定司法权力功能属性的必由之路。

在笔者看来，研究司法权与立法权、行政权之间的关系，对于深入理解司法权自身而言至少具有以下两个方面的意义：第一，将司法权、立法权、行政权三者并列讨论，可以彰显现代社会中公权力的共通特性——民主性。在我国，"权力"按照古人的理解，是一种"制"人的力量。君权是这种力量的典型，它"独制于天下而无所制"（《史记·李斯列传》）。它可以将意志强加于人，包括成群的人；可以支配他人，包括以万千计的复数的人；可以要求"集体组织系统中"的单位履行义务，包括让

① ［美］考文著：《美国宪法的"高级法"背景》，强世功译，生活·读书·新知三联书店1996年版，第69页。

② 黄基泉著：《西方宪政思想史略》，山东人民出版社2004年版，第183页。

自身也拥有国家力量的单位履行义务。[①] 换言之，这种特权不受任何因素的制约，它来源于神授或天授，表现为君主的意志，实际上就是君主的恣意。相反，现代社会中的公共权力则与之截然不同。现代社会中的公共权力受到法律的制约，并且，制约公共权力的法律是由民主机制制定出来的，体现民意，最终受民意的约束。一言以蔽之，即体现民意的“法”大于“权”，具体表现为法律至上与法律面前人人平等。张文显教授对此指出，“在国家生活中法律应当有至上的效力和最高的权威，国家机关的一切职权根源于法律，而且要依法行使，不得违反”。[②] 第二，将司法权与立法权、行政权放置在一起讨论，还可以加强对分权制衡理念的理解，厘清三种权力各自的权能分工以及相互之间的制衡关系。权力制衡的思想可以追溯到古希腊和古罗马，随着权力制衡原则的演进，其确立和适用是西方发生工业文明的结果。自欧洲文艺复兴和启蒙运动以来，有觉悟的先进的思想家进一步丰富和完善了权力制衡原则。[③] 托克维尔发展了孟德斯鸠的思想。托克维尔提出，一个由各种独立的、自由的社团组成的多元社会，可以对权力构成一种社会的制衡。托克维尔认识到一个独立于政治国家而存在的市民社会是民主化亦即民主制度建设的一个必要条件。市民社会中分散的相对独立的社团与组织有助于限制国家权力。托克维尔不愿意看到一个缺乏独立组织而高度集权的国家。他认为，在没有社会组织的纽带下的个人无法以组织力量与国家的权力相抗衡，无法牵制国家权力。这样，国家就可能会导

---

① 徐祥民著：《文化基础与道路选择——法治国家建设的深层思考》，法律出版社 2004 年版，第 89 页。

② 张文显著：《法学基本范畴研究》，中国政法大学出版社 1993 年版，第 294 页。

③ 刘俊杰：《论人类文明的转型与权力制衡原则的演进》，载《当代世界与社会主义》2005 年第 5 期。

致集权越权、滥用权力甚至独裁、暴政。托克维尔是一个首先认识到民主的体制与一种多元的社会与政体具有亲和性的人之一。①

综上，可以说，权力的民主性和制衡性是现代公共权力构设的共同原理。东方与西方在经济、政治、文化等诸多方面存在较大的差异，西方意义上的三权分立是否符合我国本土的讨论主流意识形态已有定论，但强调法律面前人人平等的平等观念、通过法律控制公权力的法治思想，以及通过权力监督约束权力的制衡理念却无疑对于我国司法权力的未来完备与实际运行具有重要的指引意义。

一、司法权与立法权的比较与界定

（一）司法权与立法权的功能区别

第一，从权力属性的角度讲，立法权是制定规范的权力，而司法权则是适用规范的权力。

根据我国学者的考证，“立法”一词最早见于我国古代典籍《商君书》、《更法篇》，《史记·律书》和《汉书·刑法志》，《汉书·刑法志》中载：“圣人制礼作教，立法设刑。”《史记·律书》中载：“王者制事立法”。② 当然，我国古代典籍中的这些关于“立法”的语词，并不具备现代意义上的“立法”的含义，而是主要指“制法设刑”的意思。现代意义上的“立法”与“立法权”是公共权力勃兴与分化之后的产物。对此，可以参照西方经典辞书中关于“立法”和“立法权”的解释，如美国

① 姚同生：《权力制衡——一种多元民主的视角》，载《中南财经政法大学研究生学报》2006 年第 6 期。

② 秦前红：《立法权刍议》，载 http://www. calaw. cn/asp/showdetail. asp? id = 10849。

《大百科全书》中记载，“立法是指国家机关为了规范社会行为，而制定法律规范的活动。”《牛津法律指南》的定义是，“立法通常指有权的个人或由法律确认的机关有意识地制定或改变法律的过程，是一种意志的表达。”《牛津法律大辞典》中指出，立法“指通过具有特别法律制度赋予的有效地公布法律的权力和权威的人或机构的意志制定或修改法律的过程。”日本末川博所编《全订法字词典》则解释为：“立法，是与行政、司法相对应的概念。从形式意义上讲，不论法律名称如何，是指制定一般抽象的法规的工作。”① 综合而言，由于规范本身就是一种价值的体现，按照马克思主义法学观的理解，所谓法律，就是体现统治阶级意志的、用于调整某些行为或关系的规范之总和，因此，立法权也是通过制定法律来推行某种法律价值与法律理念的公权力。也就是说，“立法机关通过制定法律把立法者要在社会中推行的某种法律价值通过法律条文加以具体化，以此为社会成员提供相应的行为模式，从而使社会处于在立法者看来是一种值得追求的社会状态。”②

相反，对于司法而言，《布莱克威尔政治学百科全书》的定义是，“法院或者法庭将法律规则适用于具体案件或争议。”可以说，司法与裁判几乎是连接在一起的孪生姐妹。因此，很多情况下，司法权又被称为司法裁判权。具体而言，与立法权在一般意义上制定行为规范不同，“司法机构的使命则在于对具体案件进行裁判，并通过将一般的法律规则适用到个案之中，解决业已发生的利益争端。相对于立法权而言，司法权是一种裁判权，并

---

① 转引自秦前红：《立法权刍议》，载 http://www.calaw.cn/asp/showdetail.asp?id=10849。

② 孙万胜著：《司法权的法理之维——司法改革的体系化理论思考》，法律出版社 2001 年版，第 16 页。

且是通过将一般的法律规则适用于具体案件上，来发挥其裁判案件这一功能的。”① 在此意义上，司法权是“通过对纠纷的处理来维护立法者所要推行的法律价值”。②

第二，从设定目标的角度讲，立法权致力于规则设定和利益均衡，而司法权则致力于实现公平正义。

法制社会的实现之第一大要务是“有法可依”。如果在一个实行法制的国家或社会，法律却处于短缺状态，必将影响到社会秩序的维护和公平正义的实现。因此，相对于其他权力而言，立法权的设定初衷是旨在制定一系列合理可行的法律规则。这也是以法律来约束和规范人们社会行为的必然前提，“法律系统存在的最初理由是为一定社会中的人们调整行为、形成合意、实现秩序提供可预测性的指针和自由的尺度。”③ 可见，确定性与可预测性的确是立法系统之内在特性。当然，任何规则的制定都会涉及诸多利益集团的博弈，而现代代议制民主也并非代表每一个普通公民的根本利益，民选代表往往并不能切实或毫无差漏地遵循、维护普通公民的现实利益。为此，迎合、均衡各利益集团的现实与预期利益就成为立法权最大的目标。为此，对立法过程中资源耗费，以及预期制定后的立法规则可能造成的成效与成本进行经济分析是立法权和立法程序中的重要原则。所谓立法的成本收益分析，要求在立法时对拟制定的法律的制定、实施成本和可能取得的收益进行分析，并尽量采用低成本的立法，以实现资源的有效配置和效益的最大化。在进行成本效益分析时，立法主体

---

① 陈瑞华：《司法权的性质与范围》，载《问题与主义之间：刑事诉讼基本问题研究》，中国人民大学出版社 2003 年版，第 3 页。

② 孙万胜著：《司法权的法理之维——司法改革的体系化理论思考》，法律出版社 2001 年版，第 16 页。

③ ［美］麦考密克等著：《制度法论》，周叶谦译，中国政法大学出版社 1994 年版，“代译序”第 7 页。

所关注的成本显然不能仅仅是立法创制中的人力、物力、财力、时间等立法资源的耗费，更应该包括创制中的法律在日后实施中所要支付的成本，即执法成本与守法成本。“成本与收益之间的比值关系，制约甚至决定着主体的行为选择；低效益甚至负效益的立法将是国家和社会的沉重负担，立法主体也应当基于经济功利的考虑对其采取规避态度。”①

而司法权的设定目标则主要是为了实现公平正义。现代社会如果被视为是法律的天国的话，法官或司法权则是法律帝国的守护神，因为它们标榜着法律的终极价值——公平和正义。正如美国学者勒斯克所言，“法的目的在于主持公道，而法院的任务则是审判，公道地、不偏不倚地适用法律，解决争议。”② 司法权无论是在刑事、民事、行政、甚至宪法性案件中，所致力于实现的目标无疑正是在解决争议和纠纷的过程中实现公平和正义。“正义如果有声音的话，裁判才是正义的声音，所以整个法院的活动最终都是为了实现司法的公正。”③ “司法机关通过公正执法可以向人们明确昭示：什么行为是合法的，什么行为是不受法律保护的，人们可以从中获得一种稳定的行为预期，并在此基础上形成尊法和守法的心理，从而使法律的评判功能和导向功能得以充分发挥。人们对法律的尊崇和拥护，必然进一步维护法律至高无上的权威。”④ 而相反，如果司法权不能起到主持正义的角色、担负起实现公平的重任，则司法机关乃至整个司法系统之合法性也就不存在了。弗兰西斯·培根从反面论证了司法的公正性目

---

① 苗连营：《追求效率的程序：关于立法程序制度构造的另一种思考》，载《郑州大学学报》1999年第5期。

② ［美］勒斯克著：《美国民事诉讼》，法律出版社1997年版，第7页。

③ 王利明著：《司法改革研究》，法律出版社2000年版，第15页。

④ 周友苏：《构建和谐社会中的司法公正问题研究》，载《社会科学研究》2006年第3期。

标，“一次不公正的（司法）判断比多次不平的举动为祸尤烈。因为这些不平的举动不过弄脏了水流，而不公的判断则把水源弄坏了。”①

第三，从运作方式的角度讲，立法权遵循“事先提案、事中论证”的立法程序，其民主性具有较强的抽象性和选择性；而司法权遵循“两造对抗、消极中立”的司法程序，其民主性具有较强的具体性和参与性。

立法权的运作方式一般采用事先提出议案、经过充分论证，然后征询意见和听证的方式，最终制定、通过一项法律、法规。如前所述，立法权的目标是制定法律和利益均衡。在现代民主制国家中，立法权的运作方式体现着充分的民主性。这种民主性主要体现在以下三个方面：一是立法代表的民选性。最早对法律的民主性作出论证的是古希腊思想家亚里士多德，他在《政治学》中提出了公民直接立法的两种方式：其一是全体公民轮番而不同时集合来进行议事，制定法律；其二是全体公民同时会集于一堂通过法律和讨论其他相关事务。现代民主理论之父卢梭对民主制作了明确而详尽的论证，认为法律是公意的体现，公意永远是正确的，服从法律的人民应当是法律的创作者，公共智慧的结果便形成理智与意志在社会体中的结合。② 从民主政治的基础原理出发，民主政治是人民当家做主的政治体制，其根本宗旨是尊重人民的民主权利和利益追求，依照广大人民的共同意志，自我约束，自我治理。因此，立法者只不过是人民的代表，代表人民行使权力；立法权的行使源自人民的授权，因而立法活动必须从根

① ［英］培根著：《培根论说文集》，水天同译，商务印书馆1983年版，第193页。

② 转引自江礼华：《论立法民主》，载《中南民族大学学报》2007年第4期。

本上反映人民共同意志。① 尽管在立法理论上存在直接民主与间接民主之区分，但由于直接民主是由全民来参与制定一部法律，这在现实的政治实体（尤其是在幅员辽阔的大国）中一般都不具备现实条件，因此，间接民主才是世界各国普遍采行的模式。也就是说，当今各国立法民主一般均是由代表普通公民的民选代表作为提出议案和制定法律的主要主体。二是少数意见的参与性。在法案论证的过程中，一般应当吸收一些利益相关者或少数群体的意见和建议，其目的也正是为了关照和兼顾少数利益群体的实际利益。“立法程序的设定尤其要重视切实保障少数人的言论权、动议权、对多数意见的正当挑战权以及否决权。通过对少数人提供阻碍对其不利的法案通过的权利，从而使法的通过完全基于深思熟虑而绝非多数人任性和冲动。”② 三是立法程序的平等性。“在立法过程中所遵循的程序首先是承认并尊重利益的千差万别而不是予以扼杀，然后确保不同的利益得以平等且真实的表达，有效且充分的博弈，进而在可接受的妥协和平衡基点上形成与多数强权或者多数暴政迥然不同的多数意志”③，“以便使各种利益中大部分或我们文化中最重要的利益得到满足，而使其他的利益最少的牺牲”。④ 不仅如此，“立法程序的安排还应当为所有的立法者个体提供平等的表达权和决策权，将立法项目的筛选、立法时机的把握、立法议案的列入议程、审议对象的选择、表决的安排和立法政策以及内容、模式、措施等抉择、立法成本的控制等程序和实体的决断都交给立法者群体，既避免群体决策中的趋同效应和风险极端化，又防止立法者群体中特权人物的决

① 江礼华：《论立法民主》，载《中南民族大学学报》2007 年第 4 期。

② 孙潮、徐向华：《论我国立法程序的完善》，载《中国法学》2003 年第 5 期。

③ 孙潮、徐向华：《论我国立法程序的完善》，载《中国法学》2003 年第 5 期。

④ ［美］庞德著：《法律与法律哲学文选》，第二卷，第 27 页。

策垄断，尊重和认可经民主程序产生的任何结果。"[①] 经由以上，我们可以发现，现代立法权的运作方式体现着充分的民主性，包括立法主体、立法过程与少数意见的采纳等方面。当然，不得不指出的是，这种民主性是抽象的和选择性的。这主要是因为，一方面，立法权所制定的法律本身就是一种抽象之物，而且，一部法律所关涉的利益具有群体性和多元性，难以切实地保障所有人的利益均被充分地体现，立法过程中意见表达的平等性和利益实现的均衡性也都是相对而言的；另一方面，所谓可选择性是针对立法权的运作而言的，在实际运行中，立法权基本上是由民选代表来执行和实施的，这种代议制民主或间接民主的本质属性决定着它所体现的民主性必然是选择性的。

相应地，司法权的运作方式采取"两造对抗、消极中立"的司法程序。它所体现的司法民主则是具体的和参与式的。一方面，与立法权的运作方式相对，司法的对象是一个个具体的案件，所涉及的利益关系也是相对具体的，因此，也就决定着司法权的运作也一定程度上是具体的。另一方面，与立法权的运作方式相对的，司法的受众非常有限，一般案件当事人均会到庭参加辩论和质证。因此，这种司法民主和保障利害关系人主体性的运作方式是参与式的民主。对此，我国学者陈瑞华教授对司法程序的具体涵括因素做了非常详尽的讨论，他指出，从权力行使过程的角度看，司法裁判无疑就是享有司法权的机构、组织或者个人，针对申请者向其提交的诉讼案件，按照事先颁行的法律规则和原则，作出一项具有法律约束力的裁判结论，从而以权威的方式解决争议各方业已发生的利益争执的活动。[②] 而司法裁判程序

① 孙潮、徐向华：《论我国立法程序的完善》，载《中国法学》2003 年第 5 期。

② 陈瑞华著：《问题与主义之间——刑事诉讼基本问题研究》，中国人民大学出版社 2003 年版，第 5 页。

又具体包括以下若干要素：（1）存在着一项特定的利益争端或者纠纷；（2）特定的两方或多方当事人卷入上述争端之中；（3）争端的一方将争端案件提交给享有司法权的机构、组织或者个人裁判者；（4）裁判者作为独立于争议各方的第三方，参与并主持对争端的解决；（5）举行听证，届时争议各方同时参与，以言词争辩的方式影响裁判者的结论；（6）如果争端涉及事实的认定问题，争议各方需要向裁判者提交证据，传唤证人；如果争端仅仅涉及法律问题，争议各方则要提出法律方面的证据；（7）裁判者制定并宣布一项裁判结论，以解决争议各方的争端；（8）裁判者须在听取争议各方主张、证据、意见的基础上，对争议的事实做出认定，并将实体法确立的有关原则和规则适用于该事实之上；如仅系法律争端，则须按照法律原则、规则、先例或者有关理论，对有争议的法律问题作出裁决。①

（二）司法权与立法权的功能交叉

1. 司法权的立法化：司法造法。

尽管司法权与立法权在权力属性、设定目标与运作方式上存在很多差异，但是，现代社会的复杂性影响着司法权与立法权在表现样态上的具体区分——两者在功能上并非是界限鲜明的截然区分，相反，出现了一些功能耦合的情况。在社会转型期间，尤其应当处理好以下这些方面的问题。

其一，由司法释法到司法造法的模糊界限。司法是解释法律的，立法是创造法律的。此乃法学理论的基础范畴。一般而言，法官在适用法律的过程中，会经常性地、甚至不得不去解释法律，即整合、阐明法律。然而，这一事实并不会使其成为立法

① 陈瑞华著：《问题与主义之间——刑事诉讼基本问题研究》，中国人民大学出版社2003年版，第5～6页。

者。因为司法程序与立法程序存在着深刻的差别。也就是说，虽然法官解释法律的过程中会经常性地发挥创造性，正如卡佩莱蒂曾指出的，"创造性是司法裁判一个不可避免的特征；20 世纪人们对这一特征的特别关注有很多重要理由；而且我们时代所要求的司法创造性的程度事实上远远超出了过去的时期。"[①] 但是，他们却不太会使自己成为"造法者"，一如卡佩莱蒂讽刺性地指出，"素质良好的法官的确可能且能够呈现为创造性、能动型的和积极的造法者。但只有糟糕的法官才会担当立法者。事实上，倘若一个法院担当立法者，那它就不再是法院了。"[②] 准确地说，法官是不得不发挥"创造性"，而非心甘情愿地去做"造法者"。

然而，值得我们注意的是，二者的区分并不是那么容易的，区分的标准并不是那么清晰可见的，这不由地引发着法学界的论争与争辩。事实上，"法官是否能够造法"、"法官是在解释法律，还是在创造法律的争议"一直都是法学家们的焦点论题。

对此，笔者认为，一方面，立法的滞后性决定了法官通过司法创造性释法（准立法）的必然性。首先，立法是无法为尚未发生的社会关系制定规则的，因为规则来源于社会实践，而不是来源于既存的逻辑；其次，当新的社会关系产生并且需要制定新的规则来予以调整时，这种社会关系已经存在，而法律却还没有出现；最后，立法需要相应的程序和时间，当法律制定出来时，它已经必然地滞后于社会生活的实践。[③] 鉴于此，在立法相对滞后的情况下，社会又需要新规则予以规范，则通过法官在司法实

---

① ［意］卡佩莱蒂著：《比较法视野中的司法程序》，徐昕、王奕译，清华大学出版社 2005 年版，第 40 ~ 41 页。

② ［意］卡佩莱蒂著：《比较法视野中的司法程序》，徐昕、王奕译，清华大学出版社 2005 年版，第 41 页。

③ 段厚省：《法官造法与司法权威》，载《政治与法律》2004 年第 5 期。

践中创制新规则就有了必然性。另一方面，司法权的实践理性也决定了法官创造性释法（准立法）的无可替代性。众所周知，法官所秉持的是一种技艺理性，是其他任何科层官员所无法替代的。之所以如此，是因为：技艺理性包含着一种特有的法律真理观，即只有经过特殊训练的法官这种职业群体才能发现法律的真理，也就是说，这种技艺理性是长时间职业训练的结果——长时间穿梭于事实与法律之间，已经使得法官具有了“超凡”的区分事实与法律的技术或技艺，从而也具备了解释法律与填补法律空白的实践理性。① 在此意义上，“法院的适当角色就是不仅解决事实问题，而且解决法律争议问题。当法律问题与有争议的事实问题联系在一起的时候，应该是法院而不是行政机关或立法机关作为解决这些问题的机构。因此，由司法机关来解决个人纠纷是相对比较容易证明其正当性的。”② 同样，当面临如何解释法律和填补法律空白的时候，也应当是法院而非行政机关或立法机关作为解决这些问题的机构。

从比较法的角度讲，世界范围内的法律体系一般可以类分为英美法系和大陆法系两种。在大陆法系国家，法官的角色较为机械。司法似乎是立法的喉舌，只能适用法律，而绝不能创造法律。然而，到了20世纪，这种传统情况发生了变化，法官造法理论逐渐为大陆法系国家所接受。“大陆法系公开地承认了法官立法”，以法国为例，19世纪末以前，法国一直奉行“司法判决不是法律渊源”的信条，然而，在20世纪以后却发生了变化。法国的行政法院在审判活动中以判例创制了行政法就是一个典型

① 麦德福、强世功：《司法审查：技艺理性与法治》，载《读书》2003年第8期。

② 麦德福、强世功：《司法审查：技艺理性与法治》，载《读书》2003年第8期。

例证。另外，《瑞士民法典》第1条、第2条第一次公然地把人的因素收入到司法过程中来，以补规则因素之不足，即第一次采用了以民法基本原则处理法律局限性的模式。[①] 在德国，最高法院与宪法法院在一系列判决中也公然宣称：宪法不仅包括基本法的具体条文，同时还包括"立法者不曾在成文规范中加以具体化的某些普通原则"，甚至还包括那些能约束立法者的"超成文法"。[②] 当然，这些诸如基本原则或"超成文法"都有赖于司法权的实践发展。在英美法系国家，长期以来流传着这样一种法律传统，即认为普通法法官从事的正是发现正义法和理性法——普通法的事业。有趣的是，英美法的这种普通法法官发现法律的自然正义传统却是得益于大陆法系的经验理性主义传统和欧洲大陆渊源流传的自然法思想。如在古罗马时期，法学家西塞罗就曾经指出"自然法是衡量一切人定法的唯一标准，因为法律的目的是为了维护国家的统一和人民的安全与幸福。所以，凡是国家制定的法律，符合这种目的的才是'真正的法律'。"[③] 这显然是自然法学流派思想的集中体现。这些最初的自然法学思想到了近代，得到古典自然法学思想家的大力阐发，包括格老秀斯、孟德斯鸠、洛克、卢梭等从社会契约、天赋人权等理论假定出发，充分论证了法律的合法性与正当性之间的关系，认为只有符合理性的法才是正当的，而那些不符合理性的立法不具有效力、不具有正当性。[④] 如洛克在其《政府论》中提出："法律只有以自然法

① 徐国栋著：《民法基本原则解释》，中国政法大学出版社2001年版，第325页。

② 徐国栋著：《民法基本原则解释》，中国政法大学出版社2001年版，第325页。

③ 转引自张宏生主编：《西方法律思想史》，北京大学出版社1983年版，第53页。

④ 转引自何家弘：《论法官造法》，载《法学家》2003年第5期。

为根据时才是公正的，它们的规定和解释必须以自然法为根据。”① 客观地讲，英美法传统中的法官发现法律与法官创造法律其实已经很难区分，正如何家弘教授所指出的，英美“普通法实际上是由一代代法官在审理案件中‘发现’并通过判决重复表述出来的法律规则的组合。从本质上讲，普通法的确立或形成是法官在具体案件情况下‘发现’法的持续过程。”②

其二，由司法造法到司法审查的必然逻辑。现代国家以法治治理为主要方式，这也是传统文明与现代文明的根本性区别。在传统社会，公权力是用于社会治理与国家统治的工具，法律是为了权力阶层的利益和需求服务的。而现代社会，法律则成为普通公民的保护伞，公权力也成为服务于民和效力于民的器具——公权力违犯法律也应当受到平等的对待和处置。换言之，法治的终极目的正在于通过法律的规范或权力的制衡来限控公权力自身的恣意妄为。那么，应当如何实现法治的这一终极目标呢？由于法官的实践理性是一种审慎的理性，并且法官的造法也是在解释法律的过程中通过运用自身的专业素养和长期经验具体进行的，再加上，法官的权力具有个案性和被动性，由此，在现代社会，司法权往往被誉为是“最不危险”的部门，也因此，司法权也逐渐成为社会利益的发现者、法律权威的维护者以及公民权利的保护者。如有学者指出，“社会在赋予法官公共审判权的同时，还把与社会息息相关，并具有唯一正确性的社会道德权威赋予了他们，法官只有作为理性的代言人，才能被赋予这种正确性和权威性。因此，法官不仅应该是法律知识的生产者和制定者，而且还

① ［英］约翰·洛克著：《政府论》，叶启芳、瞿菊农译，商务印书馆 1996 年版，第 10 页。

② 何家弘：《论法官造法》，载《法学家》2003 年第 5 期。

应该是正义的维护者。"① 不仅如此，司法权还越来越普遍地担纲起利用自然正义理念审查行政权、乃至立法权之合法性的使命。正基于此，从历史的角度看，人类重视权利保护与权力控制经历了从通过立法至上控制行政权力到通过司法审查控制行政权力和立法权力的演变历程。

具体而言，在法治理念萌生之初，大多数社会还处于封建专制的统治形态之下，王权、君权和治权统摄着人类社会。人民与君主之间是君臣关系，而非平等的关系。君王享有生杀予夺之大权，这就是所谓的"普天之下，莫非王土；率土之滨，莫非王臣"。学者黄毅将古代君权的至上性概括为以下三个方面：第一，在政治生活方面，君主集诸多国家大权于一身，且其权力不受其他任何权力机构和社会组织的限制和约束，君主的意志就是法律，君主一言而为天下法。君主可以任意立法，也可以任意乱法、滥法、枉法甚至毁法。第二，在人事制度上，君位限于在皇族内部世代相传，君主依靠一个庞大的官僚机构来行使权力。在这个机构里，负责处理国家行政事务的大多数官僚往往出身"布衣"，无门阀和身份可以凭借。他们所能仰仗的就是自己的才能和君主的信任。第三，在社会生活方面，君主把整个国家视为自己的私有物，把全体臣民当作自己的奴仆。它强化国家机器，使官僚体系和机构日益臃肿，成为寄生于社会的赘瘤，残暴地压迫和剥削人民；它因循守旧，扼杀社会生机和活力，摧残个人的尊严和价值，阻碍社会的进步和发展。②

到了近代，随着社会、经济、文化等各方面的发展，君权至上的思想和统治形式逐渐受到质疑和批判，但尽管如此，在当时的历史背景下，文明观念的勃兴不可能一步到位，所争取的是法

① 王申：《法官、现代性与法理认同》，载《法学杂志》2006年第1期。

② 黄毅：《论中国古代限制君权的思想》，载《中国法学》1996年第5期。

律面前人人平等，当时启蒙先贤的思想也基本上是集中于“君权大，还是法权大”等问题。在君权统治占主导地位的社会，法律的至上性思想不可能不受到限制，即使是中世纪末法国的主权理论家布丹也不例外，他在其《国家六论》中指出，“主张主权是国家最高的权力，不受法律约束，但是立法者的君主要遵守自然法和神法，应该受到自然法的限制。”① 可以说，通观人类政治文明的发展史，通过自然法权威来否定君权和王权是迈向现代化的第一步。进而，随着王权的衰落，君权和王权逐渐被现代行政权力所取代。在现代政治哲学范畴中，行政权是一种职权，它最广泛，从政府重大政策的提出与执行，到作出一系列个别行为和个别命令，都属于它的范围。② 它是一个社会所不可或缺的权力形式。但是，在管理过程中它所获得的动用社会资源的能力以及要求他人服从的力量又有被滥用的可能，若被滥用则这种权力对社会的危害性则远远大于个人对社会的危害性，因此，对其控制和约束就成为关键。王权和君权式微之后，自然法学思想也受到了严厉的批判，已经无法担当起论证限制行政权的理论功能，毕竟行政权是一种服务型和责任型权力，与君权存在着本质的区别。

当然，社会和普通民众也不会容忍行政权力被滥用。因此，实证法律的权威地位开始取代自然法权的地位，进而，成为控制行政权力的主导力量。正如马肖教授所指出的，“每个公民自身就是目的，而不仅仅是实现集体目标的工具。所以，政府不能通过忽视个人独立地位和目的之程序，来追求政府自身的目的。”③

① 转引自张宏生主编：《西方法律思想史》，北京大学出版社 1990 年版，第 216 页。

② 龚祥瑞著：《比较宪法与行政法》，法律出版社 2003 年版，第 436 页。

③ ［美］马肖著：《行政国的正当程序》，沈岿译，高等教育出版社 2005 年版，第 481 页。

同时，行政权的设定目标、职权范围、形式要件也都必须受到实证法律的约束。“行政权必须通过立法设定。这一方面是因为行政权的设定要体现人民的意愿。设定哪些行政事权，设定哪些行使行政权的形式，只有人民才有最终的决定权。而这种决定权体现在立法权之中。另一方面，行政权通常由行政组织具体实施，如果不为行政权设定边界，极易被扩张使用，对相对人的权益构成威胁。因此，无论从民主政治，还是从依法行政的角度看，行政权都应受立法权的规范。”①

然而，通过立法权来控制公权力是否就稳如泰山了呢？历史经验告知我们，情况似乎并没有我们想象的乐观。古希腊哲人苏格拉底正是被一群民主立法者审判而被宣判的死刑，希特勒正是利用其操纵立法的权力实施法西斯统治，并引发的第二次世界大战，而斯大林也正是利用其对立法权的掌控而走向独裁和专制。由此可见，“立法至上并不能保证法律对权力的控制，相反，它依然是权力对法律的控制，因为，法律是立法机关制定的，是立法权作用的结果。”② 立法权其实本质上也是公共权力的一种，一旦被人操控或腐败变质，所制定出来的恶法就必须遵从，这无异于将人民引向深渊。换言之，“立法至上，就是立法权不受限制。立法权属于政府权力的一种，立法权不受限制实际也就意味政府权力无限，无限制的权力就意味着权利无保障。”③ 美国学者苏珊·邓恩认为，“立法权力的至高无上以及司法权力的弱化，也就决定了权利的命运。面对政府随心所欲的法令，对公民

① 应松年、薛刚凌：《论行政权》，载《政法论坛》2001年第4期。

② 邓世豹：《论宪法至上与立法至上的分野》，载《广州商学院学报》2002年第2期。

③ 邓世豹：《论宪法至上与立法至上的分野》，载《广州商学院学报》2002年第2期。

的保护又从何谈起。尤其是那些被控犯罪的公民是最易受到伤害的。”①

而且，在现实社会中，由于主体的多元化与利益的多样化，即使是在统治阶级内部，其成员之间的利益也不可能是同一的，法律必然是体现一部分集团或群体的利益，而较少地关注另一部分集团或群体的利益——法律在很大程度上只能是为保全某种利益而牺牲、抑制另一种利益。由此，认识到法律至上的缺陷和法律的阶级性，人类开始思索如何在确保法律权威的同时，最大限度地保障少数人的基本利益。最终，“宪法至上”取代了“法律至上”。因为，宪法是人权法，是集中规范每一个公民最低限度基本权利的法律。任何法律（包括基本法和一般法律）均不能与之发生抵触，否则将无效。当今世界各国的宪法文件中基本上均规定有，诸如“非经正当法律程序，不得剥夺任何人的生命、自由或财产”之类的人权条款，也均包含着宪法至上的效力条款。例如，日本宪法第 98 条规定：本宪法为国家最高法规，凡与本宪法条款相违反的法律、命令诏敕以及有关国务的其他行为的全部或一部分，一律无效。

然而，需要注意的是，仅仅在最高效力的立法规范——宪法中规范有少数人的根本权益仍然是不够的，法律是一门“解释”的艺术。宪法由谁来解释呢？如果宪法的解释权归属于个人、权力享有者或者某些特权阶层，则宪法也将仅仅是一种摆设，毫无用处。为此，由司法来释宪，赋予司法权审查行政行为与立法行为合法性的机制逐渐进入人类政治文明领域。最先采纳司法审查机制的国家是美国。在著名的马伯里诉麦迪逊案件中，首席大法官马歇尔在该案中认为，宪法至上，法院享有司法审查权，最高

① ［美］苏珊·邓恩著：《姊妹革命：美国革命与法国革命启示录》，上海文艺出版社 2003 年版，第 184 页。

法院的管辖权不因议会立法而改变，等等。马歇尔大法官在判决中宣称，"极为明显而不容质疑的一个结论是：宪法取缔一切与之相抵触的法律，而判断何者符合宪法当然属于司法部门的职权。"马伯里诉麦迪逊案被看做是美国联邦最高法院的"独立宣言"，它不仅确立了由司法机关宣布违宪的法律无效的违宪司法审查制度，更主要的是，经过美国大法官和法学家们的不断阐述，该案甚至确立了司法独立的政治原则，即司法机关作为宪法的最终解释者，成为"宪法的活的声音"。如詹姆士·加菲尔德曾经说过："马歇尔发现了宪法这一文件，并且赋予其力量，他发现了一幅骨架，并且赋予了它血肉。"① 而马歇尔所仰赖的理论武器也正是上文所叙述的司法之技艺理性。

经由上述梳理，我们可以发现，司法权的地位从封建王权的附庸逐渐演变为一种能够阐释一国最高效力法律——宪法的权力，甚至在某种程度上成为一种超立法的权力。第二次世界大战之后，司法审查制度和违宪审查制度逐渐被西方国家和非西方国家的普遍采用，司法权在释宪和司法审查过程中俨然已经在履行"造法"的制度功能。②

2. 立法权的司法化：司法解释。

在司法权立法化的同时，立法权也表现出一种非同寻常的趋势，即"司法化"。本书所指的立法权之司法化，主要是针对我

---

① CharlesWarren, A History of the American Bar (Boston: Little, Brown & Company, 1911), p. 402.

② 从比较法的角度讲，除了英国严格遵循立法至上之外，其他国家均不同程度上采用司法释宪与司法审查机制。"大不列颠根本不存在任何宪法性法律，所有的只是议会的专断的权力。""议会可以延长自己的任期，可以颁布溯及既往的立法，可以确认非法行为为合法，可以决定个别人的案件，可以干涉契约并授权强征财产，可以引进共产主义、社会主义、个人主义或法西斯主义，而完全不受法律限制。"参见邓世豹：《论宪法至上与立法至上的分野》，载《广州商学院学报》2002 年第 2 期。

国最高司法机关（最高人民法院和最高人民检察院）的司法解释权而言的。从司法权的本质属性的角度讲，司法权应当是一种“案件中”的权力，因此，又被学界普遍称为“裁判权”。在我国，最高司法机关出台抽象性的司法解释，这些司法机关在下级司法机关眼中起着“立法”的作用，由于这些司法解释比立法文件更为具体，更为实用，因此在很多情况下，有着比立法文件更强的指导意义。

第一，立法权限被司法解释“合理替补”的制度现状。最高人民法院享有司法解释权，最早是来源于1955年全国人大常委会《关于解释法律问题的决议》（以下简称《决议》）：凡关于审判过程中如何具体应用法律、法令的问题，由最高人民法院审判委员会进行解释。到1981年，根据《决议》的规定，最高人民法院、最高人民检察院均被赋予司法解释权。“两高”的司法解释分工为：最高人民法院对审判工作中具体应用法律的问题进行解释，最高人民检察院对检察工作中具体应用法律的问题进行解释。不论分工如何，司法解释都被界定为对“具体应用法律问题”的解释。随着我国大量制定法的公布和实施，法律体系基本建立，最高人民法院的司法解释的范围逐渐确定在“法律具体应用”问题上，程序也逐步得到规范。值得注意的是，这一阶段并未因为大量的立法而降低司法解释的作用，相反，由于立法“宜粗不宜细”和“先实践后立法”的指导思想，制定法概括性强而可操作性差，社会变革又使新型法律关系不断产生，法院面对的是前所未有、情况各异的案件，司法解释在审判工作中的作用就显得更加突出。这一阶段的司法解释主要分为三类：一是对颁布的法律作比较全面和系统的细则性解释；二是针对某一类案件或某一类问题作出司法解释；三是制定人民法院内部有关程序规则。这一时期的司法解释几乎涉及每一个部门法领域，在文字数量上有的甚至超过了立法，对审判工作起到了十分重要的作用。正是依靠最高人民法院的各种司法解释，才使得"依法审判"在过去的岁月里成为可能。1997 年发布的《关于司法解释工作的若干规定》（以下简称《规定》），更是从司法解释的法律依据、主体、效力、制定程序、发布、样式、时效等主要方面作了系统的规定，并把司法解释的形式明确规范为三种：对于如何应用某一法律或者对某一类案件、某一类问题如何适用法律所作的规定，采用"解释"的形式；根据审判工作需要，对于审判工作提出的规范和意见，采用"规定"形式；对于各级法院就审判工作中具体应用法律问题的请示所作的答复，采用"批复"形式。① 就目前我国的司法实践来说，由于立法在很多领域的滞后性，以及一些其他因素的影响，法官通过个案或者最高人民法院通过司法解释以及地方法院通过所谓的内部规定来潜在地制定或者改变法律的规则，已有发生。但是，这种活动，除了最高人民法院的一些司法解释外，基本上不是真正意义上的造法活动，其创制的规则也不具备法律的属性。②

第二，立法权被司法解释"替补"的制度反思。一方面，司法解释趋于抽象，司法与立法之间的功能呈现"替补"，这与司法权的裁判性不够协调。英美法系国家法官对法律的解释仅限于在具体案件的裁判过程中针对本案进行法律解释，普通法系国家的法官"造法"也只是在具体裁判中根据某一特定案件创制法律原则，而不由法院制作和发布一系列抽象的司法解释规范。对此，有的学者提出："中国的法律解释制度应进行深层次变革，解决的主要问题是在法律解释上混淆立法权、司法权和行政权的界限。例如，最高法院进行抽象的法律解释，实际上是集立

① 张志铭著：《法律解释操作分析》，中国政法大学出版社 1999 年版，第 258 页。

② 段厚省：《法官造法与司法权威》，载《政治与法律》2004 年第 5 期。

法权和司法权于一身，行政机关解释行政规定，是集立法权和行政权于一身。”① 在我国，“法律解释与具体案件的裁判者普遍脱离，它被列为一种权力，在审判领域，只有最高人民法院拥有法律解释权。同时，从总体上说，法律解释权的主体也远远不只是甚至主要不是最高人民法院。”② 学者在这里提出了质疑。另一方面，司法解释主体分布多元，容易导致法律适用层面的冲突。国家机关作为解释主体来解释法律的现象在国外比较少见，在我国法律解释实践中，好像有权解释法律的不是管辖具体案件的法官个人，而是诸如最高人民法院、各地的高级人民法院等最高或较高级别的机关。从这一角度说，在现行解释体制中，解释主体具有向高位集中化的特色。同时，有权解释刑事诉讼法的主体并不限于法院，参与刑事诉讼的检察机关和公安机关，以及其他国家机关包括立法机关和行政职能部门都有权制发相关的解释性规定。如前面指出的《规则》就是由最高人民检察院制定的、而《规定》则是由作为行政机关的公安部制定的。这种解释主体的多元化往往导致解释内容的不尽一致甚至相互矛盾。为此，立法机关、司法机关和行政机关又往往采取联合制发解释性规定的形式来予以协调，如最高人民法院、最高人民检察院、公安部、国家安全部、司法部、全国人大常委会法制工作委员会就曾于1998 年 1 月 19 日联合制发了《关于刑事诉讼法实施中若干问题的规定》，以对此前各自颁布的解释进行协调。③

司法解释在我国司法实践中所发挥的作用是应当予以肯定

① 张志铭：《关于中国法律解释体制的思考》，载《中国社会科学》1997 年第 2 期。

② 张志铭：《关于中国法律解释体制的思考》，载《中国社会科学》1997 年第 2 期。

③ 谢佑平、万毅：《反思与祛魅：我国刑事诉讼法解释体制重构》，载《甘肃政法学院学报》2002 年第 3 期。

的，尽管与司法权的本质属性存在一定的不协调，但在社会转型过渡期还将长期存在。在存在的现实不能回避时，我们就应当研究如何相对合理地发挥司法解释的功能作用。

二、司法权与行政权的比较与定位

（一）司法权与行政权的功能区分

第一，在权力属性上，行政权属于执行权的范畴，而司法权则属于裁判权的范畴。在现代政治哲学中，相对于立法权而言，司法活动与行政活动都属于广义的执法，都是对法律规范的执行，因而从这个意义上来说，行政机关的职能与法院的职能是一样的。[①] 但是，尽管如此，两者在权力属性上却存在着本质的不同。行政权本质上是一种执行权，遵循上命下从的逻辑，而司法权本质上则是一种判断权或裁判权，那是执法的法官通过自由心证的一种判断。

第二，在运作目标上，行政权遵循效率性原则，而司法权则遵循公正性原则。从实际运行的角度讲，“司法判决是依法作出的，行政决定是依行政政策作出的。法院尽力从法律规则和原则中找出正确的答案。行政官尽力根据公共利益找出最有利、最理想的答案。”[②] 也由此，公法学家韦德解释说：“法官与行政官的思想方式是完全不同的，法官的方法是客观的，遵守着他的法律观念；行政官的方法是经验式的，是权宜之计。”[③] “总的来说，行政官员和政府不是从法律而是从政策中寻求他们的授权，如果

---

① ［奥］凯尔森著：《法与国家的一般理论》，沈宗灵译，中国大百科全书出版社1996年版，第299页。

② ［英］韦德著：《行政法》，徐炳等译，中国大百科全书出版社1997年版，第50页。

③ ［英］韦德著：《行政法》，徐炳等译，中国大百科全书出版社1997年版，第50页。

法律与政策相冲突，行政官员会设法改变法律，而如果这样做不可能的话，有时候他们就有可能（不适当的）将法律搁置一边或根本不理睬法律。”① 那么，既然是“权宜之计”，所讲究的就必然是执行效率，而非如司法一般，讲究裁断的公正性。具体而言，行政与司法是从以下方面体现效率性与公正性之区分的。一是前者具有主动性，后者具有被动性。二是前者强调结果性，后者强调程序性。对此，正如法理学家凯尔森指出的，“法院的实际组织和程序提供了比行政机关的组织和程序更强的合法性保证。这无疑是为什么人们认为有必要将那些与行政职能联系的司法职能交付法院的理由。”② 三是，前者具有主导性，后者具有交涉性。对此，正如学者指出的，“行政权运行方式总是以行政主体为中心，行政程序中不具有角色分工，行政主体仍然是行政主体，相对人仍然是相对人，其原先的社会角色不变，行政程序中一般不实行意见交涉，而是行政单向命令，强制主导。现代行政法要求体现交涉性，出现了听证程序制度，其实也都是为体现行政民主化而从司法程序中借鉴而来的程序制度。”③

第三，在组织方式上，行政权具有科层性，而司法权则具有协作性。“行政权力的运动是自上而下的放射状结构，且每经过一层中介其放射都要扩大一定的范围而各级权力行使者又常常产生扩大权力的本能冲动，这就使行政权力具有一种无限延伸的动力。”④ 而司法权则不同，“为使法官绝对服从法律，法律将法官

① ［英］卡罗尔·哈洛、理查德·罗林斯著：《法律与行政》，杨伟东等译，商务印书馆2004年版，第165页。

② ［奥］凯尔森著：《法与国家的一般理论》，沈宗灵译，中国大百科全书出版社1996年版，第308页。

③ 孙笑侠：《司法权的本质是判断权——司法权与行政权的十大区别》，载《法学》1998年第8期。

④ 张国庆主编《行政管理学概论》，北京大学出版社1994年版，第145页。

从所有国家权力影响中解脱出来。”① 这其中也包括了法院级别之间，以及法院内部之间的相互影响。这种权力的组织方式因此被称为平行结构或协作式结构。对此，我国法理学家孙笑侠教授认为：行政权与司法权在组织方式上的区别就在于，行政权可以接受领导者的命令，哪怕是错误的命令，通常也以服从为天职，从而保证政令畅通。而司法权不存在官僚层级上的服从关系，它不服从命令。司法权的判断性要求按照既定的规则标准，那么“唯法律是从”是司法的本质体现。在司法系统内部，只存在案件的审级制度，也就是说，各审级之间之所以会发生改判现象，只是因为各自对法律的理解不同，而不存在法官的官衔等级制度，更不应该存在依官衔高低来检验“判断”结果的准确程度。因此，那种要求法官服从任何上级指示都是妨碍判断的。②

（二）司法权与行政权的功能交叉

1. 行政司法化。

行政活动以行政权力为后盾，这是国家行政机关履行职能所必需的。与此同时，对行政权实施法律保障和法律控制，则是加强行政法治、促进行政权合法行使的考虑，可以说，行政权力的法律保障是行政法治的前提和基础。两者的关系呈现出相辅相成的特征。当然，在现代社会，强力的方面越来越受到限制，保障的方面越来越得以强化。因此，为了实现行政的法治化，借鉴司法程序——行政权力的司法化，就成为行政权力领域的一大趋势。具体而言，主要表现在以下两个方面：一是行政愈来愈强调

① ［德］拉德布鲁赫著：《法学导论》，米健等译，中国大百科全书出版社1997年版，第100页。

② 孙笑侠：《司法权的本质是判断权——司法权与行政权的十大区别》，载《法学》1998年第8期。

法定性，向司法学习，去除过多的政策影响，转而向遵行法律靠拢；二是行政权愈来愈强调司法裁判式的纠纷解决功能。

第一，随着依法行政的理念深入人心，行政权越来越趋向于追求法律保障和公平性。法律规范是行政权存在与行使的依据，未经法律许可的行政权力是不得行使的。韦德指出，“自由裁量权是行政权的核心，”① 但是，公共权力机构的活动（却）不能超越其应有的权限（越权），这是现代行政法的核心原则。② 正如印度公法学家赛夫指出的，“无论是在普通法国度还是在大陆法国度，贯穿于行政法的主题是完全相同的。这个主题就是对政府权力的法律控制。”③ 在我国，执政党和政府历来也非常重视行政机构的改革与依法行政理念的贯彻。罗干同志在第九届人大一次会议提出政府机构改革的原则，“按照发展社会主义市场经济的要求，转变政府职能，实现政企分开；按照精简、统一、效能的原则，调整政府组织结构，实行精兵简政；按照权责一致的原则，调整政府部门的职责权限，明确划分部门之间的职能分工，完善行政运行机制；按照依法治国、依法行政的要求，加强行政体系的法制建设。”④ 这很鲜明地表明了我国将要迈向行政法治与行政之法律控制的政治目标。其实，着眼于我国当前的行政执法现状，行政权的行使也越来越体现出司法化的色彩，这显然也是多年来我国强调行政法治的重大进步。

---

① ［美］伯德纳·施瓦茨著：《行政法》，徐炳译，群众出版社 1986 年版，第 566 页。

② ［印］赛夫著：《德国行政法—普通法的分析》，周伟译，五南图书出版公司，第 4 页。

③ ［印］赛夫著：《德国行政法—普通法的分析》，周伟译，五南图书出版公司，第 4 页。

④ 罗干：《关于国务院机构改革方案的说明》，载《人民日报》1998 年 3 月 7 日。

第二，随着行政解决纠纷的需要，行政权逐渐衍生出类似于司法裁判的行政裁判权能。按照艾森斯塔德的看法，“官僚机构和政治斗争机构的参与者，都对行使司法功能抱有兴趣，因为他们都意识到，这样他们的活动就能得到充分的承认，就能享受到合法性和实际的权力。”① 具体而如下：

一方面，行政权在现代社会不仅担当着管理社会的职能，而且还分担着部分纠纷解决的功能，毕竟行政权的权威形式在某些情况下也能够起到良好的纠纷解决功能。以交通事故纠纷为例，从1951年至2002年的50年间，交通事故纠纷增幅高达112倍之多，已构成我国民事纠纷的一大来源。对此，学者左卫民教授指出，在纠纷解决效益大致相同的情况下，对当前行政程序与司法程序的国家投入情况进行比较，可以发现，行政程序的投入在总体上更为经济。这种经济性可以通过如下方式比较获得：第一，程序相对简化。由于行政程序实际是行政处罚程序与民事裁决程序的复合体，交警部门既是行政处罚的主体又是纠纷解决的仲裁人，纠纷的解决通过行政处罚程序附带完成。且赔偿调解一旦达成并履行之后程序即告终结，因此程序构造相对简单。第二，纠纷裁判主体的权力运作方式，以纠纷的彻底解决为目标，行政程序的权力运作方式更为经济。② “假定交警部门在简易程序与普通程序（可称之为行政程序）中调解的纠纷，实际由法院审理、裁判（可称之为司法程序），经过一审、二审和审判监督程序，按照2001年司法统计数据，申请执行并得到履行的各类案件数量大约占总数的57.7%，这一比例并不比经过行政程

① ［美］艾森斯塔德著：《帝国的政治体系》，阎步克译，贵州人民出版社1992年版，第106页。

② 左卫民、马静华：《交通事故纠纷解决的行政机制研究》，载《四川大学学报》2005年第4期。

序调解成功的比例更高。”[①] 由此可见，“无论是从国家角度还是个人角度，行政程序的成本——效益运行均呈现正向关系。如果以效率价值为评价标准的唯一维度，那么，现行交通事故纠纷解决行政机制的存在无疑是合理的。”[②]

另一方面，在现代社会中，特别是国家功能从传统的“警察国家”向“福利国家”转型之后，行政权力的扩张更趋于突出，相应，侵犯公民权利的事例更容易发生。[③] 随着行政权的扩张，行政纠纷大量出现，从而使和谐社会的建立面临挑战。在这样的社会背景下，完善现有的行政纠纷解决机制成为必要。所谓行政纠纷，是指在行政管理活动过程中国家行政机关与行政管理相对人之间发生的有关行政法律关系的权利义务争执。由于行政事务具有事务烦琐等独有特征，甚至某些事务涉及行政保密，因此，由行政以外的机关予以解纷似乎有一定的难度。更为重要的是，“行政业务讲求效率，行政争论如由法院管理，因诉讼烦琐缓慢，势必将无法符合效率的要求。”[④] 由此可见，在一些行政纠纷的问题上，由行政机关的司法化来消解转型社会的问题似乎更为合适。以我国为例，1978 年以来，针对经济发展和行政管理过程中出现的各类社会纠纷，我国就陆续设立或沿用了一些纠纷解决制度，如人民调解制度、仲裁制度、信访制度、民事诉讼、刑事诉讼和行政诉讼制度等。特别是在行政管理领域，

---

① 左卫民、马静华：《交通事故纠纷解决的行政机制研究》，载《四川大学学报》2005 年第 4 期。

② 左卫民、马静华：《交通事故纠纷解决的行政机制研究》，载《四川大学学报》2005 年第 4 期。

③ 王峰、李世平：《论现代法院的功能》，载《山东省经济管理干部学院学报》2003 年第 5 期。

④ 关保英著：《行政法教科书之总论行政法》，中国政法大学出版社 2005 年版，第 630 页。

相继出现或延续了适用于不同领域的各式各样的纠纷解决制度。①

2. 司法行政化。

一是司法一度的纠问主义，带有浓厚的行政操作色彩。在我国 20 世纪 90 年代中期以前，无论是刑事诉讼、还是民事诉讼、行政诉讼，法院在开庭审理案件时，主要采取纠问式的庭审方式，审判人员在庭审过程中往往处于主动出击的地位。这种法官既当“裁判员”又当“运动员”的庭审方式给诉讼当事人在法庭上的活动带来无形的压力。1999 年发布实施的《人民法院五年改革纲要》（1999—2003）第 1 条中开宗明义地指出：“审判工作的行政管理模式，不适应审判工作的特点和规律，严重影响人民法院职能作用的充分发挥”，并在第 6 条改革的基本任务和必须实现的具体目标中提出，“以强化合议庭和法官职责为重点，建立符合审判工作特点和规律的审判管理机制。”近年来，我国司法系统也进行了诸多有益的改革。如审判方式改革所力求实现的“避免法官纠问化”，使得法官脱离既当裁判员又当运动员的行政化色彩。又如，增强法官裁判独立性、增强合议庭判决自主性等改革措施，但由于我国法院长期实行上下级准行政化设置和行政化考核，以及审级之间的实际运行的案件请示制度等等，客观上仍然具有行政化的痕迹，司法中如何把握好这个度是

① 具体而言，有适用于大部分行政领域的行政复议和行政诉讼制度，有适用于许多领域且可供当事人自主选择的调解制度，有适用于部分行政领域的普通行政裁决制度，也有适用于极少数行政领域的专门行政裁决制度，如专利、商标领域的专利复审制度和商标评审制度，还有仅适用于劳动争议领域的劳动争议仲裁制度，当然，更有在各个行政领域全面适用的信访制度。行政纠纷解决制度体系中包括调解、行政裁决、行政仲裁、行政复议、行政诉讼、信访和专门的纠纷解决委员会制度等一系列制度。参见应松年：《构建行政纠纷解决制度体系》，载《国家行政学院学报》2007 年第 3 期。

值得研究的课题。

二是司法管理的行政化设置。这主要体现在庭长、院长审批制和错案追究制两个方面。根据我国宪法的规定，上、下审级法院之间本应当是一种审判监督关系，但在现实中，上、下审级法院之间的关系仍然是一种隐形的行政上下级关系，下级法院出于改判发回率考核的考虑，征求上级法院的意见变得比较重要，下级法院一般会接受上级法院的意见。在法院内部，作为领导的院长、副院长、庭长对法官的司法裁判不能说没有潜在的影响，即使是专业性色彩较浓的审判委员会，也不能说就完全摆脱了这种潜在的影响。正如学者所指出的，“从权力构造的角度看，审判委员会不过是一种集体领导制度，要求合议庭法官必须执行审判委员会的决定，体现的仍然是一种上命下从的行政管理模式。”① 就“错案追究制”而言，“错案追究制”是我国在审判方式改革中出现的一项旨在加强对法官的监督、确保办案质量的重要措施。这一措施是在总结各地法院试点经验的基础上，最高人民法院提出的一项改革的内容，即强化合议庭和独任审判员的职责，要求审判员要具有较高的素质，加强合议庭和独任审判员的直接裁判权，改变以往审和判脱节的现象。② 然而，这一初衷良好的制度，其结果却反而强化了司法的行政化。由于我国法院大多是以上诉率、发回率来衡量判断法官的工作。凡是发回的、改判的案件不同程度上都涉及有关法官的责任。因此一些法官为规避风险尽可能地上交庭长、院长审批。同时庭长、院长又认为不能干预审判权，不愿管不敢管。其结果造成了互相推诿。总的来看，

---

① 谢佑平、万毅：《司法行政化与司法独立：悖论的司法改革——兼评法官等级制与院长辞职制》，载《江苏社会科学》2003 年第 1 期。

② 钱晓峰、姜海霞：《错案追究制及其完善》，载《郑州大学学报》2004 年第 5 期。

一直以来的改革效果似乎并不明显。即使有些设计很好的改革措施，也由于制定者和实施者对其中所蕴涵的基本原理和实际意义缺乏深入的了解，致使其在具体操作和应用过程中的价值大打折扣。审判权运作过程中的行政化弊端依然存在，甚至在一些地方因为某些改革措施的不合理或不协调，人为地加剧了行政化的蔓延，损伤了法官的司法权威。成都市中级人民法院以区分审判权与审判管理权入手，研究审判权与审判管理权的权力界限与平衡，构建"两权"协调发展的审判运行及管理机制，旨在避免司法行政化、审判权边缘化，同时又防止审判管理的虚无化。从实践的情况看，效果日渐显现。

第二节 司法权的性格与特征

一、司法权的独立性

（一）涵指与理论源流

司法权的独立性是保障司法公正与司法正义的重要条件。独立性，从哲学角度讲，包括主观和客观两个要素：一是在主观方面，独立性意味着主体的自由意志，即主体可以根据自己的内心判断、意愿和理性自由作出决定，采取行为。[①] 二是在客观方面，意味着主体能够在活动的内容、方法及时空之范围内不受他人阻碍、指令。正如德国法学家拉德布鲁赫指出的，"在法官那里，降临尘世的法律还不能受到异物的侵入；为使法官绝对服从法律，法律将法官从所有国家权力影响中解脱出来。"换言之，

① 左卫民、周长军：《司法独立新论》，载《四川大学学报》2003 年第 5 期。

"只在仅仅服从法律的法院中，才能实现司法权的独立。"①

从西方政治发展史上看，对司法权的重视以及对司法独立的法治性建构是西方社会的重要制度史结晶。从历史的维度上看，西方社会的司法独立理论是与国家政体学说紧密联系在一起的。古希腊亚里士多德的"政体三要素"论，首次把国家的职能划分为议事、行政和审判三个方面，为分权理论提供了前提。虽然，在亚里士多德的政治学著作中，已经出现了比较成熟的政体学说。但是，关于政体学说中处于核心部分的有关政府权力的性质及其划分的认识，尚未深入。古罗马波里比阿在"政体三要素"的基础上，提出三要素之间要能够相互配合、相互制约，这成为日后分权学说重要的理论内涵。资产阶级革命胜利以后，洛克对传统的政治理想赋予了新的内涵，提出了分权学说。当然在论证司法权独立与权力制衡的问题上，最为全面和详尽的要数18世纪的法国启蒙思想家孟德斯鸠，他指出司法权的独立是防止权力滥用和保障自由与权利的基础，"如果司法权不同立法权和行政权分立，自由也就不存在了。如果司法权和立法权合二为一，则将对公民的生命和自由施行专断的权力，因为法官就是立法者。如果司法权同行政权合二为一，法官便将握有压迫者的力量，如果同一个人或是由重要人物、贵族或平民组成的同一个机关行使这三种权力，即制定法律权、执行公共决议权和裁判私人犯罪或争讼权，则一切便都完了。"②"同一个机关，既是法律执行者，又享有立法者的全部权力，它可以用它的'一般的意志'去蹂躏全国；因为它还有司法权，它又可以用它的'个别的意

① ［德］拉德布鲁赫：《法学导论》，米健译，中国大百科全书出版社1997年版，第100页。

② ［法］孟德斯鸠：《论法的精神》（上），张雁深译，商务印书馆1982年版，第155页。

志'去毁灭每一个公民"。[①]

（二）发展与制度实践

英国是世界上最早实现司法独立的国家，在17世纪，普通法院的法官面对威严的国王提出了国王即使英明，但仍不能审案的观点，当时国王与法官进行了以下经典的对话：

詹姆士一世：依朕意，法是以理性为基础的，故朕及他人与法官具有同样的理性。

柯克：不错，陛下具备伟大的天赋和渊博的学识。但是，陛下并没有研读英格兰领地的各种法规。涉及臣民的生命、继承、所有物或金钱等的诉讼的决定，不是根据自然理性，而是根据有关法的技术理性和判断。对法的这种认识有赖于长年的、在研究和经验中才得以获得的技术。

詹姆士一世：如此则国王被置于法律之下，汝等的主张应当以叛逆罪论处。

柯克：布莱克斯通有句至理名言："国王贵居万众之上，却应该受制于上帝和法律。"

这段对话包含着这样一个核心意思：国王不能干预司法。[②]

经过该论争之后，柯克爵士虽然"被詹姆士国王免去了职务，但柯克的冲破封建王权的藩篱、崇尚独立司法的勇气却预示着英国君主专制末日的来临。"[③] 1660年的《威斯敏斯特议会宣言》宣布：议会不得干涉行政，也不得干涉司法机构的活动。1689年的《权利法案》确定了议会至上的原则，使议会成为英

---

① ［法］孟德斯鸠：《论法的精神》（上），张雁深译，商务印书馆1982年版，第156页。

② 陈熹：《英国司法独立的历史进路探析》，载《贵州工业大学学报》2006年第1期。

③ 王建国：《全球化背景下中国司法独立的价值取向》，载《金陵法律评论》2006年第2期。

国最高权力机关，彻底切断了传统司法与行政之间的最后一丝联系。英国议会在驱逐了詹姆士一世之后于1701年颁布的《王位继承法》中确立了法官独立制和终身制的原则。至此，英国完成了体制意义上的司法独立。①

后来，司法独立的理念在美国得到了宪政设计者的大力发扬。美国宪政设计者从政治实践的角度论证保障司法独立的重要性，认为其他公权力机关与司法机关相比，具有天然的优势，“行政部门不仅具有荣誉地位的分配权，而且执掌社会的武力。立法机关不仅掌握财产，而且制定公民权利义务的准则。与此相反，司法部门既无军权，又无财产，不能支配社会的力量与财富，不能采取任何主动的行为。”② 也因此，司法机关是其中最脆弱的公权力机关，也最需要保障或自保——“司法机关为分立的三权中最弱的一个，与其他二者不可比拟。司法部门绝对无从成功地反对其他两个部门；故应要求使它能以自保，免受其他两个方面的侵犯。”③

（三）推广与国际公约

经由上述梳理，可以显见，司法权的独立性不仅是人类司法文明与政治文明的经验累积，也是理论学说的话语催促的结果，对此，学者林钰雄总结指出，“由于早期的司法权是附隶于统治的行政权之下，因此，在宪政史及法制史上不乏统治者干预司法者及司法者顺从统治者的先例，欧陆君主曾经对纠问法官予取予求，英王也曾对陪审团员威胁恐吓。在孟德斯鸠提出三权分立学说之后，司法权逐渐脱离行政权而独立，为了避免重蹈覆辙，宪

① 王建国：《全球化背景下中国司法独立的价值取向》，载《金陵法律评论》2006年第2期。

② ［美］汉密尔顿等：《联邦党人文集》，商务印书馆1980年版，第391页。

③ ［美］汉密尔顿等：《联邦党人文集》，商务印书馆1980年版，第396页。

政国家因此确立法官独立性原则，防范法官从事司法职务时受到行政指令或其他任何不当的外力干预与影响。"① 历史经验告诉我们，针对司法独立的保障显然应当从法院和法官两个方面来着手，这也获得了世界各国司法实践的认同和诸多国际公约的认可。（1）司法机关独立。一方面，司法机关应独立于其他公权力机关。从法院独立的层次上来讲，国际社会首先强调法院作为一个整体要独立。汉密尔顿对此曾做过充分的论述，他说："行政部门不仅具有荣誉、地位的分配权，而且执掌社会的武力。立法机关不仅掌握财权，且制定公民权利与义务的准则。与此相反，司法部门既无军权，又无财权，不能支配社会的力量与财富，不能采取任何主动的行为。故可正确断言：司法部门既无强制、又无意志，而只有判断；而且为实施其判断需借助于行政部门的力量。"② "它无可辩驳地证明：司法机关为分立的三权中最弱的一个，与其他二者不可比拟。司法部门绝对无从成功地反对其他两个部门；故应要求使它能以自保，免受其他两方面的侵犯。"③ 另一方面，独立于上级法院，即上级法院不应代替下级法院进行司法审判。在此意义上，上级法院有权改变下级法院，并不意味着后者成为前者的下属。这是保障当事人上诉权利的重要方式，事实上，正是由于上级法院有权改变下级法院的判决，使得上诉法院的审查成为当事人所享有的一种权利，相反，如果上下级法院之间相互不独立，上诉到更高级法院也就显得毫无意

① 林钰雄：《刑事诉讼法》（上），中国人民大学出版社 2005 年版，第 78 ~ 79 页。

② ［美］汉密尔顿等著：《联邦党人文集》，商务印书馆 1980 年版，第 3 页。

③ ［美］汉密尔顿等著：《联邦党人文集》，商务印书馆 1980 年版，第 3 页。

义了。[①]（2）法官独立。法官独立乃法官仅忠实于法律。马克思曾言："所谓'法官独立'就是法官既不属于自我，也不属于政府'，'法官除了法律就没有别的上司'。"[②]"如果一个公务员故意不执行上司要求他以特定方式处理某一事物的指示，通常就构成了失职；而对法官来讲，情况恰好相反，如果法官按照院长的指示去判案的话，这种行为就构成了失职。"[③] 对于司法独立原则的贯彻实施，法院与法官都应当保持独立性。显然，只有法院的独立还远不是真正的司法独立，还需要透过独立的法官主持进行的司法活动，才能最终体现司法独立原则的精神。这主要是因为，"法院是法律帝国的首都，法官才是帝国的王侯。"[④] 正如美国法学家亨利·卢米斯所说，"在法官作出判决的瞬间，被别的观点，或者被任何形式的外部权势或压力所控制或影响，法官就不复存在了。宣布决定的法官，其作出的决定哪怕是受到其他意志的微小影响，他也就不是法官了……法院必须摆脱胁迫，不受任何控制和影响，否则他们便不再是法院了。"[⑤]

具体而言，从比较法的角度考察，其他法域均一定程度上贯彻着司法独立——任何人无权以任何方式干涉法官的审判，无论

① 在英、美法系国家，第一审级法院被称为审理法院，第二审级法院则名为上诉法院。这样的区分意味着：一审法院主要的功能在于对案件事实加以调查，并根据法律对由证据所证明的事实作出裁判。第二审级法院原则上不再审查事实不接受新证据，只是对审理法院的审理过程是否严格地遵循了法律程序，对法律的解释和适用是否妥当加以审查。如发现不妥，上诉法院可以改判或发回重审。贺卫方：《司法改革中的上下级法院关系》，载 www. tianya. cn/publicforum/Content/law/。

② 《马克思恩格斯全集》（第 1 卷），人民出版社 1956 年版，第 76 页。

③ ［德］傅德：《德国的司法职业和司法独立》，载宋冰编：《程序、正义和现代化》，中国政法大学出版社 1998 年版，第 19 页。

④ ［美］德沃金著：《法律帝国》，李长青译，中国大百科全书出版社 1996 年版，第 361 页。

⑤ ［英］罗杰·科特威尔著：《法律社会学导论》，张文显等译，华夏出版社 1989 年版，第 236 ~ 237 页。

是其顶头上司还是其他国家机关、司法部长或者政府，或者是议会——的理念和要求。美国的政治制度体现了充分的“三权分立”原则，立法权、行政权对司法权不得干预，加上松散的二元法院体系，所以司法中更强调法官独立性而不是对法官的监督。由于在美国担任法官要经过长期的律师或其他法律工作生涯，只有优秀者才能进入法官队伍，在各个法院中也没有明显的行政首脑，法官只要认真履行法官职责便可有丰厚的报酬，不用担心会被免职或追诉，所以司法独立的原则体现得更为彻底。① 1949 年德国基本法规定：法官具有独立性，只服从法律。联邦宪法法院的成员半数由联邦议院选举，他们不得听从联邦议院、联邦参议院、联邦政府以及州有关机构的指示。德国在一系列制度设计上确保法官的独立，在对法官进行选任、培训、监督的同时尽量确保其独立性。法官的独立包括法官职务和人身上的独立性和法官本身的独立性。法官在德国属公职人员，但区别于一般公务人员，1961 年德国《法官法》对法官这种特别的法律地位作了明确规定。法国现行宪法第 64 条规定，法国实行三权分立，司法权属于法院，共和国总统有义务保障司法权的独立。② 日本《宪法》第 76 条规定：“一切司法权属于最高法院及依法设置的下级法院。所有法官依良心独立行使职权，只受本宪法及法律的拘束。”③ 在我国香港特别行政区，根据《香港基本法》第 85 条的规定：“香港特别行政区法院独立进行审判，不受任何干涉，司法人员履行审判职责的行为不受法律追究。”我国澳门特别行政区也有类似的规定，《澳门司法组织纲要法》第 53 条第 2 款

---

① 李峥峥：《中外司法独立原则比较》，载《消费导刊》2007 年第 9 期。

② 赵宝云著：《西方五国宪法通论》，中国人民公安大学出版社 1994 年版，第 272 ~ 273 页。

③ 转引自龚刃韧著：《现代日本司法透视》，世界知识出版社 1993 年版，第 29 页。

明确规定了法院的独立性，只受法律的约束："澳门法院之独立性，由法官之不可移调性，及无须遵守任何命令或指示所保证，但有义务遵守上级法院因应上诉而作出之裁判。"由此可见，澳门法院在司法活动中享有独立性，各级法院在行使法律赋予的管辖权运作中，只受法律约束，不受任何外来的干涉，也不必接受任何训令和指示，除应接受上级法院对上诉案件作出的裁判外。此外，根据《澳门基本法》第 89 条的规定："澳门特别行政区法官依法进行审判，不听从任何命令或指示。"①

二、司法权的被动性

所谓司法权的被动性，是指职司司法权的主体在权能属性与诉讼程序中均应秉持一种消极被动的姿态和行为模式。"'民不举官不究'的法谚，生动地描述了司法职能的被动性和中立性。司法权行使和司法程序启动所必须遵循的'不告不理'原则，也是对审判机关非因诉方、控方请求不作主动干预原则的形象概括。"② 针对司法权的被动性原则，一百多年之前，伟大的社会观察家托克维尔通过考察美国司法制度的运行情况，对司法权的被动性做出过形象的描述，"从性质上来说，司法权自身不是主动的。要想使它行动，就得推动它。向它告发一个犯罪案件，它就惩罚犯罪的人；请它纠正一个违法行为，它就加以纠正；让它审查一项法案，它就予以解释。"③ 让它解决一个社会纠纷，它就加以解决。"但是，它不能自己去追捕罪犯、调查非法行为和

① 李研：《港澳两地司法独立原则的比较及其借鉴意义》，载《河南师范大学学报》2006 年第 5 期。

② 吕定芳：《论法官的职业行为与司法的被动性》，载 http://www.xjbzzy.org/2005/3-7/151440.shtml。

③ ［法］托克维尔著：《论美国的民主》，董果良译，商务出版社 1993 年版，第 110 页。

纠察事实。”[①] 美国法官安斯沃思也曾指出，“法院发挥政治与管理作用的弊病之一是法院能制止任何事情，却不能倡导任何事情”。[②] 在权力的行使逻辑方面，司法权与行政权就此存在着非常大的区别：“行政应本于行政机关职权，依据国家或人民之需要，积极主动为之”；司法权则“必须基于人民或其他有职权者之要求，始得行使。”[③] 这些均清晰地界定了司法权及其主体——法官的角色定位是消极性的，换言之，它必须以消极的方式来践行自身的权力，否则将会发生一系列弊害。[④]

就具体如何界定司法权的被动性而言，学界一般有两种理论，即广义说和狭义说。就狭义说而言，仅指法官或法院在进行司法裁判的过程中应当“克己适法”，不宜“主动出击”，如有学者就认为，“作为当事人之间的中立裁判者，司法者既不是原告也不能是被告，任何人均不得担任自己的诉讼案件的法官；法官在作裁判时应当充分听取双方当事人的陈述，且对各方的意见与证据平等对待；法官在审判中不得有任何偏袒，而且须在外观上使任何正直的人不对其中立性有任何合理的怀疑，从而确保当事人受到裁判者的公平对待。这既是司法中立性的要求，也是司法被动性的要求。”[⑤] 就广义说而言，司法的被动性不仅包括狭义的被动性内涵，还包括司法的中立性这一内涵，司法的中立性同样是被动性的一种表现。它要求法院在司法过程中，以不偏不

---

① ［法］托克维尔著：《论美国的民主》，董果良译，商务出版社 1993 年版，第 110 页。

② ［美］理查德·里夫斯著：《美国之旅》，韩守信等译，中国对外翻译出版公司 1992 年版，第 138 页。

③ 张载宇著：《行政法要论》，汉林出版社 1977 年版，第 7 页。

④ 张建伟著：《刑事司法体制原理》，中国人民公安大学出版社 2002 年版，第 21 ~ 22 页。

⑤ 谢佑平等著：《刑事司法权力的配置与运行研究》，中国人民公安大学出版社 2006 年版，第 189 页。

倚的态度对待控辩双方。

笔者在此持广义说，在诉讼裁判活动领域，司法权的被动性主要包括以下三个方面：

一是起诉上的“不告不理原则”，即“行使司法权的法官在任何情况下都不能启动起诉程序”。[①] 从历史的角度讲，“不告不理”之被动性原则的确立有其“否定之否定”的发展历程。在人类社会早期，国家统摄与控制社会的能力还非常有限，公共权力对社会纠纷的介入并不深入，纠纷在类型上不仅没有民事、刑事之区分，而且，即使是非常严重的社会纠纷，国家也并不主动进行纠举，对于小型的类似于现代的民事纠纷更是遵循不告不理的原则。[②] 到了后来，随着纠纷数量的增多和国家社会控制能力的提升，进入封建专制时期，政治上的高度集权要求司法上也必须有所变更，因此，纠问式诉讼模式开始流行，“纠问式诉讼模式的典型特征就是将社会利益放在个人利益之前，为了防止因为过分尊重个人权利而无法实现追究和惩罚犯罪分子的任务，纠问式诉讼模式赋予国家追诉机关强大的追诉权，被告人的个人权利则被彻底牺牲。”“虽然在纠问式诉讼模式下，国家已经承担起追究犯罪的责任，但是，追诉权国有化的同时却又造成了控审职能的集中、混淆。”[③] 纠问法官开始成为集侦查、控诉、审判权于一身的强大权力主体。“如果说此前的控告程序依循的是‘没有人告状，就没有法官’，此时根据纠问程序的本质，则允许在没有人控告的情况下，由法官依职权干预。如果说过去的控告程

① ［英］加里·帕顿：《皇家检察院与法官和警察的关系》，载王晋、刘生荣主编：《英国刑事审判与检察制度》，中国方正出版社 1999 年版，第 161 页。

② 万毅著：《变革社会的程序正义——语境中的中国刑事司法改革》，中国方正出版社 2004 年版，第 28 页。

③ 万毅著：《变革社会的程序正义——语境中的中国刑事司法改革》，中国方正出版社 2004 年版，第 28 页。

序是在原告、被告和法官三个主体之间进行，则纠问程序中就只有法官和被控人两方。被控人面对具备法官绝对权力的追诉人，束手无助。”①

二是审理上的“诉审合一”。如西方法谚所云，“法院不得对于未向其诉求的事项有所作为，”即“告什么审什么。”因为，法院仅仅是裁判的主体而非证明的主体。实体上，包括对人的效力和对事的效力两方面。对人的效力方面，审判只限于起诉书中载明的犯罪嫌疑人；对事的效力方面，审判只限于起诉书中载明的犯罪事实。也就是说，法院对起诉书中载明的内容才能审理和判决，庭审过程中发现，但未被指控的犯罪嫌疑人或犯罪事实，只要检察机关或自诉人及法定代理人未追加，审判机关不得自动将其归于审判权使用范围内。② 另外，诉审合一还可以从“质的同一”与“量的同一”方面来进行解释。所谓“质的同一”，是指法院在审判过程中不能自行变更审判对象，比如，法院不能擅自将检察院起诉指控的被告人由甲变更为乙或者将起诉的罪行由A 罪行变更为 B 罪行。所谓“量的同一”，是指法院在审判过程中不能自行扩大审判对象的范围，比如，甲有 A、B 两项罪行，但检察院提起公诉时只起诉了 A 罪行，而漏诉了 B 罪行，那么即使法院在庭审中发现了公诉有遗漏，也不能自行扩大审判对象的范围，对未经起诉的 B 罪行进行审理。③

三是审理过程中保持超然中立。美国法学家戈尔丁将司法的中立性概括为三项原则：与自身有关系的人不应该成为该案的法

① 万毅著：《变革社会的程序正义——语境中的中国刑事司法改革》，中国方正出版社 2004 年版，第 28 页。

② 宋世杰、彭海青：《论刑事诉讼中控审分离原则的理论与实践》，载《湘潭大学社会科学学报》2002 年第 3 期。

③ 谢佑平、万毅：《刑事控审分离原则的法理探析》，载《西南师范大学学报》2002 年第 3 期。

官；案件处理的结果中不应包含纠纷解决者的个人利益；纠纷解决者不应有支持或者反对某一方的偏见。[①] 一方面，司法的中立性要求司法的构成犹如等腰三角形，法院居于三角形的顶点，控辩双方分别置于两个底角之左右，即控辩双方平等对抗，法院居中裁判。另一方面，司法的中立性要求作为纠纷裁决者的法院预先不应该有支持或反对某一方的偏见，且与两造当事人的距离始终是相等的，给予当事人双方的机会与关注也是对等的。同时，在纠纷的处理上，也必须以中立者的身份来裁判是非曲直。[②]

那么，为什么司法权需要谨守被动性原则呢？我国学者陈瑞华教授曾对该法理原因作出过详细论证，“这可以从以下几点得到解释：（1）只有被动地运用司法权，法院才能真正在争议各方之间保持中立和不偏不倚，而主动地发动裁判程序，或者主动将某一事项纳入司法裁判的范围，只能使法院丧失中立裁判者的立场，实际帮助案件的原告或者被告与对方进行诉讼抗争。（2）法院不主动干预控辩双方之间的讼争，可以为双方平等地参与司法裁判过程，平等地对法院的裁判结论施加积极的影响、创造基本的条件。（3）法院不主动发动新的诉讼程序，有助于裁判的冷静、克制和自律，防止出现裁判者在存在偏见、预断的心理预期的前提下，进行实质上的自我裁判活动。按照拉德布鲁赫的说法，如果裁判者同时也是控告者，就必须由上帝担任辩护人。（4）司法权的被动性是确保裁判过程和结论获得争议各方普遍认同、确保裁判者的公正形象得到社会公众信赖的基本保证之一。”[③]

---

① ［美］戈尔丁著：《法律哲学》，齐海滨译，生活·读书·新知三联书店1987年版，第240页。

② 姜小川：《司法权基本属性之探析》，载《法学杂志》2007年第5期。

③ 陈瑞华著：《问题与主义之间——刑事诉讼基本问题研究》，中国人民大学出版社2003年版，第18～19页。

三、司法权的终局性

西谚有云："诉讼应有结果，是共同的福祉。"[①] 为此，现代司法的权威性也主要表现为司法在社会纠纷的解决方面具有终局性，以及较其他纠纷解决方式的优势地位。一方面，法院一旦启动司法程序处理纠纷，其他任何机关、团体、个人均无权介入，此时司法对纠纷的处理具有排他性；另一方面，除少数例外情况外，法院可依职权审查其他主体（如行政机关、仲裁机关等）对纠纷的处理结果，只有法院对纠纷的裁决才具有终局性的效力。[②] 如联合国《公民权利和政治权利国际公约》第 14 条第七项规定的，"任何人已依一国的法律及刑事程序被最后定罪或宣告无罪者，不得就同一罪名再予审判或惩罚。"联合国大会通过的《关于司法机关独立的基本原则》第 4 条规定："不应对司法程序进行任何不适当或无根据的干涉，法院作出的司法裁决也不应加以修改。"国际律师协会通过的《司法独立最低标准》第 19 条规定："立法机关不得通过与特定法院判决相反而有溯及既往效力之法律。"具体而言，终局性的司法裁判具有以下四个方面的效力：公定力、确定力、拘束力、执行力。对此，学者贺日开作了较为详尽的考察与分析：其一，公定力，即终局性的司法裁判被推定为公正的，不容置疑的。美国联邦大法官杰克逊有句名言，"我们是终审并非因为我们不犯错误，我们不犯错误仅仅因为我们是终审。"在公众的心目中，法官是正义的化身，法官作出终局性的司法裁判，就如同法官在宣告一项法律，公众都会像

① 王利明著：《司法改革研究》，法律出版社 2000 年版，第 252 页。

② 左卫民：《法院制度现代化与法院制度改革》，载《学习与探索》2002 年第 1 期。

信服法律一样信服生效的司法裁判。[①] 其二，确定力。这是基于司法裁判的公定力而产生的司法裁判的实体内容的确定性效力。"经过司法裁判所认定的事实关系和法律关系，都被一一贴上封条，成为无可动摇的真正的过去。"[②] 其三，拘束力。终局性司法裁判作出后，当事人、法院和其他国家机关都得受其拘束。[③] 其四，执行力。终局性的司法裁判还具有执行力，这是拘束力的延伸。司法裁判的拘束力及于当事人，就要求当事人服从并履行裁判，如果当事人不主动履行裁判，将招致国家强制力的制裁，迫其履行司法裁判或由国家执行机关强制执行司法裁判。[④]

所以，司法权的终结性与司法裁判的目的直接相关联。学者陈瑞华指出，"法院作为解决利益争端、为个人提供权利救济的权威司法机构，在裁判任何案件时，都必须给出一个最终的裁决方案，并使该方案在法律效力上具备稳定性。只有这样，司法机构才能在社会公众中树立基本的威信，其裁判活动和结论也才能得到社会的普遍尊重。相反，如果朝令夕改，法院可以随意撤销已经生效的裁决，那么司法裁判程序将永远没有一个最终结束之时，利益争端将长期得不到终局性解决，国家建立司法裁判制度

---

① 贺日开：《司法终局性——我国司法的制度性缺失与完善》，载《法学》2002 年第 12 期。

② 贺日开：《司法终局性——我国司法的制度性缺失与完善》，载《法学》2002 年第 12 期。

③ 具体而言，当事人必须服从裁判，履行裁判，不得更改裁判确定的内容，不得就已裁判的诉讼标的再提起诉讼，请求法院再行裁判；法院也不得就已作出终局性裁判的案件再次进行裁判，也不得更改终局性裁判的内容（即"一事不再理"），后诉法院（上级法院除外）要受前诉法院裁判的拘束，不得作出与前诉裁判相矛盾的裁判；其他机关都负有尊重司法裁判的义务，无权更改司法裁判。参见贺日开：《司法终局性——我国司法的制度性缺陷与完善》，载《法学》2002 年第 12 期。

④ 贺日开：《司法终局性——我国司法的制度性缺失与完善》，载《法学》2002 年第 12 期。

的意义也就丧失殆尽。另外，随意逆向运行的司法裁判程序还可能使当事人反复陷入诉讼的拖累之中，其利益和命运长期处于不确定和待裁断的状态。尤其是刑事被告人，还可能因再审的反复启动而受到多次重复的刑事追诉，从而面临多次遭受刑事处罚的危险。而这对于处于弱势地位的当事人而言，将是不具备起码的公正性的。"① 也有学者从司法权威的角度来论证，"司法的过程就是'宣布法律是什么'的过程，就是将一般法律适应于具体案件的过程。因此在一定意义上可以说，司法裁决的权威性就是法律的权威性，维护司法的权威就是维护法律的权威。司法权的终极性赋予了生效司法裁决以法律效力，司法裁决不仅强制当事人依裁决执行而且限制司法机关随意变更、撤销裁决或者重新启动司法程序。如此，司法的权威性才能得以体现，司法裁判的结果和过程才能得到社会的普遍尊重。"② 当然，司法的终局性也牵涉到司法裁判的效率性，"司法制度的最重要宗旨之一是解决矛盾。如果一个解决方案可以没有时间限制并可以不同理由反复上诉和修改，那就阻碍了矛盾的解决。如果败诉方相信他们可以在另一个地方或另一级法院再次提起诉讼，他们就永远不会尊重法院的判决，并顽固地拒绝执行对其不利的判决。无休止的诉讼反映了，同时更刺激了对法院决定的不尊重，从而严重削弱了法院体系的效率。"③

---

① 陈瑞华：《司法权的性质——以刑事司法为范例的分析》，载《法学研究》2000 年第 5 期。

② 刘瑞华：《司法权的基本特征》，载《现代法学》2003 年第 3 期。

③ 宋冰编：《程序、正义与现代化——外国法学家在华演讲录》，中国政法大学出版社 1998 年版，"前言"第 3 页。

第三节 司法权的价值与功能

通过上述考察，司法权之特征、司法权之性格已经昭示出来，那么，在现代社会，司法权究竟具有何种价值与功能呢？这无疑也关乎转型社会司法权之定位。

一、价值重申：卫护人权、捍卫法律与接近正义

（一）卫护人权

从权利的一般原理上看，“可能成为权利对象的事物，限于可能受人们对之负责的作为和不作为影响的事物，对于任何权利，都必须有可能说出何种作为或不作为将构成对它的侵犯。”①也就是说，之所以为权利，是有法益之存在，有行为侵犯。“如果没有此种作为或不作为可以证实，那么，就不存在一项权利。”② 同样，之所以为权利，也必须有救济途径的存在。这也是现代社会与传统社会之根本区别。在现代社会，“人、人的权利和自由是最高价值，承认、遵循和捍卫人与公民的权利和自由是国家的义务”，“权力者，乃权衡、确认和保障实现权利之力也。”③

在现代社会，“人权的保障和救济手段和方法多种多样：不仅有国际保障机制，还有国内保障机制；国内保障机制既有立法保障机制、行政保障机制，又有司法保障机制和社会保障机

① ［英］米尔恩：《人的权利与人的多样性：人权哲学》，夏勇、张志铭译，中国大百科全书出版社1995年版，第112页。

② ［英］米尔恩：《人的权利与人的多样性：人权哲学》，夏勇、张志铭译，中国大百科全书出版社1995年版，第112页。

③ 漆多俊：《论权力》，载《法学研究》2001年第1期。

制。"[①] 但是，"在现代法治国家，人权保障的最基本和最重要的方式就是司法保障。"[②] 美国前联邦法院首席大法官胡戈斯认为，"司法是自由的监护人。" 俄罗斯总统普京也这样评价它，"今天我们手中掌握了一个武器，它就是宪法法院，通过它保护了我们国家的民主制度、联邦制度、统一的经济自由和企业活动自由，更重要的是，宪法法院保护了人与公民的权利和自由。"[③] 我国学者也指出，"在法治国家，公民的基本权利的实现与保障并不是单靠政府或社会舆论的，而很多方面是依靠既有救济力又有确定力的司法权，因为，现代法治是依靠宪法权威并确立其权威来限制政府的权力，保障公民的权利和自由。政府的权力过于强大，且管理面广泛，是任何时代的政府之通病，于是，政府及其工作人员会滥用权力从而侵害公民的权益等就不可避免。因此，靠政府维权是靠不住的；而依靠舆论与传媒来维权却是脆弱的，因为媒体的呼吁，最多只能是引起某种同情与支持，无法使受害者获得实际性的救济；唯有依靠司法的救济与裁判，才会使实施侵权的人受到惩罚并付出代价，使受害人得到公正的补偿和合法的救济，使滥用权力者受到制裁，使冤屈的人得以洗冤。"[④]

（一）捍卫法律

在现代法治社会，法律具有权威的规范效力。一方面，法律的民主性决定着公民有义务贯彻、遵守现行的法律规范，即"法律可能是不好的（我还可以反对），但我所参与的确定法律的过程使我有义务承认它们的合法性并服从它们。……那种义务

① 王夏昊：《司法是人权保障的最佳方式》，载《现代法学》2003 年第 2 期。

② 王夏昊：《司法是人权保障的最佳方式》，载《现代法学》2003 年第 2 期。

③ 参见《普京在俄罗斯宪法法院成立 10 周年庆祝大会上的发言》，载《俄罗斯国家与法》2002 年第 4 期。

④ 纪永明：《论司法权的特点》，载 http://www.5igongwen.com/5iview-27424.html.

来自这一事实：我是构成社会的成员之一，社会的法律就是我的法律，制定法律时我出过力。如果法律是公正的，我可以引以为荣；如果法律是不公正的，我继续有义务为其改善而努力。”①另一方面，一旦公民违反现行法律就构成了违法犯罪行为，美国法理学家庞德指出，“作为社会控制的手段或方法之法律，通过对每个人所施加的压力迫使他自己维护文明社会并阻止他从事反社会行为。”②

显然，法律被违反或未被遵守，法律的尊严将荡然无存，社会规范也将处于失范状态。那么，如何维护法律的尊严呢？一般而言，现代国家禁止私力救济，而是通过司法来承担纠纷解决的实际功能。正如法国法学家狄骥指出的，当公民之间或者当国家与它的成员之间发生法律冲突时，“必须由法院加以审理和裁判——法院是由国家组织起来，并对其资格能力和公正性给予了充分保障的机构。”③ 除此之外，即使是立法权力通过立法的方式践踏宪法的精神——这在现代社会的现实生活中并不少见，为了捍卫宪法的权威与尊严，多数民主型、法治型国家也都是通过法院来解决，即赋予法院违宪审查权，或者直接设立宪法法院，以法院独有的独立性与法律解释权来捍卫宪法的权威，维护法治的尊严。

（三）接近正义

“不公平的判断使审判之事变苦，而迟延不决则使之变酸

① ［美］科恩著：《论民主》，商务印书馆1994年版，第233页。

② ［美］庞德著：《通过法律的社会控制：法律的任务》，商务印书馆1984年版，第8～13页。

③ ［法］狄骥著：《公法的变迁》，郑戈等译，辽宁出版社1999年版，第10页。

也。"[①] 程序之公平与否很大程度上在于是否让当事人积极地参与到诉讼进程中。美国学者富勒认为："使审判区别于其他秩序形成原理的内在特征，在于承认审判所作决定将对之产生直接影响的人能够通过一种特殊的形式参加审判，即承认他们为了得到对自己的有利决定而提出证据并通过理性的说服和辩论"。"审判的本质就在于受判决直接影响的人能够参加判决的制作过程。"[②] 日本学者棚赖孝雄也认为，"审判的本质要素在于，一方面当事人必须有公平的机会来举出根据和说明为什么自己的主张才是应该得到承认的，另一方面，法官作出的判断必须建立在合理和客观的事实和规范基础上，而这两个方面结合在一起，就意味着当事者从事的辩论活动对法官判断的形成具有决定意义。"[③] 最高人民法院前院长肖扬提出"三个德化于"，即德化于自身，德化于本职，德化于社会。如果把实现公平、正义作为法官最大之德，他们正是以日常的审判工作将自己对公平、正义的理解融化在严格要求自我、维护当事人权益、实现社会正义的过程中。法官就是在多样化的社会生活中，以其特有的工作方式，通过辛勤工作，把广大人民所信奉和追求的公平、正义价值传承下去。[④] 这些理念和观点基本上都在强调司法在保障接近正义方面的价值。

---

① ［英］培根著：《培根论说文集》，水天同译，商务印书馆1983年版，第193页。

② ［日］棚赖孝雄著：《纠纷的解决与审判制度》，王亚新译，中国政法大学出版社1994年版，第256页。

③ ［日］棚赖孝雄著：《纠纷的解决与审判制度》，王亚新译，中国政法大学出版社1994年版，第256页。

④ 肖扬：《法院、法官与司法改革》，载《法学家》2003年第1期。

二、功能定位：纠纷解决、权力制衡与政策实施

（一）纠纷解决功能

就司法的功能而言，解决纠纷与保障社会秩序显然是其中最为重要的，也是最为直接的功能。纠纷是对社会秩序的一种反对，而司法则是对纠纷的反对之反对。孙万胜博士认为：“在解决权利冲突与纠纷的各种制度化方式中，通过法官对事实问题和法律问题的判断排除法运行中的障碍，以维护法的价值是司法权所独有的功能。”①

具体而言，现代司法权在解决社会冲突方面发挥功能的形式主要有两种：其一，直接解决社会冲突的功能。“法官的工作看起来是很平凡的。他们每天翻阅案卷，分析案情，开庭审理，处理实体事务、程序事务和审判管理事务，他们每天都在运用法律思维方式，对事实问题作出判断，解决一个个法律适用问题。”②可以说，在现代社会，虽然其他纠纷解决机制仍然大量存在，并且呈现出进一步发展的趋势，但司法的纠纷解决机制之中心地位仍然不可动摇。其二，间接解决社会冲突的功能。由于司法的终局性特征，因此，往往其他纠纷解决机制的功能发挥需要受到司法权的保障和监督：一方面，司法权保障其他冲突解决机制的有效实施；另一方面，司法权监督其他冲突解决机制的正确运行。③

（二）权力制衡功能

“现代司法活动与历史上的司法活动相比，其重要意义不在于其纯法律功能的变化——实际上诸如解释法律和惩罚犯罪方面

---

① 孙万胜著：《司法权的法理之维》，法律出版社2002年版，第32页。

② 肖扬：《法院、法官与司法改革》，载《法学家》2003年第1期。

③ 高新华：《试论现代司法权的功能体系》，载《学习与探索》2006年第2期。

的基本功能可以说是亘古不变，而在于司法与政治的关系发生了实质性的嬗变。"[①]"这种实质性的嬗变就是：原本用来对付社会和民众的法律和司法，如今反过来也可用来对付政府和官员了；长期以来一直用于规约民众行为的法律和司法，现在发展到可以用来规约官员和政府的行为了。"[②] 司法权的权力制衡功能主要是通过司法审查制度来实现的。[③] 司法审查制度并非天生的，而是人为创制的。从现代政治学理论的流变上看，司法审查似乎很缺乏存在和创制的合理性。"司法审查制度似乎不仅与要求法官必须忠于法律并严格适用之的实证主义法理学发生冲突，也与要求民主化的时代潮流发生冲突。"[④] 然而，需要注意的是，历史的发展有其经验的层面，不是单纯的理论论证之产物。"现代国家庞大的立法和行政部门有时压制性地扩大范围地对司法活动进行干涉，给作为国家第三部门的司法机构带来新的责任。对立法和行政行为的司法审查是其中的两方面，在有些现代国家，这些必须通过宪法法院和行政法院的发展来进行。强大的立法和行政之间的平衡机制同样需要一个强大的司法，这对于司法来说似乎是一项重要的任务，因为其对于类似的社会自由的存续是至关重要的，尽管不能忽视司法对政府各政治部门的监督机能所具有的

---

① 胡伟著：《司法政治》，香港三联书店 1994 年版，第 225－226 页。

② 程竹汝著：《司法改革与政治发展》，中国社会科学出版社 2001 年版，第 245 页。

③ 正如西塞罗所说的，为了自由，我们当了法的奴隶。因此，法律还是必要的。但是要小心地限制立法，以防止它的限制作用超过它的促进作用。参见庞德著：《通过法律的社会控制：法律的任务》，沈宗灵、董世忠译，商务印书馆 1984 年版，第 106 页。

④ 季卫东著：《宪政新论——全球化时代的法与社会变迁》，北京大学出版社 2002 年版，第 31～32 页。

危险性。必须仍然维持一种相互监督的平衡。”① 综观世界各国的司法审查发展史，起源于美国著名的马伯里诉麦迪逊一案的司法审判制度，尽管存在着诸多理论上的悖论，也存在产生方面的历史偶然性，但事实已经显现出，它在世界范围内得到了广泛的推广，并已成为司法权之重要现代功能——权力制衡功能。

（三）政策实施功能

在现代社会，司法权还担负着通过适用法律与解释法律来进行政策实施的制度功能。司法裁判过程“是冲突的利益和价值搏击之场所——它们试图通过设计精巧、顺序推进、依据法治，且在某种程度上必然具有自由裁量特征并因此具备政策导向、造法过程的司法程序而获确认。”② 正如汉密尔顿所言：“解释是法院的正当与特有的职责——对宪法以及立法机关制定的任何法律的解释权应属于法院”。如果二者间出现不可调和的分歧，自以效力及作用较大之法为准。因此，法院必须有宣布违反宪法明文规定的立法为无效之权。③ 在此意义上，司法通过解释法律、创造法律、实施司法审查权，广泛地推行着自己认为合理的法律精神和司法政策。正如沃尔夫指出，“现代司法审查已经远远超出了说‘不’的范围。法院不断开始要求实施某些政策或者对政府施加积极的义务。”④ 在世界各国的司法实践中，也表现出一种新趋势，近年来欧洲一个有趣的政治现象就是政治生活的

① ［日］小岛武司著：《司法制度的历史与未来》，汪祖兴译，法律出版社2000年版，第209页。

② ［意］卡佩莱蒂著：《比较法视野中的司法程序》，徐昕、王奕译，清华大学出版社2005年版，第10页。

③ ［美］汉密尔顿等著：《联邦党人文集》，商务印书馆1997年版，第391页。

④ ［美］克里斯托弗·沃尔夫著：《司法能动主义：自由的保障还是安全的威胁》，黄金荣译，中国政法大学出版社2004年版，第163页。

“司法化”，决策和政治责任从国会向司法机构转移。[①] 在此问题上，日本谷口安平教授做了较为深入的分析，他认为，司法在政治及社会体系中处于一种“平衡器”的特殊位置，因为社会中发生的任何一种矛盾、争议，尽管经过各种各样的决定仍不能得到解决并蕴含着给政治、社会体系的正统性带来重大冲击的危险时，最终可以被诉讼、审判所吸收或“中和”。[②]

第四节　现实困境与本位回归

客观地讲，在我国，现代司法权是近代的舶来品。在中国古代，司法并无现代所指的诸多意涵。相反，“司法”不仅有主管、执掌法律之意，而且还是一种官名。《辞源》对“司法”作了如下解释，“司法：官名。如两汉郡之佐吏有决曹，贼曹椽，主管刑法；北齐称法曹参军；唐制，在府叫法曹参军；元废。”[③] 由此可见，“司法”在中国古代主要是指执掌刑事法律的人，体现中国古代重刑轻民的倾向。后来，近代修律在向西方借鉴法律制度的过程中逐渐引入了司法权与司法的概念，并引发了在我国如何建构与定位司法权的问题。除去历史问题，以及中国历史语境中的司法权如何定位不论，就当前的社会转型期间而言，我国司法权的功能定位却着实面临着诸多现实困境，也亟须总结研究，并迈向一种笔者主张的“本位司法”的路径。本位司法既不是西方化的，也不完全迁就于中国现实，而是以转型社会为背景的司法主张。

---

① ［意］卡佩莱蒂著：《比较法视野中的司法程序》，徐昕、王奕译，清华大学出版社 2005 年版，第 10 页。

② ［日］谷口安平著：《程序的正义与诉讼》，王亚新、刘荣军译，中国政法大学出版社 1996 年版，第 9 页。

③ 《辞源》（修订本），第 1 册，商务印书馆 1979 年版，第 464 页。

一、我国司法权运行逻辑的现实困境

就我国当前社会转型期间的司法功能定位之困境而言，显然，如前文所述的，我国的司法在价值取向上虽然已经开始向着卫护人权、捍卫法律以及接近正义等方面迈进，但与现代法治国家的司法权之价值定位仍有差距；另外，虽然我国的司法权之功能已经开始向着纠纷解决、政策实施以及权力制衡等方面迈进，但就其功能发挥上仍有待完善。尤其需要指出的是，在我国转型时期，在以下两个问题上需要进一步研究：一是我国行政司法化的步伐尽管已经迈出，但司法行政化的问题没有很好地解决；二是司法立法化在我国虽然不现实，但立法司法化的现状却与程序法定主义原则没有很好地协调。这些都使我国司法权在转型时期回归本位需要做出进一步的努力。除此之外，我国转型期间还必须面对以下三个方面的独有困境。

1. 在社会治理方面，如何调和“倚重司法”与“司法克制”的关系。

在社会治理中，是以承认权威为前提条件的。纵观“后现代化”国家社会转型和发展的历史，以保持全国性公共权威所造成的优势，以对付经济、文化和社会的迅速变迁以及广泛的公民政治参与所带来的压力和挑战，这是至关重要的。对于一个政治、经济、文化发展不平衡的农业大国的社会转型，保持特别动力的公共权威显得更为重要。由于中国社会受到全球经济“一体化”、文化多元化的影响，国家正统意识形态对社会生活面的覆盖和过程的制约有所消减。特别是20世纪90年代后所有制结构出现了较大的变化，非公有制经济成分在国家所有制结构中的上升，相对而言国有或公共经济成分的份额减少，国家用于社会治理所需的经济资源大大减少，国家与社会成员进行交换并促使其服从国家意志的经济条件也就减弱。[①] 于此，司法权作为有"威望"的公共权威力量之一理所当然地被推上前台。但司法必须保持应有的冷静和克制，"现在许多时候是社会想或是政府希望法院来做改革的先锋，但法院不是改革的先锋，法院不能做改革的先锋。"[②] 事实上法院为了解决当前的社会矛盾，出现过法律工具主义、法律虚无主义的现象。如法院越权直接参与拆迁案、受处非法集资案件，等等。实际上"法院在某种程度上代替了政府，成为在政府之外的一个政府。"[③] 由于司法机关不是政府，也就解决不了只能由政府解决的问题。因此，要调和社会治理对司法倚重与司法克制的关系，本位司法是一项基本的司法政策。要实现这一政策就是要把握好"两个效果的统一"。法律效果是法律的预期，社会效果同样是法律的预期。在提出"统一论"的语境中，并不是把二者作为对立或者平行的关系来解释，而是指在法律预期与现实社会要求出现差距时，司法通过一定方法协调这种差距，使之达到相平衡的状态。这种"统一"并不是上述差距的实质统一，而是结果论上的协调平衡。

2. 在纠纷解决方面，如何调和"社会问题的挑战"与"司法权有限性"的冲突。

中国社会转型中出现的诸如城市拆迁、资源利用、企业改制、三农问题、非法集资等社会矛盾。这些矛盾客观上相对集中地提交给司法，但司法权又尚不完全具备或者根本没有解决这些矛盾的能力。

首先，司法权运行的现实局限性。社会治理过程对司法的倚

① 顾培东著：《从经济改革到司法改革》，法律出版社2003年版，第2页。

② 苏力：《经济社会发展与司法回应》，在第六届成都法院院长论坛上的学术报告。

③ 苏力：《经济社会发展与司法回应》，在第六届成都法院院长论坛上的学术报告。

重，本是法制社会的应然，但将转型时期的社会矛盾相对集中地提交给司法，目前中国司法的现实条件尚不足以保证司法承载这样的历史使命。“这一方面在于中国司法机构自身尚不具备解决各种社会矛盾和社会冲突的实力（直观上表现为需要处理的各种类型的案件超出了司法机构的负荷）；另一方面更在于，司法在国家制度结构中（特别是在制度实践中）以及在全社会的权威体系中并不具备法治社会所具有的、与实施社会治理的实际要求相吻合的地位。”①

其次，司法权本体的局限性。“司法权的作用范围不是无限的，它并不能够解决社会的所有问题。”② 原因如下：

一是司法判断视角的单一性。司法判断仅在于社会成员之间的权利义务关系，而权利义务关系是一种社会关系，“社会关系这一术语，是指两个或两个以上的个人，在有意识的行动中发生的相互关系。”③ 于此社会成员之间的行为关系决定着司法判断的对象范围。所以，司法判断的对象只能局限于可以用权利义务关系来衡量的人的外部行为，而不能及于无法用权利义务关系来衡量以获得法律解释的人的内心世界。也就是说，它并不适合解决所有领域的问题，并非在任何问题上都是适当的，只能解决特定领域的涉及社会成员外部行为的问题，而且需要对这些问题进行判断视角的置换，即这些问题可以转化为适宜进行法律价值判断的权利义务关系的问题。④ 以法律的抽象命题来剪裁生活现

① 顾培东著：《从经济改革到司法改革》，法律出版社 2003 年版，第 3 页。

② 孙万胜著：《司法权的法理之维——司法改革的体系化理论思考》，法律出版社 2002 年版，第 134 页。

③ ［美］博登海默著：《法理学——法哲学及其方法》，邓正来译，华夏出版社 1987 年版，第 358 页。

④ 孙万胜著：《司法权的法理之维——司法改革的体系化理论思考》，法律出版社 2002 年版，第 135 页。

实，社会生活中许多的纠纷是被这种"司法剪裁"拒绝确认的。严格的职业性法律逻辑往往使当事人的期望落空，当事人的期望是以法律规定所包含的经济和功利主义来确定的，然而从法律逻辑来看这种意义是"非理性的"。[①]

二是司法判断结论的唯一性。法官对当事人主张的判决结论是唯一的，不能对此不置可否。否则就不能在社会成员之间建立起有效的法律预期，这对于建立稳定的社会生活秩序是不可或缺的。这决定了某些社会生活领域的纠纷并不适合进行司法判断（"硬宰"），只能选择其他纠纷解决方法。

三是司法判断过程的规则性。司法裁判的规则性是司法裁判的特质。司法判断的对象事实几乎是过去时态，对过去事实的抽象恢复只能是规则意义上的"事实"，司法产品也只能是规则产品。故社会生活中许多的诉求是不能够通过这种"格式化识别"使矛盾得以解决的。[②]

因此，本位司法应当严格把握案件的受理范围。转型社会中有许多问题属于制度不完善或者发展中的问题，它们受到"剪裁"、"格式化"、"硬宰"等司法技术的限制，所以不适宜由法院通过司法程序予以解决。法院应当象征性地解决一些比较重大的案件，解决一些具有实际规则意义的案件。法院只是确认规则。[③] 对于一些高度政治性或者政策性等的法律问题，现实条件不适宜司法介入的，应当暂缓受理。

3. 在司法权的角色方面，如何调和"越权能动"与"消极被动"的孪生陷阱。

---

① [德] 马克斯·韦伯著：《论经济与社会中的法律》，张乃根译，中国大百科全书出版社 2003 年版，第 308 页。

② 苏力：《纠缠于事实与法律之间》，载 http://www.law_thingker.com.cn。

③ 苏力：《经济社会发展与司法回应》，在第六届成都法院院长论坛上的学术报告。

司法运行中，没有能动的被动是腐朽，没有被动的能动是破坏，但能动有可能越权被动又可能消极，运行中容易落入一个孪生陷阱，这就需要把控好司法的限度。转型社会中对社会矛盾的解决，司法实践出现过司法权缺位、司法权越位的现象。

（1）司法权缺位。司法权是相对于当事人的司法救济请求权［（right to judicial remedy）也称为接近法院权（access to court）或者接近司法权（access to justice）］而言的，司法救济请求权是指当事人的权利或者自由被非法侵害时，有要求司法机关给予听审和裁判的权利，包括不得拒绝受理，不得拒绝裁判。① 禁止拒绝裁判是大陆法系的传统法律原则，并已融入法典或公理。对于没有相应法律规定的争议，法院有义务按照其管辖范围作出裁决。② 马歇尔在审理马伯里诉麦迪逊案件时也说：公民权利的精髓在于公民受到侵害时，每个公民都有权请求法律保护。③ 特别是《法国民法典》更极端地规定："法官借口无法律规定、规定不明确或不完备而拒绝审理者，得以拒绝审判罪追诉之。"④ 不得拒绝裁判乃本乎法院（法官）的天职。司法缺位在我国转型期主要体现在当前的"四难"，即起诉难、受理难、判决难、执行难。起诉难是指司法没有给予恰当的便利、司法救助不到位等，致使当事人诉讼不便。受理难是指符合受理条件且法院能够解决的案件法院拒不受理。判决难是指诉讼拖延，迟延判决在一定程度上就是拒绝判决。执行难就是案件久拖不执。

---

① 崔峰著：《敞开司法之门——民事起诉制度研究》，中国政法大学出版社2005年版，第2页。

② ［德］伯恩·魏德士著：《法理学》，丁小春、吴越译，法律出版社2003年版，第358页。

③ 转引自江国华：《无诉讼即无宪政》，载《法律科学》2002年第1期。

④ 参见《法国民法典》"序编法律之颁布、效力与适用"，罗结珍译，中国法制出版社2000年版，第1页。

(2) 司法权越位。许多时候各地许多法院都希望自己来引导社会改革（地方政府也这么希望），直接参与拆迁、受处非法集资、确认宪法权等，其结果大多数案件成了"哽骨案"咽不下吐不出，案结事未了，社会不满意，"费力不讨好"。

二、我国司法权运行逻辑的本位回归

经由以上，我们可以发现，在我国当前主要存在的司法功能定位之困境主要包括司法能动与司法消极之间的关系，司法解决纠纷与司法之有限性的关系，以及转型社会的司法依赖性及其限度等问题。而如前文所述的，考察司法权之理论定位及制度经验主要包括了司法权与行政权、立法权之权力界限，司法权之性格，司法权之价值与功能等诸多问题。在吸取中国需求与国外经验的基础上，笔者认为，中国当前迈向本位司法除了遵循和合司法模式之既定目标之外，还需要处理好以下几个问题。

（一）回归本位一：司法权的行政化问题

在现代社会，与行政法律化和司法化相对的一极是司法的独立化或去行政化。这主要是因为，"司法机关高度行政化为司法机关负责人滥用权力提供了便利。行政活动的性质决定了行政机关可以强调意志的统一。司法活动却是适用法律规则，司法过程需要的是承审案件的检察官、法官个人的司法技艺理性。"① 因此，许多国家为司法权的去行政化做了努力，在称谓上就有所考虑，如司法机关负责人称为"首席法官"不称"法院院长"，因为担心"法院院长"会带有强烈行政色彩。当然，"首席法官"与其他法官的关系，也不同于行政单位内的局长与处长、处长与科长的关系。"首席法官"与其他法官是平等的，如果组成合议

① 参见《净化司法体系，异地调任不如去行政化》，载《南方都市报》2007年12月26日。

庭，也具有同等投票权。更强调一个法官获得尊敬是他长期积累的司法技艺，而淡化带“长”的权位。通过这种努力，建立法院去行政化的信念。①

为了解决我国司法行政化所带来的不利影响，我国应当在未来的司法改革中将司法权回归到司法权的本位角色——独立性或去行政化。具体而言，第一，深化司法改革，进一步克服法院以行政式的执法方式审理案件，减少法官家长式纠问的审判色彩。第二，健全我国法院院长、庭长审查案件的制度，增强法官独立办案的制度机制，协调好审判权和审判管理权的关系。第三，改革我国法官等级制度，使法官只有功能之区分，而绝无等级之划分。

（二）回归本位二：司法权的立法化问题

司法是法律的解释者，也是法律帝国的守护神。同时，司法也是最为经常接触社会的机构，在具体考量个案中各种法律因素与社会因素的前提下，可以制订出有利于社会发展之法律。在现代社会，这种发展法律的制度功能主要是通过司法的司法审查权来实现的，即在审查行政决定或立法决定是否符合宪法或高位阶的法律的过程中，以发展法律，达到“司法之立法化”之效应。如学者所指出的，“司法审查的功能是被动与负面的。如果说立法机构能够主动通过制定法律、执法机构能够在执行中违反法律，从正面影响个人权利；那么法院却通常不能直接命令立法或执法机构以某种特定方式行动，而只能阻止政府机构以违宪或违法形式采取损害个人权利的行动。”②“独立的司法系统是对个人

---

① 参见《净化司法体系，异地调任不如去行政化》，载《南方都市报》2007年12月26日。

② 熊敏瑞：《确立司法审查制的理性思考》，载《湖北社会科学》2004年第6期。

权利免受政府侵犯的可靠保障，而这种保障的实现主要是通过法院运用不同形式的司法审查权力，如果当政府行为损害了公民权利，公民个人诉至法院时，法院有权根据宪法或法律，独立地审理政府机构的行为，那么个人就获得了撤销政府决定、恢复合法权利的机会，这和法院职能的性质有关，它和政府其他分支不同。”①

然而，另一方面，针对我国现行司法运作中抽象的司法解释具有“立法司法化”倾向，这有悖国际司法运作的制度经验和司法运行的基本原理。因此，有必要对其做出理论检讨与制度改善。

当然，本位司法的回归，以及对我国司法立法化与立法司法化两个方面的问题之改良也必须遵循相对合理的进路，即必须“寻求法理合理性和现实合理性的契合：一方面，必须坚守现实合理性的底线，改革不能脱离现有条件和具体环境而任行，在我国刑事诉讼法尚不够完善的现实背景下，应当承认（某些机制）具有某种现实合理性。另一方面，应当坚持法理合理性优先。”②如有学者对我国立法司法化之现象的改良方案较具可采性。具体而言，“在我国现阶段，在对刑事诉讼法典尚不可能进行重大修正的情况下，通过发布抽象性解释的形式弥补法律的不足，应当说是一个现实、无奈的选择。但是，从法理合理性出发，基于保障司法独立和程序法定原则的要求，无论如何，司法机关（包括法院、检察机关）、行政机关（包括公安机关）制定抽象性法律解释的权力不应保留，制定抽象性司法解释的权力应当专属于

① 熊敏瑞：《确立司法审查制的理性思考》，载《湖北社会科学》2004 年第 6 期。

② 谢佑平、万毅：《反思与祛魅：我国刑事诉讼法解释体制重构》，载《甘肃政法学院学报》2002 年第 3 期。

立法机关，而且只能专属于全国人大常委会。”① 同时，“应当严厉禁止地方立法机关制定抽象性法律解释，因为作为程序法的刑事诉讼法与作为实体法的刑法不同，如果说地方性差异还能影响到刑法上的定罪量刑（如在我国不同地区关于盗窃定罪量刑的数额就有不同的规定，这体现了地区的差异），那么刑事诉讼法作为一种刚性的程序规则本身不应受地方性差异的影响，程序规则应当具有全国范围内的统一适用性。目前，我国已有地方立法机关开始制定抽象性法律解释，如安徽省人大常委会就于1996年发布了《关于贯彻实施修改后的〈刑事诉讼法〉的决议》，我们认为，这种现象应当坚决予以制止，以防止地方政权借机干预司法独立，使目前已经较为严重的‘司法权地方化’（地方保护主义的另一种形式）现象愈演愈烈。”②

相应的，我国的司法立法化之改革理想也应当尊重我国现有的制度传统，在改良步骤上可以采取先在我国的刑事司法程序中设置司法权针对公安、检察等行政性机关的强制措施决定采取司法审查权力，然后，再逐步扩展到行政法领域，最终扩展到宪法的违宪审查领域，走“从技术到制度”的道路。

（三）回归本位三：司法的功能定位问题

波斯纳说：“从霍布斯到布莱克斯东到德沃金到法律经济学分析家，法官的实际角度究竟如何的问题一直占据着英美法理学舞台的中心：法官有什么激励和限制，在裁量与遵从之间以及在创造性与服从性之间它应如何追求平衡，伟大司法判决的条件是什么，司法的智慧源自何方，如何避开越权能动和消极被动这对

---

① 谢佑平、万毅：《反思与祛魅：我国刑事诉讼法解释体制重构》，载《甘肃政法学院学报》2002年第3期。

② 谢佑平、万毅：《反思与祛魅：我国刑事诉讼法解释体制重构》，载《甘肃政法学院学报》2002年第3期。

孪生的陷阱等等。"[①] 的确，越权能动与消极被动是一对孪生陷阱，能动就可能"出格"；被动就可能"失职"。怎样才能"入乎其内，出乎其外"，如卡多佐所说："在对过去的崇拜和对现实的赞扬之间，人们可以找到一条安全的路。"[②]

笔者认为，这条"安全的路"就是：理性判断法院（法官）在社会中的位置和方向→法院（法官）回归到自己的位置（审判席）上→本位司法。也就是说"守本分"。当然这条路要走得"安全"，一是要走"中庸之道"，即从司法的对应性、相融性、和谐性的司法和合主义为出发点和归宿。司法需要稳健，即维护主流价值，吸收成熟的思想和社会见解，符合代表多数的正义观，守持原则和信念。但在某种程度上必须同进步的需求相协调，不能把"先例"看成亘古不变的真理，"该出手时就出手"，立足本职解决社会新类型问题，调节社会秩序自洽。二是要掌握驾驭司法的能力。法官的知识、经验、技术要足以应对新的复杂社会问题，更重要的是审时度势，而不是人们尖锐地批评的那种将法官仅仅看做一部加工机器的做法，这种法官只知道将当事人的诉讼要求和诉讼费一起塞入机器，然后根据从法典中推演出来的理由进行诊断。本位司法更需要司法智慧。

第一，在社会治理方面，以维护法律为使命实现有保留的消极克制。尽管司法权作为有"威望"的公共权威力量之一在转型期间被理所当然地推上前台，但是司法不是万能的，也不应承载起一些本不应当由其担负的责任。"法院不是改革的先锋，法院不能做改革的先锋"，法院不能"成为在政府之外的一个政府。"司法超越了法律适用的代言人，被希望成为社会控制的行

---

① ［美］波斯纳著：《超越法律》，苏力译，中国政法大学出版社 2001 年版，第 126 页。

② Selected Writings, p. 228.

政工具。如上所述，从社会治理的角度讲，社会治理过程对司法的倚重，本是法制社会的应然，但将转型时期的社会矛盾相对集中地提交司法，而中国司法的现实条件尚不足以保证司法承载这样的历史使命。因此，为了注意司法“遗忘”法律的工具主义倾向，司法必须保持应有的冷静和克制。一是司法不“能”的纠纷，法院不应参与。“司法权的作用范围不是无限的，它并不能够解决社会的所有问题。”[①] 中国社会转型中出现的诸如资源利用、三农问题、非法集资等社会矛盾，司法尚不完全具备或者根本没有解决这些矛盾的能力。这些矛盾客观上只能通过统一的公共政策调整予以解决。事实也证明，司法过多参与自己没有权限和没有能力解决的纠纷，效果并不好，如改革开放初期，许多法院都直接参与拆迁、受处非法集资等，其结果大多数案件成了“上访老户”，退不回去，又解决不了，案结事未了。对此，当事人不服，社会反映大，“费力不讨好”。成都市中级人民法院在处理“5·12”涉灾案件中保持了高度的冷静和克制，对地震中出现的房屋倒塌赔偿等案件，法院暂缓受理，促成通过公共政策一揽子解决，最终纠纷得到了很好的解决。从实践看，司法在这类案件上保持克制是重要的，涉灾案件的处理为解决司法无“能”的案件提供了典范。二是司法不“宜”的纠纷，法院不应参与。如上所述，法官对当事人主张的判决结论是唯一的，不能对此不置可否，这决定了某些社会生活领域的纠纷并不适合进行司法判断，只适合其他方法。本位司法应当严格把握案件的受理范围。转型社会中有许多问题属于制度不完善或者发展中的问题，它们受到“剪裁”、“格式化”、“硬宰”等司法技术的限制，所以不适宜由法院通过司法程序予以解决。苏力教授指出：

① 孙万胜著：《司法权的法理之维——司法改革的体系化理论思考》，法律出版社2002年版，第134页。

法院应当象征性地解决一些比较重大的案件，解决一些具有实际规则意义的案件。[1] 对于一些高度政治性或者政策性等的法律问题，现实条件不适宜司法介入的，应当暂不受理。

第二，在诉讼审理方面，以接近正义为原则实现有限度的积极能动。一是合理扩大一些领域的受理范围。"在法治社会，法院可以受理与处理广泛发生的各种纠纷，在一定意义上，社会所发生的所有纠纷除极少数外均可诉诸法院，由法院依司法方式解决。"[2] 为此，法院应当扩展诉讼途径，使公民受到侵害时能够便捷地进入诉讼、接近司法。例如，应当在一些领域合理地扩大受理范围，建立公益诉讼制度。对转型期间因工业化和市场化进程的加快而引发的诸如环境污染、消费者权益受侵害、虚假信息等案件予以司法受理。[3] 二是适当降低诉讼费用。关于现有的诉讼费用收取制度不恰当地阻碍着当事人接近司法，因此，长远来看，应该废除公民向法院交纳诉讼费用尤其是起诉费用的制度。现阶段，主要应要求法院积极主动地贯彻落实诉讼费用的缓交、减免制度，消除公民因经济问题被司法拒于门外的现象。[4] 三是立足案件积极能动，促进公共政策的正面回应。对于有益社会可能引动公共政策作出积极回应的案件，应当立足司法能动司法。

① 苏力：《经济社会发展与司法回应》，在第六届成都法院院长论坛上的学术报告。

② 左卫民、周长军：《变迁与改革——法院制度现代化研究》，法律出版社2000年版，第89页。

③ 左卫民、朱铜辉：《公民诉讼权：宪法与司法保障研究》，载《法学》2001年第4期。

④ 左卫民、朱铜辉：《公民诉讼权：宪法与司法保障研究》，载《法学》2001年第4期。

第五章　“柔性司法”：“和合司法”的方法选择

对于转型社会的司法运行而言，如果说和合司法之目标模型定位是理想的总纲，那么，本位司法的功能回归是前提，柔性司法的方法选择就是贯彻实施的方法进路。柔性司法主要着眼于解纷方法的针对性、变通性、有效性。在此意义上，转型时期的司法运行之所以采行柔性司法的理论支点主要有三个方面，即司法服判，司法便民，以及相对真实观。显然，柔性司法与标准的、刚性的司法有不同侧重，即在刚性司法与现代形式化司法的范围内，要表现出司法的柔性一面。既然是柔性的，因此，它就会更为注重当事人及民众对裁判结果的服从，就会较为重视纠纷的最终解决而会有底限地忽略实体真实的实现。

第一节　柔性司法的理论支点

一、司法服判

（一）服判的司法解纷意义

现代法制（治）秩序的型塑系法治理念融入部门法尤其是司法程序的过程，换言之，现代法治秩序更多地体现于纠纷解决机制——解纷主体对冲突事件进行调处与决断的日常诉讼程式——的法治化程度。因此，司法官员处断无数个别案例的

"解纷机制"与司法权力的"运行机制"不仅发挥着秩序整合的重要机能，无疑也是践行法治不可或缺的重要部分，甚至可以强调说，恰是日常生活中的诉讼机制体现了法治的基础性内涵与实践性机理。一如王亚新教授所指出的："通过诉讼、审判，尽管争议或矛盾本身未必真正得到解决，但由于司法（程序）所具有的，如把一般问题转化为个别问题，把价值问题转化为技术问题等特殊的性质和手法，因发生争议或矛盾从而可能给政治及社会体系正统性带来的重大冲击却得以分散或缓解。换言之，作为判定者的法院构成了社会处理纠纷体系里绝对的第三者，在秩序中占有可称之为'平衡器'的特殊位置。而具有这样一种机制的秩序就被叫做'法治'。"①

司法，作为一种社会解纷机制，首要的功能应当是解纷，而心理学的研究已经表明，要真正地、一次性地解决纠纷，必须让当事人"服判"。眼下，我国司法实践中再审程序的频繁启动，导致法院判决的高度不确定、不稳定，当事人及其亲属的频频"涉法涉诉上访"，已经对法院的司法权威构成严重威胁。显然，造成司法判决难以"服众"的原因有很多，但除了传统文化的原因之外，程序设计与司法方法上诸如对当事人参与权保障不够等也是重要因由。在这样的背景下，如何通过程序设计和司法方法的调整，达致让当事人服判的目的和效果，是我们在未来很长时间内必须予以充分关注的重要理论和实践问题。

（二）服判的秩序整合意义

权威与社会秩序之间存在着互促式的关系。一方面，任何社会秩序的维系都需要一定的权威作为基础；而另一方面，这种权威的产生、存在与维系又应当建立在秩序内社会成员的承认和包

① 王亚新著：《社会变革中的民事诉讼》，中国法制出版社2001年版，第226页。

容的基础之上。司法权威当然也不例外。应当注意的是，司法权威的治理效果是如何得以实现的呢？解纷机制中的司法官又是如何获得司法权威的呢？前一个问题关涉到“秩序整合”的问题，而后一个问题则关涉到“服判”的问题。而“秩序整合”与“服判”也构成了司法治理在各历史时段的内在行动逻辑：一方面，司法治理不仅消解了社会纠纷冲突，而且排除、消弭了流布于社会民众心中的闷愤情绪；另一方面，司法功能的发挥不仅型塑了一种特定时期的社会秩序结构，而且维系了权力主体的权威形象。在此意义上，在不同历史语境中，司法治理均发挥了“秩序整合”与“服判机制”的功能，产生变更的仅仅是司法权威（司法治理方略）本身，换言之，即传统与现代社会中司法裁判获致司法权威、获得民众认同的方式不同而已。

为了进一步阐释司法治理对于“秩序整合”与“服判机制”的重要意义，笔者将引入一个综合性的设问：历史长线中（从传统社会到现代社会）的司法官是如何判断证据真伪、评价案件事实、解析法令文意的呢？换言之，在不同历史语境中，司法官对证据如何取舍、对事实如何认知、对法令如何阐释，才能使判决获得合法性认同呢？对此，意大利著名学者维柯曾提炼出三种权威类型，即神的权威、英雄的权威和人的权威，它们分别建基于三种理性：神的理性、国家政权的理性和自然理性。① 相应地，维柯也区分了三种裁判类型：一是神的裁判，祈神们为自己的案件的公道作见证；二是常规裁判，这种裁判极端拘泥于文字程式；三是人道的裁判，这种裁判主要考虑的是事实的真相，根据良心的指使，法律在需要时对每件事给予帮助，只要它是各方

---

① 转引自陈兴良：《刑事法制的理念建构》，载《刑事法评论》（6），中国政法大学出版社2001年版，第2页。

事业的利益平等所要求的。[①] 在诉讼发展史上，同样存在着类似的证据制度类型，即神示证据制度、法定证据制度和自由心证制度。

神示证据制度对应于神的裁判制度，是根据神的启示来判断诉讼中的是非曲直。获得神的启示主要通过以下相对确定的仪式来完成，包括诅誓、水审、火审、卜筮、十字形证明以及决斗等，这些仪式的共同特点即在于将神的权威引介到司法程序之中，以作为事实认定和案情裁断的最终依据。在生产力相对较低的古代社会，神的裁判制度与神示证据制度具有笼络心灵、整合秩序的特殊功效，即使是蕴涵神性因素较少的决斗也不例外。“这种以当事人的勇武、强壮、决斗技巧来决定证据真伪的方法，看似非常荒谬，但实际上也包含着一种神性因素。这种裁判结局肯定有很多冤屈，但是它对社会的整合作用以及其合法性基础都不比今天的裁判差，甚至还可能因为排除了群体中的异己分子，讨得神的欢心而使社会具有更强的凝聚力”。[②] 而在法定证据制度下，一切证据的证明力的大小，以及对它们的取舍和运用，都由法律预先明文加以规定，法官在审理案件中运用证据查证案件情况，只需符合法律形式规定的各项规则，并不要求符合案件的客观真实情况。总体上看，神性裁判/神示证据与常规裁判/法定证据属于传统社会的裁判机制和证据制度。无论是依照神示进行裁判，还是依照极端形式化的国家法令进行裁断都具有很强的仪式性和艺术性色彩——通过展示神的尊贵和国家权力的威严在民众心理塑成一种强制性的权威形象。从法社会学的角度

---

① 转引自陈兴良：《刑事法制的理念建构》，载《刑事法评论》（6），中国政法大学出版社 2001 年版，第 15 页。

② 左卫民著：《在权利话语与权力技术之间：中国司法的新思考》，法律出版社 2002 年版，第 174 页。

看，通过符号和仪式来展示权力和安排社会等级的方法无疑是一种戏剧艺术，即仪式的操演不需要对规则的刻板遵守，其最高目标是为了凸现权力的完美外在形象。从这一意义上讲，传统国家是一种“剧场国家”。[①] 在刑事诉讼机制上，在传统社会，惩罚的客体到底是谁并不是一个重要的问题，重要的是必须惩罚，权力只要捕获了可惩罚的对象，刑事司法实际上就大功告成了，国家要做的就只是把他摆在权力的祭坛上，它需要制造剥夺犯罪者生命和财产的仪式（庆典），使所有的人噤若寒蝉。[②] 从这一意义上讲，传统国家的司法权威是一种威权式的，服判机制是一种“威权——服从”关系，司法治理则是以一种“权力展示型”的刑事诉讼机制来实现的。

在现代社会，理论家同样没有抛弃对权威的认同，关于“秩序维系”的现代理论学说基本上存在着自由主义与保守主义两大派别。然而在笔者看来，两者在秩序的阐述、建立与维系上存在着一致性，均旨在证成一种权威体系/权力体制的合法性与现代性——能够适应现代社会的发展。区别仅仅在于后者较强调公民对于国家的忠诚，而前者更强调作为主体性的公民的自愿忠诚而已。具体而言，现代刑事司法机制中所运行的司法权威类型是人道的裁判、自由心证制度，而具体支撑是现代程序技术。就自由心证而言，是指法律对证据的证明力不作预先规定而由法官在审理案件中加以自由判断的证据制度。之所以称人道的裁断与自由心证是立基于现代程序技术，主要有以下理由：首先，自由心证是针对法官认证过程，即对证据证明力的判断，然而对证明

---

① 黄仁宇著：《中国大历史》，生活·读书·新知三联书店 1999 年版，第 110～147 页。

② 参见左卫民、周洪波：《从合法到非法：刑讯逼供的语境分析》，载《法学》2002 年第 10 期。

力的审断必须立基于特定的证明方法，尤其是在严格证明中，对于探知证据资料所使用的证据方法及证据调查程序设定了特别的限制；其次，尽管“关于如何评价证据的价值得自由审断”，但法官也必须在证据调查和辩论程序的基础上，按照经验法则和逻辑法则合理地判断，并且受到上诉程序与判决理由公开机制的制约；最后，自由心证制度旨在把法官从法定证据制度的束缚中解放出来，使他们能根据自己的智识与理念来审断证据与事实，但从根本上说，这种智识与理念是司法官的一种操作司法程序产生的习惯，或者说，这种智识和理念也是长时间经由程序技术而习得的，而非完全主观的。

程序技术在现代司法程序中还体现在陪审制度与证明责任分担机制的应用，它们在很大程度上增强了诉讼程序的自治性，并强化了司法裁断的权威性。一方面，陪审团制度（主要适用于英美法系）巧妙地避免了国家司法人员面对“幽暗事实”时的尴尬处境，它将认定事实的职责合理地转移到具有很强民主“因子”的陪审团手中。陪审团在现代社会作为一项法律意义上的判定主体，承担了认定事实的重要职能，而法官则仅仅在引导陪审团成员使之不致脱离法律框架。然而，陪审团制度何以能够担当起服判的机能呢？笔者认为，其一，陪审团制度使陪审团的原始神性因素与现代民主因子得到了有机的重组和结合；其二，陪审团成员的平民化色彩，增益了被追诉者的主体性情感，同辈人士的判定与自身的理性判断之间具有很强的亲和力。另一方面，即是举证责任的合理分配。为防止法官因事实不明而拒绝审断，导致司法制度和诉讼程序被架空，现代司法均设定了举证责任分担机制。举证责任的分配正是为了解决法官面对真伪不明的事实下的困境而提出的，一如波斯纳所指出的：“法律制度常常对它必须解决的法律纠纷的是非曲直没有任何线索；但通过举证责任作为一种对所缺乏的知识的代位者，就避开了这种耻辱”。[①]同时，举证责任还通过证明责任的分配，使当事人在败诉风险的压迫下进一步提出证据，发现案件真实；更为重要的是，它也是一种践行良好的心理服判机制。当事人一旦败诉，更多地将会从自身举证不足、证明不力的角度去思考，从而转移了对诉讼判决和司法权威的否定性怀疑。

更为重要的是，在现代诉讼程序中，司法权威的维系依赖于法定程序的刚性与正当程序的功能。就正当程序的效力而言，“任何人未经正当的法律程序，不得剥夺任何人的生命、自由或财产”。一方面，搜查、扣押、逮捕、羁押等强制侦查措施需要满足法定的诉讼要件，并经由司法官审查签发司法令状；另一方面，国家是否对公民适用刑罚，也必须经由中立、独立的法院经过一定的审理调查程序后加以决定。就法定程序的刚性效果而言，侦查、起诉、审判等刑事司法机关在执行刑事诉讼程序的过程中违反程序性法律规定的侵权行为，尤其是侵害了被追诉人的诉讼权利，或者是破坏了某一基本的司法裁判准则的时候，应当承担相应的程序性违法责任，被侵害人也应该得到相应的程序救济。

需要注意的是，我们并不能因传统社会与现代社会的类型学划分，就将传统与现代的司法治理技艺截然地对立起来。应当承认，两者均具有自身语境中的合理性，最重要的是，它们在当时或现今的历史时段中能够将司法权力的行动逻辑贯彻到社会治理之中，使司法权威得到社会空间中各种主体的“认同”（强制性的或自觉性的）。因此，“只要法官能够最大限度地使当事人真正服判，法律的权威不因为事实的幽暗而受到伤害，这种制度、

① ［美］波斯纳著：《法理学问题》，苏力译，中国政法大学出版社1994年版，第6页。

个人都是应该受到尊重的……它们都有语境中的合理性"。[①] 简单地说就是，神明理性、国家理性以及现代社会中的法律与科技理性在语境中的合理化都是有一个条件的，即"法官能够最大限度地让当事人服判"，并进而"整合自身语境的社会秩序"。

（三）服判机制与柔性司法

如果说法律制度与诉讼程序是人类纠纷解决文明化的一种自在需求，那么"服判机制"与"司法治理"便是社会发展与历史演进的协奏曲目，决不能用"弦外之音"来形容它的重要机能。一方面，纠纷"就其产生和存在于社会内部这一点看，可以说是'固有的'，而就它们可能通过引入现代法律制度和原则来加以解决这一点来说，它们又是现代的"。[②] 另一方面，从服判机制促进和改善司法权威的角度看，它具有司法治理的效果，它是"固有的"；而就其通过司法权威的塑成，当事者和社区群体的整体认同，达成社会治理的效应，则又是"现代的"。当然，公权力与私权利之间的关系，以及群体认同的类型在传统社会与现代社会存在着本质区别：在传统社会，司法权威是通过群体在"神性仪式"和"国家威权"面前所表现的宗教性虔诚和畏惧性认同来实现的，这种服判机制是"传统的"；在现代社会，司法权威通过群体在"理性化司法"与"法治化程序"面前表现出的参与性信念和自愿性认同来实现的，这种服判机制则是"现代的"。

由此，就我国司法程序改革而言，路径似乎逐渐清晰起来——我们可以确认本土服判机制的传统语境，也可以调研现实刑事诉讼程序的司法语境，但是我们却决不能忽视最大限度地让

① 左卫民著：《在权利话语与权力技术之间：中国司法的新思考》，法律出版社2002年版，第198页。

② 梁治平著：《在边缘处思考》，法律出版社2003年版，第107页。

当事人及普通民众服判这一本质性因素。因此要做到以下三点：首先，诉讼程式的法治化。诉讼程式的法治化是连接文化的诉讼观念与制度的法治秩序，微观的当事者服判与宏观的法治秩序的中间单元项，它的深入探讨对我国整体法治秩序的建构具有重要意义。法治化的诉讼程式不仅为当事人基本权提供了保障，而且为公共权力提供了合理配置的制度框架和理性运作的程序空间。其次，司法机制的可接近性。对诉权的保障不仅具有诉讼法学上的意义，而且是宪政意义上接近正义、维护人权的内在要求，这就要求我们保障司法机制的可接近性。马歇尔大法官在审理马伯里诉麦迪逊案时曾经说："公民权利的精髓在于公民受到侵害时，每个公民都有权请求法律保护。政府的第一职责也就在于给予这种保护。人们强调美国是法治政府，而不是人治政府，如果法律不对侵犯法定权利的行为给予救济，它就不能再享受这一美称了。"① 最后，判决机制的理性化。为了寻求沟通当然一个方面就是司法者的魅力，如判决书说理制度，通过说理将司法逻辑推理方式展示，这不仅仅是司法过程中的一种技术性操作，而且是一种力求被理解、被认同的沟通艺术。

当然，仅仅这些宏观上的制度设置还显然不够，司法应当体现出柔性的一面，体现出法院在司法救济方面独有的人文关怀的一面。近年来，我国部分地区的法院已经开始试探刚性与柔性相结合的司法实验。如媒体报道的石泉法院的救助基金制度就起到了很好的效果，据调查表明，"过去，由于没有设立执行救助基金制度，再加之无资金支持，因此多年来积压了不少需救助解决的执行案件无法解决，当事人四处信访，法院虽穷尽执行措施仍使判决无法兑现。经过两年多时间的运行，执行救助基金制度就好像久旱逢甘霖，使部分执行死刑案得以复活，使法院搞好执行

① 转引自江国华：《无诉讼即无宪政》，载《法律科学》2002 年第 1 期。

工作的信心增强。更为重要的是，这一执行措施的采用，使困难的申请执行人得到了及时救助，确无履行能力的被执行人的生活负担得到减轻，做到了法的刚性与情的柔性的完美结合，体现了司法为民、司法爱民和中国特色社会主义制度的优越性，促进了执行难问题的解决和社会和谐、稳定。”①

二、司法民本

司法民本是指司法的原则、制度以及程序的设计都应当以民众为本，符合公民及当事人的根本利益，以满足其愿望为归属。司法的民本主义就是强调作为提供公共法律产品的司法机关的充分服务性，司法要服务于民众，让民众更好地利用法院，要创建条件保证民众更容易接近法院实现无障碍的诉讼，充分体现司法的人文关怀，保证民众有尊严地参与诉讼。具体而言，它包括了便民、护民、利民等司法思想。所谓便民，就是法院的诉讼展开要便于当事人的参与，尽可能地贴近诉讼当事人，方便当事人诉讼。笔者在四川省蒲江县人民法院进行了实践，为了方便当事人诉讼，把审理各类案件中的114项程序性事项全部打包分类整合在“诉讼服务中心”的6个平台上，将过去关门办理的事项全部推向前台，让当事人一站办完事务，以贯彻便民原则。所谓护民，就是要运用审判权，公正高效地裁判各类案件，达到救济民权，保护民利，实现民愿的目的。这是司法为民在审判工作实践层面上的重要体现，审判工作的本职就是平息社会纠纷解决实际问题，保护当事人合法权益。所谓利民，就是法院工作的开展要有利于当事人。这是从意识层面上对民本主义的透析，注重以人

① 张涛、周发国：《司法的刚性与柔性的完美结合——石泉法院建立和规范执行救助基金制度情况调查》，载 http://www.chinacourt.org/html/article/200709/26/266840.shtml。

为本，倾注司法人文关怀，笔者所在的蒲江县人民法院为当事人设置了专门的休息区域，提供文印、传真、网络、手机充电、雨伞等30余项温馨服务，为残障当事人提供哑语、盲文、轮椅等服务，同时专门设立了母婴休息/儿童看护室，提供牛奶温热、更换尿布等便利。还设置了专门的律师出庭准备室，为律师提供法律书籍、办案设施、开庭信息、更换律师袍等便利。把法院作为一个公共服务机构，为当事人参与诉讼提供充分的保障。左卫民教授也指出，“在立场、方式和态度上，司法应具有亲和性。从根本上，应该将司法界定为一种提供公共产品的服务活动，而不只是简单展示权力的活动。要消解片面强调司法威权化的趋势。在诉讼中，司法机关应当将工作重心放在为公民和当事人提供司法服务上，并以司法服务质量的高低作为评价其行为的标准。”①

从历史的角度讲，我国的民本思想也非常久远。“中华民族的‘民惟邦本、本固邦宁’思想一直是历朝盛世所推崇的治国理念。‘民本’既包括对绝大多数人民利益的维护，也包括对普通民众个体价值与权利的尊重。”② 由于我国古代行政与司法不分，司法即行政，行政成立即司法。因此，民本思想不可避免地会推演到司法领域。到了近代，新中国成立之前的革命根据地司法经验与成立之后的司法经验中也都体现着司法为民的重要思想。“司法为民是人民司法优良传统在新时期的发扬光大。延安时期创立的新型人民司法审判制度，形成的优良传统和作风，集中体现了全心全意为人民服务的根本宗旨和艰苦奋斗的工作作风，成为推进人民司法事业向前发展所必须遵循和坚持的基本精神和基本原则。人民法院要不断拓宽为民服务的新渠道，发掘司

---

① 左卫民：《司法改革的十大理念》，载《中国律师》2003年第11期。

② 江必新：《论司法为民的内涵及其实践》，载《人民司法》2005年第3期。

法便民、利民的新方法，创造保民护民的新措施，将人民司法的优良传统发扬光大。"[①] 近年来，各级法院把"司法为民"作为核心价值体系，充分体现了司法的民本主义。

同样，在西方，人本主义思想也是一种体现现代文明的重要思想之一。"它根植于自然人性论的基础上，认为人是自然实体而非社会实体，人性来自自然，自然人性即人的本性。人本主义强调人的基本需要是由人的潜在能量决定的，人具有不同于动物本能的似本能需要，并认为生理的、安全的、尊重的、归属的和自我实现的需要就是人的似本能需要，这些似本能需要就是人性。"[②] 早在古希腊时期，当时的智者普罗太戈拉斯就说："人是万物的尺度。"这是"以人为本"思想的最早表达。柏拉图的《泰阿泰德篇》完整地记载了普罗太戈拉斯的这一观点。据苏格拉底的转述，"你还记得，他（普罗太戈拉斯）说，人是万物的尺度，是所是的东西是什么的尺度，是不是的东西不是什么的尺度。"[③] 进入近代，人本主义是20世纪五六十年代在西方兴起的一种心理学思潮，这些似本能需要的满足途径是多样的，其中一个非常重要的途径是通过司法手段。所以，司法人本主义可以满足人们对于司法保护安全的自然需求。马克思主义司法观认为，"司法权作为国家权力的重要组成部分，是人民民主专政的重要手段。司法权行使的根本目的在于维护人民民主专政的国家政权，人民是国家的主人和领导者，司法权应当为维护广大人民群众的利益服务。司法权来源于人民，也必然应当服务于人民，造

① 江必新：《论司法为民的内涵及其实践》，载《人民司法》2005年第3期。

② 黄克春、于徐东：《论刑事审判视野中的司法为民》，载《山东审判》第165期。

③ 转引自赵敦华：《西方人本主义的传统与马克思的"以人为本"思想》，载http://www.pku.edu.cn/academic/xbss/Content/Chinese/Content/2004/06/zhexue_xifan.htm。

福于人民。”[①] 由此可见，司法民本主义是一种具有深厚理论基础的司法理念。在此意义上，既然一切为了人民，为了人民的一切，这样的司法就必然如康德所说的，以人为目的，而非以人为手段。具体如下：

第一，司法民本的理念适应我国权力民主化与司法民主化的社会转型需求。司法民本的理论基础主要是人民主权理论。“人民主权理论认为，国家的主权来自于人民，即主权在民。司法权作为国家权力的重要组成部分，自然也是来自于人民。因此，司法权的行使也必然是为了保护人民、服务人民，也就是司法为民。”[②] 美国著名法学家德沃金在《法律帝国》中也曾指出，法律内部是一个自给自足的独立系统。“在法律帝国里，法院是帝国的首都，法官是帝国的王侯，法院和法官对于法治非常重要，他们是正义的守护神。”很明显，这表明法律自成体系的重要性，而且，法治的实现也需要一批具有法律技艺的职业共同体，由此，在我国近年来，已经开始有很多学者接受了建构法律职业共同体的主张，“现代中国法治社会需要培育一个专门的法律家群体，法律职业共同体是法治社会培育的重要基础”，但是，尽管如此，“我们也有必要对可能形成新的‘法律帝国的专制’保持高度的警惕。”[③] 其实，德沃金也指出，这种对法律帝国的狂热追求，或许对法治社会的建立具有重要价值。但是，其代价是法官逐步脱离市民社会，法官、律师以及其他法律工作者可能由于自身的群体利益形成一个封闭的职业共同体。这个职业共同体

---

① 黄克春、于徐东：《论刑事审判视野中的司法为民》，载《山东审判》第165期。

② 黄克春、于徐东：《论刑事审判视野中的司法为民》，载《山东审判》第165期。

③ 屈新、何显兵：《论司法为民与现代司法理念》，载《国家行政学院学报》2005年第4期。

在维护法治事业的同时，也可能由于对法律知识的垄断形成新的“法律专制”。[①] 德沃金进而指出：问题是，现代社会的法律纷繁复杂，每个公民又通过什么途径来知道“这些承诺”并能够在“承诺”变化时及时了解？[②] 在笔者看来，在现代社会，防止法律人专制主要通过两个方面的机制来实现：一是司法民本，即树立司法民本的理想；二是司法的民众参与。一方面，切实保障广大群众的知情权，当社会上某个案件有一定社会影响性时，我们的司法机关对案件的相关情况要定期向社会公布，让社会知道司法对某个案件的处理结果。另一方面，着力推进审务公开。对于审判、执行过程中除了依法不公开的事项其余应当一律对社会公开，增加司法透明度。

第二，司法民本的理念适应我国人权入宪的法治背景。司法具有维护人权的功能，而且，也只有通过维护人权才能够使自身具有合法性地位。正如学者指出的，“人权是人之为人的根本和基础，它不仅包括生存权和发展权，还包括一系列经济、文化和政治权利，具有丰富的理论内涵。人权保护的重要途径之一便是司法保护。司法权由于以国家强制力为后盾，对于人权保护的作用和意义尤为突出。司法为民实际上内含着通过司法权的有效行使来保护人权、维护人权、发展人权的丰富内容，是人权保护理论在司法领域的本质要求和重要体现。”[③] 也有学者指出，应当

---

① 德沃金指出，“法律帝国并非由疆界、权力或程序决定，而是由态度决定。从最广泛的意义上来说，它是一种涉及政治、阐释的、自我反思的态度，它是一种表达异议的态度。每个公民都应当知晓社会对原则的公开承诺是什么及在新的情况下这些承诺的要求又是什么。”参见屈新、何显兵：《论司法为民与现代司法理念》，载《国家行政学院学报》2005 年第 4 期。

② 屈新、何显兵：《论司法为民与现代司法理念》，载《国家行政学院学报》2005 年第 4 期。

③ 黄克春、于徐东：《论刑事审判视野中的司法为民》，载《山东审判》第 165 期。

从权利发展的角度来看司法为民的政策主张，“人权入宪，表明宪法不仅仅只保障这些已宪法化的人权，未予宪法化或法定化的人权，仍然是宪法必须保障的对象。按照‘法无禁止即自由’原则，人除享受宪法化的人权外，还享有其他宪法和法律未确认也未禁止的权利以及日后随着经济和政治、文化的发展而‘新生的权利’。我们的司法理念也应随之发生变化。”① 具体而言，“传统司法理念认为，没有法律明示的权利、找不到法律依据的权利，诉讼时诉权首先要受到限制。当事人切身感觉到的法益，要求司法给予救助时，若司法上找不到明示的条款，应予驳回而不予救助。国家尊重和保障人权的条款写入宪法以后，会给司法理念带来新的变化。法律上明示的权利是一类，在法律上没有明示的权利是另一类，法律之外，公民还有大量的自由和权利。国家尊重和保障人权，就预示着司法要以此作为自己的义务。所以，即使没有法律明示的权利，司法也应当给予保障。这是对司法权的一种约束，是对司法权明示的一种义务。司法权负有一种对公民的权利予以推定的义务。”② 这一点非常有意义，也顺应了我国对基本权利或宪法权利的尊重与保障。

第三，司法民本的理念适应新时期各种诉讼程序之司法目的。“无救济即无权利”。现代司法权力均致力于民众的权利救济，司法的价值，首要的是对人权的守护，当人权遇到侵害需要救助和补偿时，司法权应提供权利救济的机会和途径。在此意义上，司法为民的理念也是适应新时期诉讼程序之司法目的的。就民事法领域而言，学者汪安平、张忠斌指出，“民商法的精神在

---

① 汪安平、张忠斌：《人权入宪背景下司法为民的价值取向》，载《湖北社会科学》2005 年第 2 期。

② 汪安平、张忠斌：《人权入宪背景下司法为民的价值取向》，载《湖北社会科学》2005 年第 2 期。

于对人性的终极关怀。民商法的基本理念有两个：一是权利本位。民法以充分创设和保障私权为己任，人格权和财产权是私权的核心内容，并平等保护私权，民法的一切制度安排都是为了人们能更好地、充分地获享权利，更安宁、美满地生活。二是私法自治，即每个人依其自我意愿创设权利、处分有关事务。民商法崇尚自由、独立、平等、公平，它尊重人的自主权利，视人为自我的主宰。"[①] 鉴于实体法与程序法之间存在着密切的联系。因此，民事程序法的功能也必然突出对民众的人性之关怀。"传统的人权保障的最重要方式是司法保护，民商事审判以解决公民之间、法人之间、其他组织之间以及他们相互之间因财产关系和人身关系发生的纠纷为己任，通过确认民事权利义务关系，制裁民事违法行为，救济人格权和财产权，保护当事人的合法权益。司法的核心作用在于对现行法律规范确认的权利给予必要的救济，以此对其进行司法保护，这种权利的保障也就是民事诉讼制度的目的。"[②] 显然，司法民本主义的主张最为直接地体现着对普通民众人身与财产权益的保障。司法机关和司法官员有义务保障公民和当事人受到体面和尊严的对待。"司法方式应当具有通俗性，行为方式应具有平易性。避免司法的专业化知识与方式成为老百姓享受司法服务的障碍。司法救济应具有可接近性。应当赋予和保障公民诉讼权，使其能够快速、有效地进入司法轨道。"[③] 为此，四川省蒲江县人民法院从实践中总结了"三个转变"，即管理型法院向服务型法院转变，从官本走向民本；封闭型法院向开放型法院转变，从后台走向前台；单一型法院向集约型法院转

---

① 汪安平、张忠斌：《人权入宪背景下司法为民的价值取向》，载《湖北社会科学》2005 年第 2 期。

② 汪安平、张忠斌：《人权入宪背景下司法为民的价值取向》，载《湖北社会科学》2005 年第 2 期。

③ 左卫民：《司法改革的十大理念》，载《中国律师》2003 年第 11 期。

变，从分散走向集中。卓有成效地保障了当事人权利的事项。为此，全国立案庭庭长工作会议在蒲江县召开，意在全国法院系统推行这一民本主义观念和做法。

在刑事法领域，从实体法的角度讲，犯罪不仅危害国家安全和社会稳定，而且严重侵害人民群众的人身权利和财产权利，影响人民群众的正常生产和生活，具有严重的社会危害性。司法民本主义在刑事审判领域的基本要求就是打击犯罪，惩罚犯罪，为人民群众的生产生活提供安全稳定的环境和条件，保障人民群众不受非法侵害，保护他们的生命财产安全。因此，刑事审判过程中的民本主义很大程度上是通过惩罚犯罪实现的，惩罚犯罪是刑事审判中司法民本思想的重要体现。同样，从程序的独立性的角度讲，司法民本也是刑事诉讼程序之发展目标，也体现着柔性司法的基础性内涵。这集中体现在现代刑事程序法中包括无罪推定等对嫌疑人的程序保障等方面。我国著名程序法学者樊崇义教授指出，法律文明与人文精神有着很大的联系性。“人文精神是面向整个大众文化生活的。而渗透于其中的价值理想作为人文精神之根源的文化实践活动体现在每一个主体的活动之中和社会生活的每一个方面，人文精神在现实的文化实践中把视野投向全体大众的整个社会生活，指向每一个普通人的生存状态和人生境遇。”① 现代刑事程序是对每一个普通民众主体性的尊重，这体现着人文精神。可以说，司法民本主义思想的提出正是诉讼中对人文精神的尊重与关注的要求。“刑事司法中的人本精神，含有这样的一种基本理念，即在刑事司法中尊重个人的自由、权利和人格尊严，将人（特别是那些权利最易被抹杀的犯罪嫌疑人、被告人）以‘人’相待，承认并尊重其主体地位和诉讼权利，给予其作为人应有的礼遇，反对将其物化、客体化、工具化。现

① 樊崇义：《人文精神与刑事诉讼法的修改》，载《政法论坛》2004 年第 3 期。

代刑事诉讼法与落后的传统的刑事诉讼法的理念差别就在于对待犯罪嫌疑人和被告人的态度上，就在于人文精神的落实上。"①

当然，需要引起注意的是，司法民本的一般精神显然是柔性司法的基本内涵，但柔性司法还有一些技术上的指涉含义。换言之，柔性司法相对更为微观，是司法民本主义在微观层面的体现，甚至可以说，司法民本能够在实践中落到实处，很大程度上依赖司法实践者对柔性司法方法的具体把握。具体而言，司法为民作为司法活动的理论支柱，很容易引发一些司法操作的两难问题，如司法被动性原理与主动开辟案源、要求法官中立与放任职权介入、遵循法律活动规律与考虑社会效果过多等。不仅如此，司法民本的尊重当事人主体性，以及强调程序正当性的重要内涵，还会牵涉到其与效率价值的冲突，二者在一些场合一致，在另一些场合却矛盾，因为，效率既是公民、法人的一种诉讼要求，反映了对打击犯罪、制裁违法、理顺权利义务关系、保护合法权益的迫切性；效率也是司法机关操作程序的目标之一，体现了程序的严谨性、公正性和司法资源的有限性。②

三、相对真实的法律观

如果说"服判"是柔性司法的目标，"司法民本"是柔性司法的表现，那么，"相对真实的法律观"则必然是柔性司法所必

---

① 当诉讼从纠问式转向理性化的控辩式的时候，被追诉者也从诉讼的客体转变为诉讼的主体，真正成为诉讼中主宰自己命运的主人，而不是被动接受。因此，对被追诉者，在审前、审判中以至审判后执行时都应当确保他们的诉讼权利。因此，刑事诉讼法的修改，应当以人文精神，或曰以人为本的理念为指导，确实给予涉诉人员以诉讼主体的地位，保障他们的诉讼权利，从而在侦查人员、起诉人员、审判人员当中形成全新的司法理念，使司法体现以民为本的思想。参见樊崇义：《人文精神与刑事诉讼法的修改》，载《政法论坛》2004 年第 3 期。

② 吴新梅：《现代司法理念与司法为民》，载《云南警官学院学报》2005 年第 3 期。

须做出的牺牲。

从理想的状态讲，一旦纠纷发生，就必须回溯到纠纷发生的当时、当地，搞清楚事实的来龙去脉，也就是弄清楚所谓的实体真实。毕竟，实体真实不仅对于每一个诉讼当事人来说是重要的，而且，依据实体真实所作出的裁判也要经得起历史的考验。并且，实体真实观在我国得到推崇，不是偶然的，而是有其原因。形成该观点的原因是基于以下的理由：其一，唯物认识论以世界是可知的，人类具有认识客观世界的能力为前提，认为客观上已经发生的案件事实，必然在外界留下这样或那样的物品、痕迹，或者为某人所感知，经过调查研究能够认识世界的客观真实，也就是说“客观真实”是能够实现的。其二，我国强调在诉讼中应该区别和克服剥削阶级国家审判制度所追求的案件“形式真实”或“主观真实”（“形式真实”或“主观真实”一直被认为是“主观唯心主义”而被否定）的根本缺陷，于是极为强调发现案件的客观真实，法院的裁判必须以此为基础，以求诉讼结果的公正性。如果诉讼结果不能保证实体真实，不能有效地保障查明案件客观事实，使争端和纠纷的解决建立在清楚、确实的案件事实基础之上，那么，这种程序无论如何也难说是公正的、科学的。其三，前苏联法学理论对我国的诉讼立法有很深的影响。前苏联诉讼法要求法院通过审查判断案件客观事实，法院必须根据案件事实作出合法和有根据的判决，确认了客观原则。其诉讼法对法院的判决设置了过高的证明要求，不论是案件事实情节上，还是当事人双方的权利义务上，都要求应当是客观真实的，我国在诉讼立法时也采用了该种观点。①

然而，现实毕竟是现实，而不是理想。实体真实并不是我们

① 邓天江、张锐峰：《从“客观真实”到“法律真实”》，载《黑龙江省政法管理干部学院学报》2006年第5期。

想象中的那样容易被发现。对此，恩格斯曾作出过精辟阐述："人的思维是至上的，同样又是不至上的；人的认识能力是无限的，同样又是有限的。按它的本性、使命、可能和历史终极目的来说，是至上和无限的；按它的个别实现和每次的现实来说，又是不至上的和有限的。"① 季卫东教授也曾经指出，"法律决定的妥当与否取决于当事人各方及其代理人自由地对抗性的议论程度。法律家们在相辅相成的辨认中，以当事人适格为由排斥一部分参加者，以本案关联性为由淘汰一部分论据，以合理性为由筛选一部分解决方案，通过一步一步的证伪过程，使结果尽量接近正义。在具体操作上，法律家与其说追求绝对的真实，毋宁说是根据由符合程序要件的当事人的主张和举证而重构事实作出判断。"②

具体而言，第一，实体真实观并不符合辩证唯物主义思想。按照马克思主义认识论的观点，客观事物是可以认识的，但它是一个无限的过程。认识的无限性，只有在人类不断的延续时间、空间和条件无限的前提下才有可能。在一定时间、一定空间和一定条件的前提下，人类对某事物的认识总是有限的，人类一定条件下认识的深度、广度都是有限的，一个阶段的认识只能达到一定的层次，根据人类认识的这一特点，就注定在有限的空间、时间和条件下进行的诉讼，对案件事实的认识只能达到相对真实或有限真实，要想达到恢复原貌的程度是不可能的，实现客观真实只能是诉讼的美好理想。③ 可以说，任何一个真理性的认识都是

---

① ［德］恩格斯：《反杜林论》，载《马克斯恩格斯选集》（第三卷），人民出版社 1972 年版，第 126 页。

② 季卫东著：《法治的秩序建构》，中国政法大学出版社 1999 年版，第 200 ~ 201 页。

③ 黄斌：《法律真实是认定案件事实的基本要求》，载《内蒙古电大学刊》2003 年第 6 期。

人们对物质世界的一定范围和一定程度上的认识，所以都是相对的。反过来说，任何一个真理性的认识，不管它怎样正确地反映客观事物，这种反映总是有限的。所以，诉讼中的证明标准只能近似于客观真实而不能达到百分之百的客观真实，坚持“客观真实说”的证明标准，实质上是坚持形而上学认识论。[①] 列宁曾经说过，“图画近似于模特儿，但是不等于模特儿，因为模特儿是客观存在的，而图画的轮廓是受历史和人为条件制约的。”这对于我们理解法律真实和客观真实的关系颇有益处。在我国法学界，“客观真实说”曾是对我国诉讼法学界影响深远的一种诉讼理论。随着对证明标准理论研究的深入，法学界开始质疑“客观真实说”，认为司法人员对案件事实的主观认识达到符合“客观真实说”的标准，这未免过于片面化和绝对化了，本质上是形而上学的表现，缺少理论上的说服力，与我们所倡导的唯物辩证法相悖。[②] 并且司法实践中经常遇到的“疑案”和“悬案”等现象，而“客观真实说”对此却无法做出圆满的回答。

第二，从诉讼证明进程的角度讲，相对真实才是符合实践理性的，而实体真实往往在实践中并不能实现，也不能得以体现。从诉讼证明的过程看，对案件事实认识的形成是诸因素，如认识主体、条件共同作用的结果。认识是否符合实际，与诸因素都有直接关系。在诸多因素之中，哪一因素出现偏差，都将影响认识的准确性。所以，证明由于受到各种因素的限制，也不可能达到客观真实。“诉讼是一个主观认识符合客观实际，并对不同价值做出选择，对社会利益进行重新配置的复杂过程。对诉讼活动过

---

① 刘伟、赵强：《论客观真实与法律真实》，载《西南民族学院学报》2002 年第 3 期。

② 王贞会、王福恒：《客观真实与法律真实之价值考量——对我国刑事诉讼证明标准的再思考》，载《河北师范大学学报》2007 年第 1 期。

程中所收集到的各种证据的判断以及对刑事案件事实的认定，是法官依照法律规定进行自由裁量的结果，某些证据或者其获取的方法违法或与社会其他利益发生冲突，法官在权衡各种利益的基础上，对该证据加以舍弃，不承认它的可采性，从而将其排除在诉讼程序之外。证据规则中的传闻规则、非法证据排除规则等都是法官权衡后所作出的裁断。"陈瑞华教授指出，"刑事诉讼是一种认识活动，但它不仅仅是认识活动。刑事活动不仅仅是一种以恢复过去发生事实的真相为目标的认识活动，而且还包括一种程序道德价值目标的选择和实现过程。"① 法官的职业水平、价值观念和道德情操等主观因素也会影响到法官对案件事实的认定。

第三，司法程序不是没有代价的，在有限的司法投入的情况下，只能追求相对的法律真实，而非绝对的实体真实。有学者做出了较为细致的分析，主要包括三个方面：一是事实与价值的相互制约关系决定了发现客观事实的相对性。② 二是超越时空的认

① 陈瑞华著：《刑事诉讼的前沿问题》，中国人民大学出版社 2000 年版，第 197 页。

② 现代刑事诉讼包含了程序正义与实质正义的价值目标，发现客观事实便成了程序本身的一个基本目标。然而，出于对程序正义的维护，发现客观事实的程序手段并不是毫无限制的，因此，维护程序正义与实现实质正义间便产生了紧张的对立关系。现代的刑事诉讼程序是相对合理的妥协的产物。发现客观真实的手段就受到程序本身的制约，在诉讼证明上要达到客观真实的证明程度就具有相对性而非绝对性，换言之，作为定案的事实并不与客观事实本身具有绝对的同一性。刘伟、赵强：《论客观真实与法律真实》，载《西南民族学院学报》2002 年第 3 期。

知，仅是上帝的事业。[①] 三是法律真实要求对证据进行分析比较，在不同诉讼阶段确立不同的证据标准。[②] 其实，仅仅从司法成本与司法效率的角度讲，也足以说明问题，毕竟，“诉讼也需要投入一定的成本才会有收益，诉讼成本的高低往往决定了人们接近司法、接近正义的可能性。在民商事交往日益频繁、各类纠纷大量涌现、形成诉讼爆炸局面的现代社会，民事司法中应树立程序效益理念已成为各界共识。”[③] 在民事诉讼中，诉讼周期的长短、诉讼程序的繁简、诉讼费用的高低以及证据制度的设计等都将影响到人们基于对程序效益因素的考虑而对诉讼程序的选择和利用。[④] 因此，如果所有的司法案件均追求实体真实也是不现实的。对客观真实的追求会直接导致诉讼周期的过长，从而造成当事人诉讼成本的增加和法律秩序的不稳定。同样，在刑事诉讼领域，一味地追求实体真实也是不可想象的。一方面，实体真实受到人权保障价值目标的制衡，国家不能为发现实体真实而置涉

① 我们不能通过诉讼程序发现所有的客观事实，却可以限制恣意或专断，满足基本的程序公正的要求。在解决纠纷的方式上，诉讼程序体现了相对合理的证据裁判规则的要求。在刑事诉讼程序的证据制度中，证明责任制度和推定制度就是程序相对性的典型表现。法律规定当负有举证责任一方不能履行举证义务时，将承担于其不利之后果；就推定制度而言，当负有证明责任一方不能履行证明之义务时，就推定某项事实之存在并以之作为裁判的依据。刘伟、赵强：《论客观真实与法律真实》，载《西南民族学院学报》2002 年第 3 期。

② 刘伟、赵强：《论客观真实与法律真实》，载《西南民族学院学报》2002 年第 3 期。

③ 雷建玲：《民事司法理念更新及制度变革简论》，载《甘肃政法学院学报》2005 年第 1 期。

④ 参见雷建玲：《民事司法理念更新及制度变革简论》，载《甘肃政法学院学报》2005 年第 1 期。

讼公民的基本人权于不顾，过度消解公民的个人权利。① 另一方面，实体真实还受到诉讼效益价值目标的制衡，国家不能为了发现实体真实而不计成本、不惜代价。“法律同社会经济生活的密切联系使其无法回避经济功利规则的支配，刑事诉讼也不例外。刑事诉讼本为人类的一种社会性活动，国家为推动刑事诉讼活动的进行需要投入大量的人力、物力和财力。由于资源的稀缺性，国家在一定时期内投入刑事司法领域的社会资源总是有限的，这就要求任何理性化的刑事诉讼程序在设计和运作上都必须具备一定的经济合理性，必须遵循成本投入最少而产出最大的效益规律，必须重视程序的经济性，不能为发现实体真实而不计成本、不惜代价。”②

由此可见，柔性司法也必然采取相对真实的法律观，而且，在一定程度上还将影响着实体真实的发现，甚至在某些情形下，还必须以牺牲实体真实之发现为代价。如上所述，一方面，在刑事诉讼领域对嫌疑人实施柔性司法，就必然涉及基本权利的保障。从发现真实的角度讲，任何权利的设定与保障都是对实体真实发现活动的破坏，但是，各国却摈弃了不顾一切地发现真实。

① 在一个民主的社会结构中，国家公权力与公民的个人权利之间应维持合理的张力，为维护社会的秩序与安全，国家公权力有其存在的合理性，但国家公权力的行使往往以侵犯公民的个人权利为代价，因此，国家公权力在行使时应当节制，因国家公权力的行使而给公民个人权利造成的损害应当控制在必要的最低限度之内，不可过度侵害公民的个人权利。刑事诉讼作为一种国家强制性活动，其启动与进行势必在一定程度上侵及公民的个人权利，为防止国家滥用刑事司法权给公民个人权利造成不必要的损害，刑事诉讼在程序设计和运作上必须重视刑事司法手段的节制性，以实现国家公权力的自我限制和公民个人权利的保障，不能为查明事实真相、发现实体真实而置公民个人权利于不顾，肆意践踏公民人权。参见谢佑平、万毅：《一事不再理原则重述》，载《中国刑事法杂志》2001 年第 3 期。

② 谢佑平、万毅：《一事不再理原则重述》，载《中国刑事法杂志》2001 年第 3 期。

以伤及实体真实最甚的非法证据排除规则为例，所谓非法证据排除规则，是指一旦侦查机关的收集证据的行为违反法定程序，所获取的证据即使具有客观性和相关性，也不能被采纳，不能用于诉讼真相的发现。例如，在英国，普通法就奉行非任意自白的排除法则，因为违法取得的自白是不可信的。日本宪法第38条第22项规定，出于强制、拷问或胁迫的自白，在经过不适当的长期扣留或拘禁后的自白，不得作为证据。在美国，1791年联邦宪法修正案第5条规定，“任何人在刑事案件中，都不得被迫成为不利于己的证人。”在法国，对于刑讯逼供和其他非法手段取得的言词证据，立法和判例均持否定态度。在德国也有类似规定。又如，刑事诉讼中为了确保无辜者不被定罪所设定的疑罪从无之制度。这一制度无疑是具有人文精神的，也是相对真实的典型体现。恩格斯说过：“法兰西现代法在刑事诉讼中只有判罪或宣判无罪，而没有介于两者之间的裁判。”“由于证据具有浮动性，证据的可能性常常在10%~90%之间波动。就具体案件而言，有罪裁判的标准越高，作无罪裁判的概率越大，无罪裁判的事实对客观真实的偏离幅度也越大。所以，如果承认证明标准问题包含着有罪推定和无罪推定，那么以客观真实作为证明标准便不可能让裁判者放心大胆地对证据不足案件裁判无罪，而只有等待客观真实的到来，而司法实践中这样的现象大量存在，严重地影响了司法的效率，从而导致迟来的正义，而这种迟来的正义被认为非正义。”① 另一方面，民事诉讼领域的当事人和解显然就不是实体真实，而是相对真实。其实，有时当事人参与诉讼的目的并不在于寻求真理，而是试图说服法官以获取自己所需要的判决结果。因此，柔性司法的目的是以法律事实为基础作出裁判，

① 刘伟、赵强：《论客观真实与法律真实》，载《西南民族学院学报》2002年第3期。

更加强调当事人的息诉服判。

当然，柔性司法的相对真实也必须处理好其与司法公正之间的关系。换言之，柔性司法的相对真实观只能以司法公正为前提，并以此设计制度和具体操作才是正确的。此外，柔性司法的相对真实观也必须兼顾客观真实的发现。

第二节 柔性司法的方法进路

理查德·A. 波斯纳认为："检验司法意见是否伟大，并不要看它是否符合法律形式主义的教条，而是要看它是否契合社会语境。"[①] 正确的司法意见一定程度来源于切合实际的司法方法，因此司法方法的社会契合性告诫法官不能与现实社会脱节，正如阿巴隆·巴拉克所指出的，"法官是其时代的产物，是由其所处的时代和所生活的社会造就的。"[②] 相应地，一种公认的司法方法，一定是契合社会的；一种契合社会的司法方法，一定是机智的、策略的。这就要求我们适当地考虑司法的对应性、相融性、和谐性，并提炼出符合司法和合主义的弹性战术——柔性司法。

应当说，在司法服判、司法民本以及相对真实观的理论基础下，柔性司法的具体方法策略是一个开放性的论题，也就是说，在社会转型期间，柔性司法的具体方法策略是丰富的、发展变化的，但尽管如此，不妨碍我们对转型社会中司法运行可能采取的柔性方法策略做一些研究。在此，笔者不揣浅陋，拟认为柔性司法具体运用的思考可以从以下思路展开：司法的基本要素包括司

---

① 转引自孔祥俊：《司法中的学术观点与裁判意见》，载《中国审判》2006 年第 3 期。

② [以色列] 阿巴隆·巴拉克：《法官的角色》，孔祥俊译，载《法律适用》2003 年第 6 期。

法的对象（纠纷）、司法的主体（法官）、司法参与人（当事人、律师等）、司法运行的制度空间（程序）等，从司法运行中这些要素之间的逻辑作用关系中寻找对应、相容、和谐等可以构建的柔性司法策略，并试图从当事人诉讼目的（利益共同性）入手，赋予当事人及诉讼参与人理性工具（协商），运用司法技术（衡平），选择有效途径（变通），把握时空变化（钝化），实现人本诉讼（人性化），从而有效解决转型时期的复杂纠纷。具体而言：

策略一：从利益共同性入手，引导自决式解决纠纷。老制度学派的代表康芒斯认为，制度的本质是："集体行动控制个体行动。"① 新制度主义的代表 D. C. 诺斯认为："制度是一系列被制定出来的规则、守法程序和行为的道德伦理规范，它旨在约束追求主体福利或效用最大化的个人利益行为。"② 从制度论层面分析，利益是制度的出发点和归宿，那么司法制度及方法同样应当把握利益这个杠杆。追求诉讼利益的最大化和损失的最小化（不管是程序利益还是实体利益）是双方当事人诉讼利益的共同性。由于人们的"趋社会性"又使得当事人为了追求诉讼共同利益的"合作"成为可能。③ 法官应当引导当事人为保全共同利益，形成"自律意识"、"理性交往"，从而正确评估诉讼风险，促成和解。在交往的过程中人们由目的理性转化为交往理性。如

---

① ［美］约翰·R. 康芒斯著：《制度经济学》，商务印书馆 1962 年版，第 87 页。

② ［美］格拉斯·诺斯著：《经济史中的结构与变迁》，上海三联书店、上海人民出版社 1994 年版，第 225～226 页。

③ ［美］赫伯特·金迪斯、萨姆·鲍尔斯等著：《人类社会的趋社会性及其研究——一个超越经济学的经济分析》，汪丁丁、叶航、罗卫东编，上海世纪出版集团 2006 年版，第 52～67 页。

何完成这样的转变，哈贝马斯的判断值得借鉴，[①] 交往过程中交往主体的角色是实现交往行为的关键，正是在角色转换的过程中，交往主体不能仅仅以自我为目的来行为，而必须以交往者的共同目的、交往的共同准则来行为。[②] 法官就是要以共同利益促成这样的角色转换，引导当事人为了共同利益而克制，最终促成纠纷的自决。

策略二：赋予当事人理性工具，引导协商式解决纠纷。马克斯·韦伯把人类的理性形式区分为工具理性（目的合理性）与价值理性。工具理性指的是“通过对外界事物的情况和其他人的举止的期待，并利用这种期待作为‘条件’或者‘手段’，以期实现自己合乎理性所争取和考虑的作为成果的目的”[③] 即用理性的方法来判断什么工具最有效，以便达到人们（无论是否合

---

① 哈贝马斯认为：交往必须满足下列合作和理解的条件：(a) 参与其中的行为者必须表现出合作态度，并且根据共同的（或充分重叠的）语境解释而（在共同的生活世界范围内）就他们的计划达成一致。(b) 参与其中的行为者必须时刻准备着用言语者和听众的角色，通过理解过程，也就是说，通过真正或真诚地追求以言行事目的，来实现他们共同解释语境和协调行为的间接目的。”“如同所有的行为一样，交往行为也是一种目的行为。但能够协调行为的理解机制打破了个体行为计划和实现这些计划的目的论，通过无条件地完成以言行事行为的交往‘路线’，把最初是针对具有自我中心主义思想的行为的趋向和行为过程，纳入主体间共同拥有的语言结构的约束之下。”参见［德］哈贝马斯：《后形而上学思想》，曹卫东、付德根译，译林出版社 2001 年版，第 114 ~ 115 页。

② 李松玉著：《制度权威研究——制度规范与社会秩序》，社会科学文献出版社 2005 年版，第 47 页。

③ 转引自郭小聪：《论中国近现代政治文明转型的工具理性思维——兼谈价值理性思维对发展中国政治文明的重要性》，载《政治学研究》2003 年第 3 期。

理）的目的。[①] 司法为了实现解决纠纷的目的必须关注方法的功效性。法官引导当事人运用对话协商的方式对于解决中国转型社会中的纠纷就是比较有功效的。[②] 中国社会中最基本的冲突模式却是：冲突双方是一种“你死我活”的关系，双方的目标不仅是获得自己的利益，而是要彻底战胜对方。缺少一种以“讨价还价”为特征的理性解决利益冲突的方式，缺少理性解决冲突的意识形态话语和文化环境，其结果往往是“鱼死网破”。司法和合主义的柔性司法要求法官在处理案件过程中，力图创建冲突解决的理性协商方式的平台和语境：“你死我活”→“讨价还价”→“各得其所”。

策略三：运用司法技术，在规则空间衡平式解决纠纷。法官经常面临对规则的解释和无规则时填补的考验，因此才构成了法官司法的尊严。法官应当充分运用规则空间通过司法技术（合理解释、有效补漏、发展规则等），以解决具体案件平衡社会矛盾。根据约翰·罗尔斯（John Rawls）反射式平衡（reflective equilibrium）观点，“在寻求反射式平衡过程中，我们对暂且当作

① 工具理性（目的合理性）注重如何运用手段达到目的，至于目的本身的价值及所使用手段本身固有的价值倾向，则不予重视。换言之，工具理性主义者往往是：在目的上，他更关注目的实现的结果及过程的可操作性，而不是目的的终极价值；而在手段上，他关注的是手段的功效及其现实可行性，而不是手段本身带有的价值倾向及意义。与工具理性相对的是价值合理性，它涉及的是人们对某些事物或行为所赋予的价值含义，以及人们对某些价值观念的追求。

② 美国学者唐·布莱克论述：“人们通过协商对冲突本身进行讨论，并寻求解决冲突的办法，也就是说是一个相互妥协的过程。它广泛地发生于不同的社会情境中（Gulliver，Disputes and Negotiations.），是许多传统社会解决纠纷的主要方式。美国律师常通过协商的方式解决对被告的犯罪指控，并在民事案件中大量地采用协商方式解决纠纷。因此美国近代历史上律师的大量增长——是25年前的两倍（Curran，American Lawyers in the 1980s. 20.）——就很好地说明社会对于协商仲裁者的需要在不断地增长。”参见［美］唐·布莱克：《社会学视野中的司法》，郭星华译，法律出版社2002年版，第83页。

一般理论的东西加以调整，以使之与我们对特定案例的思想观点（considered views）相一致。同样我们也对特定案例的观点加以调整，以使之符合一般原理；反之亦然。最后各个层次的观点都得以协调。通过这个过程我们希望最终达成某种平衡。”① 也许法官在运用这种反射式平衡的观点寻求规则与具体案件要求之间的某种平衡时，可以更充分地进行对规则的解释和无规则时的补充。任何规则都无法包括立法者对具体案件的判断（立法具有妥协性，语言表达具有天然的局限性，社会发展的动态性等），因此法官对规则的解释和对案件的分析就应当注意规则观点与案件观点二者间的反射式平衡。在规则与案件的互动平衡中运用对规则的限缩解释、扩展解释或类推适用补漏等，解决案件。最高人民法院的许多解释就是针对新类型案件发展的新规则，在规则和案件的特殊性反射式衡平中解决了大量的新问题。

策略四：选择有效途径，利用内在制度和外在制度资源的变通式解决纠纷。内在制度（非正式制度）：是从人类经验中演化出来的。它体现着过去曾最有益于人类的各种解决办法。外在制度（正式制度）：是被自上而下地强加和执行的。他们由一批代理人设计和确定。这些代理人通过一个政治过程获得权威。外在制度配有惩罚措施，这些措施以各种正式的方式强加于社会，并可以靠法定暴力来强制实施。② 司法制度（实体法、程序法）就是典型的外在制度。面对中国国情，法官在处理案件中不仅要运用外在的司法制度，还要运用伦理、习惯、良好礼貌和商业习俗等内在制度促进纠纷的解决。基层法庭处理的案件为何出现

① ［美］凯斯·R. 孙斯坦著：《法律推理与政治冲突》，金朝武、胡爱平、高建勋译，法律出版社2004年版，第18页。

② ［德］柯武刚、史漫飞著：《制度经济学——社会秩序与公共政策》，韩朝华译，商务印书馆2004年版，第36～37页。

"两高两低"，即调解率高、和解撤诉率高；上诉率、上访率低。① 他们的主要经验就是将司法制度（正式制度）内难以解决的案件虚置到司法制度（正式制度）之外（承办人把自己转换到法官角色之外成为一个"不打领带的人"②），运用非正式制度（伦理、习惯、商业习俗等）予以解决（和解）；尔后法官再回到司法制度（正式制度）内以司法制度（正式制度）可以容忍

① "两高两低"的结论所依据的数据来源于成都市中级人民法院《2006年人民法庭检查统计表》；基层法官调解率数据来源于成都市中级人民法院《上挂法官办案情况统计表》。

② "不打领带的人"：从成都市中级人民法院调任蒲江县人民法院任院长的刘子厚法官的体会，到农村去解决纠纷不打领带要比打领带成功的几率高。法官将自己转移到正式制度外非正式制度内后究竟是一个什么身份——"我是谁?"（谌辉法官在《穿行于习惯法与制度法夹缝之间的基层法官》中也提出同样的追问。参见蒲江县人民法院"土地纠纷多元化纠纷解决机制法官论坛"资料）。笔者从刘院长的行为得到启示：对法官在这时的角色就用"不打领带的人"称谓较为恰当。穿西装打领带，领带是西方文化的符号，是正式制度的符号，是官方的符号。当把案件虚置于内在制度中时（背景），由于案件是乡土纠纷（故事情节），当事人是乡土社会成员（人物），乡土社会纠纷的调解是"中人"（由法官扮演），在乡村场景中的纠纷调解中（戏剧展开），法官要能有效调解（把这出戏演下去，并还要演好），他们一般会选择更接近原型人物——"中人（四川民间对纠纷的调停人或者生意上中介人的称谓）"（以便与当事人角色同化）——不打领带——"道具"的合目的性。但这个角色不是他们真实的身份，他们是演员，准确地说是替身演员，是"中人"的替身。他们真实的身份是"打领带的人"——正式制度的法官。待案件在非正式制度中解决后，他们带着案件回到正式制度，打上领带，处理"结案"。在这里用"领带"这个符号来代表法官和正式制度。

的方式（案外和解撤诉或者下达调解书）"结案"。[①] 基层法官注重"案结事了"，把程序内、制度内解决不了的案件虚置于程序外的"无政府状态"，施以"闲聊"最终促成和解，然后再回到程序内"结案"，其实是十分机智的。

策略五：把握时空变化，顺应自然运行的钝化式解决纠纷。"时间历来是化解权利冲突的永恒的法宝，无论什么样的权力冲突，在时间这个通道里都有可能得到消除。"[②] 转型时期的一些重大社会问题的解决通常是渐进式的而不是革命性的，甚至"很多问题不是解决的而是'熬'过去的。"[③] 法官得具有"铁棒磨针"的耐性和"手艺"，很多问题通过时间这剂良药使其逐渐淡化，最终"活血化淤"。空间对于权力冲突也起着物理分离的作用。在生物界保持一定的距离是某些生物的本性，距离就是其生存的条件。距离法则仍然是司法的方式之一，在社会转型中

---

① 这个经验还提出更进一步的问题，法官运用这些制度的"窍门"（司法技术及渊源）是什么？当事人又为什么乐此不疲（法律消费者偏好）？卡多佐认为：最终意见的形成取决于法官的"生活经验，其对通行的正义和道德准则的感悟；其社会科学的修养；有时求诸其敏锐的洞察力、他的猜测、甚至他的无知或偏见。霍姆斯也认为：法律的生命始终不是逻辑而是经验。可感知的时代必要性、盛行的道德和政治理论、公共政策的直觉知识（无论是公开宣称的还是无意识的），甚至法官及其同胞所共有的偏见，等等，所有这一切在确定支配人们所应依据的规则时，比演绎推理具有更大的作用。法律所体现的是一个民族经历的诸多世纪的发展历史，因此不能认为它只包括数学教科书中的规则和定理（The Common Law（Boston，1923），p. 1.）。朱苏力教授精辟地总结为：司法的核心不是法条，是判断。这些都是恰到好处的经验性的诠释。至于法律消费者偏好，因为人们并非把法律视为解决冲突的最好办法，实际上只是因为缺乏其他解决手段才导致法律的增长。当遇到纠纷时，法律调解往往是他们的唯一选择，他们也更青睐于这种方式。纠纷易于在没有强制的一种无政府介入的情境下以"闲聊方式"调解。——［美］唐·布莱克：《社会学视野中的司法》，郭星华译，法律出版社2002年版，第83~85页。

② 朱兴文著：《权力冲突论》，中国法制出版社2004年版，第241页。

③ 苏力：《经济社会发展与司法回应》，在第六届成都法院院长论坛上的学术报告。

的许多政策性极强的问题特别是不可预见又关涉全局或者可能引发新的复杂社会问题的案件，法院需要与其保持“距离”暂缓受理。这种司法的“距离政策”一直是经得起考验的办法。[①]

策略六：实现人本诉讼，贯彻人本主义思想的人性化式解决纠纷。司法是关于人之间的事情，是以人为基础的社会科学的事情。“我们可以概括苏格拉底的思想说，他把人定义为：人是一个对理性问题能给予理性回答的存在物。人的知识和道德都包含在这种循环的问答活动中。正是依靠这种基本的能力——对自己和他人作出回答（response）的能力，人成为一个‘有责任的’（responsible）存在物，成为一个道德主体。”[②] 因此，虽然人的差别是一个无法改变的客观事实，但不等于这种差别就是彼此对立或分裂的理由，毕竟人可以成为一个“有责任的”（responsible）存在物，成为一个“道德主体”。“每个希望自己幸福的人，并不必然地希望他人痛苦。人的社会性决定着人的私欲要受到同类的牵制。”[③] 由于人生存的社会性需要，主体间总体方向上不得不作出承认（承认的模式有“爱、法律、团结”[④]）。因此法官在主持诉讼中，要引导诉讼对抗的双方把对方当事人首先当成“人”，并激发他们的责任心、同情心等，寻找承认机会，促成矛盾化解。“把对方当成‘人’来看待，即使对方是敌人也能够作出某种让步。”[⑤] 笔者根据对纠纷解决场所的研究，结合

---

① 如 Warth v. Seldin 案件，美国最高法院以原告无主体资格作出驳回判决，其显然是让司法与各个地方分区规划决定涉及的是否能够得到低价住房这一社会问题保持距离（见 422 U.S. 490，1975）。

② ［德］恩斯特·卡西尔著：《人论》，甘阳译，上海译文出版社 2004 年版，第 9 页。

③ 朱兴文著：《权力冲突论》，中国法制出版社 2004 年版，第 252 页。

④ ［德］阿克塞尔·霍耐特著：《为承认而斗争》，胡继华译，上海世纪出版集团 2005 年版，第 100～139 页。

⑤ 朱兴文著：《权力冲突论》，中国法制出版社 2004 年版，第 252 页。

四川地域文化的特点，尝试贯彻人本诉讼，在蒲江县人民法院设置了盖碗茶调解室调解解决纠纷。盖碗茶调解室按照川西民居的风格设计，室内摆放八仙桌、盖碗茶等等，矛盾的双方走进来有坐在家里的感觉。设置了 12 扇木门暗示当事人心有千千结地走进来，法院有 12 扇敞开的大门化解心结让你走出去；一面楠竹墙提示当事人面对纠纷要像竹一样点点头弯弯腰仍不失气节。清茶绿水，轻轻松松解疙瘩。

第三节　柔性司法的制度考察

从制度构建的角度讲，柔性司法最应当引起当前我国重视的主要有三个方面：一是在程序模式上，通过恢复社会关系，让涉讼人回归社会的恢复性司法；二是在解纷方式上，通过柔性、平和的手段解决纠纷的平衡司法；三是在解纷过程上，通过民众的参与增加司法柔性的陪审制度。

一、恢复性司法

（一）恢复性司法的起源与发展

恢复性司法是刑事法学界的热门话题。所谓恢复性司法，国际上接受程度较广的是学者 Tony Marshall 的定义，他将恢复性司法界定为"与某一特定的犯罪行为有利害关系的各方会聚一起，共同解决如何处理犯罪后果及其对未来的影响的过程。"我国学者刘仁文的定义也非常全面，恢复性司法"是一种通过恢复性程序实现恢复性结果的犯罪处理方法。所谓恢复性程序，是指通过犯罪人与被害人之间面对面的接触，并经过专业人士充当的中立的第三者的调解，促进当事方的沟通与交流，并确定犯罪发生后的解决方案。所谓恢复性结果，是指通过道歉、赔偿、社区服务、生活帮助等使被害人因犯罪所造成的物质精神损失得到补偿，使被害人因受犯罪影响的生活恢复常态，同时亦使犯罪人通过积极的负责任的行为重新融入社区，并赢得被害人及其家庭和社区成员的谅解。”① 2002 年 4 月联合国预防犯罪和刑事司法委员会第十一届会议上通过的《关于在刑事事项中采用恢复性司法方案的基本原则》（以下简称《原则》）中还对恢复性司法下了一个准官方定义，“恢复性程序系指通常在调解人帮助下，受害人和罪犯及酌情包括受犯罪影响的任何其他个人或社区成员，共同积极参与解决由犯罪造成的问题的程序。”从司法目的的角度讲，恢复性司法致力于修复被犯罪行为所造成的破坏和侵害，不仅仅修复犯罪对被害人造成的侵害，还包括对犯罪人本身和社区的侵害。换言之，恢复性司法就在于使犯罪者为自己的行为感到羞愧，以各种方式促进他们重返社会。因此，“恢复性”是恢复性司法最重要的特征。“正是由于其着眼于恢复，致力于如何解决所存在的问题，而不是像传统的刑事司法活动那样，只是对已经发生的犯罪行为进行报复，或者只是对犯罪人进行惩罚。恢复性司法能够有效地预防未来可能发生的犯罪行为，关注在目前和未来建设一个和谐融洽的社会。”② 在此意义上，恢复性司法是笔者所称的柔性司法的重要制度范畴。

回顾恢复性司法的发展史，世界上第一个恢复性司法案例发生在 1974 年的加拿大安大略省基陈纳市。当时，该市的两个年轻人实施了一系列破坏性的犯罪，他们打破窗户、刺破轮胎、损坏教堂、商店和汽车，共侵犯了 22 个被害人的财产。在法庭上，他们承认了被指控的罪行，但后来却没有将法院判决的对被害人

---

① 刘仁文：《恢复性司法：来自异国的刑事司法新动向》，载 http://www.jcrb.com/zyw/n58/ca156136.htm。

② 王平：《恢复性司法及其借鉴》，载 http://www.bjyfy.gov.cn/webnews/20060619/2006061922528140.html。

的赔偿金交到法院。在当地缓刑机关和宗教组织的共同努力下，这两名犯罪人与22名被害人分别进行了会见，通过会见，两人从被害人的陈述中切实了解到自己的行为给被害人造成的损害和不便，并意识到赔偿金不是对自己行为的罚金，而是给被害人的补偿，于是6个月后，两人交清了全部赔偿金。这种“被害人—犯罪人”的和解程序被视为恢复性司法的起源。① 后来，在1978年，美国印第安纳州的厄克哈特（Elkhart）也建立了加害者和解计划，美国的被害人与加害者和解计划有四种组织形式：一是与教会相关的调解组织，如美国第一个被害人与加害者和解计划就是由“门诺派教徒中心委员会”和“囚犯与社区联合会”共同组建的，现在一些被害人与加害人调解计划还是由各种教会赞助。二是以社区共同体为核心的私人非盈利机构，“囚犯与社区联合会”就是一个这样的机构。在最初的时候，“囚犯与社区联合会”只为犯罪人服务，后来扩展到为被害人服务。三是一些以缓刑为主的机构，这些机构通常在执行缓刑工作的基础上聘请工作人员专司调解；四是纠纷和解中心，它是在原来的社区纠纷和解中心（主要处理邻里纠纷）的基础上发展起来的。现在，美国已有数百个被害人与加害者和解计划。② 在英国，恢复性司法最早发源于少年司法制度中，后来，在《1998年犯罪与妨害治安法》和《1999年青少年司法与刑事证据法》中正式把恢复性司法纳入了青少年司法系统内。目前，对修复性司法的兴趣正

① 刘仁文：《恢复性司法：来自异国的刑事司法新动向》，载 http://www.jcrb.com/zyw/n58/ca156136.htm。

② 吴丹红：《恢复性司法初探》，载 http://article.chinalawinfo.com/article/user/article。

日益增长，席卷全英联邦。[①] 再到后来，恢复性司法逐渐为爱尔兰、新加坡、南非等国家所接受，近年来，随着我国越来越强调司法和谐，恢复性司法也成为我国理论界探讨的焦点。不仅如此，恢复性司法还得到了联合国等国际组织的提倡。1999 年，联合国还通过了一项决议，鼓励成员国在适合的案件中适用恢复性司法。2000 年，第十届联合国犯罪预防与罪犯待遇大会通过了一项宣言，要求各成员国扩大恢复性司法的使用。

（二）恢复性司法的柔性功能

西方国家 20 世纪 70 年代兴起的“恢复性司法”运动，具有诸多传统刑事司法程序所不能比拟的优点：第一，恢复性司法有利于对被害人利益的保护。“在传统的刑事司法中，一旦发生犯罪，国家就代表被害人介入案件的侦查、起诉和审判，被害人在诉讼中往往处于被动的地位，甚至不能享有被告人那样的保护。”[②] 与传统刑事司法程序不同，恢复性司法“将被害人——被告人关系置于刑事司法制度的中心地位，着眼于修复因犯罪行为而遭受破坏的社会关系，将治疗犯罪给被害人、犯罪人和社会所带来的伤害作为刑事司法的核心目标。这是刑事司法中国家追诉主义明显弱化的标志，也显示出被害人开始从国家惩治犯罪活动的旁观者，转变为刑事司法的核心参与者。”[③] 第二，恢复性

① 根据《1999 年青少年司法和刑事证据法》的新的“移送令”，要求将第一次被起诉（作了有罪答辩）的青少年在法庭之外移送给青少年犯罪者帮助小组（由受过培训的志愿者组成），他们的职责在于通过商定的恢复性和修复性工作计划来协助青年人改过自新。这一做法能避免犯罪者被烙上耻辱的痕迹。如果这一商定的“契约”履行了，判决就显得“多余”了。参见吴丹红：《恢复性司法初探》，载 http：//article. chinalawinfo. com/article/user/article。

② 吴丹红：《恢复性司法初探》，载 http://article. chinalawinfo. com/article/user/article。

③ ［美］霍华德·泽赫：《恢复性司法》，章棋等译，载狄小华、李志刚主编：《刑事司法前沿问题——恢复性司法研究》，群众出版社 2005 年版，第 46 页。

司法有利于社会秩序的恢复。恢复性司法是懊悔的犯罪人接受为自己的错误行为对被害人和社区所负有的责任，同时使犯罪人重新融合到社区中的过程。它关注的是恢复，用维护自尊的方式恢复犯罪人，恢复被害人与犯罪人的关系，同时使被害人与犯罪人在社区中得到愈合。[①] 第三，恢复性司法有利于犯罪嫌疑人的回归社会。在司法实践中，很多经验表明，绝大多数犯罪人在受到刑法处罚后都会不同程度产生悔罪心理；后悔自己的犯罪行为给他人、给社会、给国家所造成的不可挽回的损失，有的甚至痛哭流涕，由于我国没有实行恢复性司法制度，只有使用国家公诉的方式把犯罪人推上法庭，受到刑法处罚。"在大多数青少年犯罪案件中，被告人的犯罪行为是受到不良的外界影响而发生的，行为人本身可能没有意识到后果和危害，所以其主观过错并不大。犯罪行为发生后，被告人内心经历着激烈的冲突，严厉的惩罚可能会激起他的敌对社会的情绪，而适当的引导和教育则会令其产生负疚与悔过的心理，为将来融入社会奠定基础。"[②] 第四，恢复性司法有利于节约转型期间我国司法机关捉襟见肘的办案经费资源。正如前面提到的牛津郡警察局自 1993 年引进恢复性司法后，1994 年就收到明显成效，其中之一便是：当年 1600 万英镑的警察局费用，真正花在犯罪人身上的不到 1%，花在被害人身上的也不到 1%。可见，采取恢复性司法后办案费用大大减少了。

（三）我国恢复性司法的现状与前瞻

由于恢复性司法在价值和功能上能够很好地体现柔性司法的

---

① 马婷婷、罗鹏：《恢复性司法相关理论问题探析》，载《政法学刊》2007 年第 5 期。

② 吴丹红：《恢复性司法初探》，载 http://article.chinalawinfo.com/article/user/article。

现实意义。因此，恢复性司法也得到我国司法实务界的重视。2004年4月，无锡惠山区人民检察院开始试行恢复性司法程序。据媒体介绍的蒋冠隆案件就是较为典型的体现我国恢复性司法认识与理念的案件。蒋冠隆是无锡市惠山区人民检察院恢复性司法工作获益的一位当事人。蒋冠隆在专业方面是优秀的，因多次完善程序软件使公司产品畅销，他很受公司器重。两年前，在一次公司管理层调整后，年轻气盛的他越发感到公司管理环节问题重重。2004年8月，蒋冠隆发现公司擅自修改他设计的图纸，产生质量隐患，他一气之下带走自己设计的程序并提出辞职。在交接工作时，公司新任管理者与蒋冠隆产生矛盾，通过报警拿回了他还没交还公司的软件。警方的介入让蒋冠隆积累的怒火即刻爆发，他冲动地对尚未完成更新的软件做了程序变更，用存在残损的程序代替了原来正常的程序，并删改了其他指令程序，这使输入这些程序的机床都无法正常运行，造成公司经济损失达数十万元。对此，无锡市惠山区人民检察院认为，“一时的冲动让蒋冠隆成为破坏计算机信息系统罪的犯罪嫌疑人，他在被拘留和逮捕的最初日子里怀着强烈的抵触情绪。这种犯罪本就是新型犯罪，不熟悉法律知识的蒋冠隆不理解自己已经触犯刑律，他只认为自己的动机值得同情。他的想法如果不被理睬，他几年监狱蹲下来，只会更加仇恨原单位。这对他的人生和公司都没有任何好处。”① 目前，上海闵行区人民检察院、山东烟台市人民检察院也相继在具体案件中探索使用恢复性司法。

笔者认为，恢复性司法实质上是在承认国家权力有限性的前提下、以重建社会关系为根本目标，由纠纷解决主体解决纠纷当事人——犯罪人和被害人之间因为犯罪引起的纠纷的过程/程序，

① 参见《恢复性司法构建“和谐正义”》，载《民主与法制时报》2006年11月20日。

是一种三方参与的纠纷解决机制。同时，恢复性司法还体现着一种与传统对抗式司法迥然有别的新型司法哲学。正如陈瑞华教授所指出的，"如果说在对抗性司法之外还可以有'家庭模式'、'合作性司法模式'的话，那么，在传统的实体正义和程序正义价值之外，还可以存在诸如'关爱'、'教育'、'效率'以及'社会和谐'等'第三种法律价值'。刑事司法制度不仅仅要实现正义的要求，而且还要兼顾其他方面的法律价值。这就是合作性司法带给我们的最大启示。作为一种独立于对抗性司法的诉讼形态，合作性司法应当具有独立于对抗性司法的哲学。其中，社会关系的修复和社会和谐的达成，应当是对抗性司法无法包容的法律理念，也是只有通过合作性司法才可以实现的价值目标。"①

在此意义上，实施恢复性司法不仅有利于发挥司法的柔性角色和柔性功能，从而有利于实现司法和谐与社会和谐。恢复性司法这种柔性技术的有效发挥，有利于转型社会更大限度地解决纠纷，更大限度地贯彻宽严相济的刑事政策，把珍贵的司法资源运用到那些更为重要的司法方位上去。具体而言，一方面，对少数严重刑事犯罪，如恐怖犯罪、黑社会性质组织犯罪应当依法严惩，其实这也是司法和谐与社会和谐的具体要求。另一方面，对一般轻微犯罪贯彻轻缓的刑事政策自不待言，对一些情节性质不严重的犯罪，如邻里纠纷、被害人过错引起的伤害案件，可以从化解社会矛盾、建立和谐社会的角度进行必要的处理，使犯罪引起的矛盾最大限度地化解，将犯罪造成的危害减少到最低，并采取有效措施尽量予以弥补。②

---

① 陈瑞华：《司法过程中的对抗与合作——一种新的刑事诉讼模式理论》，载《法学研究》2007 年第 3 期。

② 陈国庆：《构建和谐社会背景下考量恢复性司法》，载 http://news.sina.com.cn/o/2006－06－15。

综合而言，鉴于西方法治国家中恢复性司法已经成为新时期一种重要的刑事司法改革趋势，而且，恢复性司法在我国也有较为广泛的应用空间。笔者主张应当进一步在我国贯彻实施恢复性司法制度，尤其是在青少年犯罪以及其他轻微犯罪领域。

二、平衡司法

（一）通过衡平来解决纠纷：中国古代的裁判传统

经由学者顾元的考证，中国古代司法官长期奉行着平衡主义的司法传统，即一方面，尽管中国古代基本上不承认判例是国家正式的法律渊源，在立法上也严格限制着司法官的自由裁量权，但事实上，司法官裁判案件却不仅仅依照法律、不简单机械地适用法律，甚至完全置实定的法律于不顾；相反，根据情理、道德、习惯和风俗等所作出的判决，往往被统治者以及后世奉为楷模。[①] 另一方面，在传统的中国社会，司法官对于纠纷及其处理样式的认知模式是十分独特的：他们是以建立或者恢复一种稳定、和谐的人际关系和社会关系为根本的着眼点来看待和解决现实的纠纷（特别是民事纠纷）问题的。在传统的司法官看来，重要的是解决纠纷，而不是企图通过具体的纠纷解决来“建立一套旨在影响当事人和其他人的未来行为规则”。[②] 由此可见，我国古代司法官的裁判依据是多元的，即除了法律之外，还有诸多非法律规范，而且这些非法律规范占据着重要地位，在此意义上，我国古代司法官的平衡司法在裁判依据方面乃具有多元性与社会导向的向度。另外，也可以发现，中国古代的司法官是事实导向的，而非法律导向的，即只要能够让当事人满意地解决纠纷，其他因素并不是太重要的。

① 顾元：《中国衡平司法传统论纲》，载《政法论坛》2004 年第 2 期。

② 顾元：《中国衡平司法传统论纲》，载《政法论坛》2004 年第 2 期。

显然，这是一种衡平性的司法，也是一种较为亲民的、亲近社会的、柔性的司法技术。对此，学者顾元指出，"衡平之应有含义在中国古代思想家的论述中已尽有体现，法顺应时代人性、合乎民情风俗的要求也正是本书所论之'衡平'司法的题中应有之义。而且，在更深的层次上，中国传统文化的基本精神便是和谐和衡平，这是传统哲学天道、人道合一，自然、社会、个人一体的宇宙观的根本体现。儒家的德治主义、民本主义以及中庸之道等思想，都要求君主和国家能够以和谐和衡平为基本出发点，来处理国家与人民、人民与社会以及人与人之间的关系。可以说，国家的统治之要在于其衡平功能的充分发挥。"①

从功能主义的角度讲，传统中国的司法官之平衡司法在维系社会安定与社会和谐等方面起着较为明显的作用。一方面，通过平衡，可以将道德性规范、社会性规范有机地引入法律的发展之中。"衡平司法联结着法律条文与社会现实生活，有效地缓和了因立法空白以及普遍存在着的法律与社会现实生活相互脱节而造成的突出矛盾。同时，衡平司法也是司法官以司法的手段执行着正被法律化的社会道德和伦理价值的充分体现。在传统的司法活动中，尤其是在州县基层，司法官们既坚守着以儒家精神为代表的道德立场，又采取着相当实际的态度。"② 另一方面，由于对事实的发现与纠纷的解决较为关注，因此，平衡司法有利于当事人的服判，有利于当事人接受司法的裁判，也有利于实现个案正义。"衡平司法的广泛存在，不仅有助于实现个案的公平与正义，而且通过司法官的活动影响到整个社会法律秩序的建构和维系。特别是在很大程度上沟通了国家和社会的二元结构，使得乡土社会的民间秩序通过衡平司法得到国家正式制度的承认或者默

① 顾元：《中国衡平司法传统论纲》，载《政法论坛》2004年第2期。
② 顾元：《中国衡平司法传统论纲》，载《政法论坛》2004年第2期。

许，也使得国家正式制度更为有效地渗透或者融合到民间的乡土秩序中去，从而建立起富含生机和活力的法律运行机制，维护社会秩序的和谐和稳定。”①

（二）通过交涉来解决纠纷：西方现代的裁判方法

在现代司法程序中，交涉性是其中一大重要特征。司法程序的交涉性是指在司法活动中应给予参与主体以充分的机会参与诉讼，应允许其陈述己方主张，反驳对方观点，保障其进行对抗和辩论的权利。② 司法程序的交涉性是由司法解决纠纷的特征决定的，如前已述，司法解决纠纷过程中主体的参与具有多样性。季卫东先生指出，“程序的本质特点既不是形式性也不是实质性，而是过程性和交涉性。”学者韩德明也指出，“司法权能仍然是纠纷解决，而非政策执行。不过，这种纠纷解决权能的实现形式在性质上既非消极裁判亦非职权调查，而是通过兑现商谈精神的诉讼程序。这种诉讼程序的核心内涵是举证和论证，考虑到举证和论证的自我异化性质（主要指司法竞技主义所导致的富人游戏），程序设计对交往理性的兑现充分考虑时间向度、社会向度、实用向度等语境条件，近似地实现高要求之交往理性前提预设。这种纠纷解决权能之内涵，既不是法官对当事人双方竞技结果的一种消极判断，也不是法官对竞技双方的任何一方的意志强制，而是法官对程序的引导和对争议的调停，裁判的根据是争议双方所达成的有限共识或相互妥协；因此，风险社会中纠纷解决的司法权能的实现机制既非竞技主义模式中的消极裁判，亦非职权主义模式中的法官职权干预，而是一种法官主持下的争议双方

---

① 顾元：《中国衡平司法传统论纲》，载《政法论坛》2004 年第 2 期。

② 参见《司法程序改革论析》，载 http://www.66wen.com/03fx/faxue/faxue/06916/38794_2.html。

的商谈和对话活动。"[①] 可以说，现代司法程序的意义正是通过交涉性来体现的。

一是通过交涉可以实现未知信息的对称性，从而达到程序公平。一般而言，无论是民事案件、行政案件，还是刑事案件，只有当矛盾或冲突陷于不可调和状态时才会求诸司法，在这个意义上说，司法是用理性化手段消弭社会矛盾、化解社会冲突的重要场所，是救济与治愈为纠纷所破坏的社会关系的重要手段，是社会的减压阀与平衡器。然而，这并不意味着纠纷的当事人在诉讼中都能得到公平的待遇，这主要取决于司法为当事人提供交涉机会的可能与多少，因为，当事人之间所获取的关于整个纠纷过程的信息并不是对称的。从常理上讲，在纠纷发生以后，只有通过参与才能获得知晓案情的机会，只有有效地参与，并与对方当事人进行有效的辩论和交涉，才能获取对方处的案件信息，因此，司法程序的交涉性不仅有利于实现真实的发现，纠纷的解决，也有利于实现程序的公平性。否则，司法案件信息将很可能因为一方的独占，而使另一方败诉。

二是通过交涉可以实现尊重合法权益基础上的妥协。如科恩所指出的，"真正的妥协就是结合对立的势力，并把双方（或几种）观点中的精彩部分以不完整形式保留下来。妥协不是披上伪装的有条件的投降，它的过程是积极的，因为促进了各方参与的兴致。它的过程也是合乎理性的。……在某些部分上让步，以换取另一些部分上的满足，才有可能达成彼此满意的协议。"[②] 在美国刑事司法中的辩诉交易就是通过交涉达成妥协的典型程

① 韩德明：《风险社会中的司法权能——司法改革的现代化向度》，载《现代法学》2005 年第 5 期。

② ［美］科恩著：《论民主》，聂崇信译，商务印书馆 1988 年版，第 186 ~ 187 页。

序。辩诉交易的基本特征是在检察官实施刑事追诉过程中，由控辩双方对被告人的定罪和量刑进行协商，通过协商在实现各自的特定要求的同时达到一定的妥协，包括被告人的认罪和控方在定罪与刑罚方面的妥协。辩诉交易的交涉性与妥协性带来了巨大的经济效益，“辩诉交易所具有的妥协性和双赢性，可迅速解决大量的刑事案件，节约有限的司法资源，更好地为纳税人服务。”①辩诉交易以其独有的交涉性、妥协性以及经济性支撑着美国的刑事司法系统，以至于辩诉交易在美国刑事司法纠纷解决中占了90%以上。

三是司法程序的交涉性有利于当事人服判。这主要是因为，从心理学的角度讲，当事人进行了有效而充分的交涉，那么，所获取的公平的对等机会将消解其败诉的不满情绪。因此，“在解决纠纷过程中，应当允许和鼓励当事人‘公说公有理、婆说婆有理’，只有在当事人充分参与、积极表达主张的基础上，司法人员才能查明案情，明辨是非，公正裁判，避免偏听偏信，而诉讼当事人也正是在交涉过程中形成一种自我表达、自我服从、自我归责的理性化机制。”② 正如季卫东教授所研究指出，“程序开始于高度的不确定状态，但其结果却使程序参加者难以抵制，形成一种高度确定化的效应，经过程序认定的事实关系和法律关系，都被一一贴上封条，成为无可动摇的真正的过去，而起初的预期不确定性也逐步被消化吸收，一切程序参加者都受自己的称述与判断的约束。”③

---

① 纪文：《辩诉交易的法律价值和现实思考》，载 http://www.studa.net/faxuelilun/060724/10040686.html。

② 吴卫军：《论程序的交涉性》，载《西南民族大学学报》2004 年第 10 期。

③ 转引自吴卫军：《论程序的交涉性》，载《西南民族大学学报》2004 年第 10 期。

（三）转型社会的柔性司法的体现：衡平性与交涉性的现代整合

基于以上，我们可以发现，我国传统司法文化中的平衡司法与现代司法程序理念中的交涉性存在着诸多类似之处，也有着诸多异曲同工之妙。再加上，我国当前正经历转型时期，现代化进程中存在很多需要司法予以平衡的事实与法律因素，因此，具备了实现现代整合的语境条件。

然而，我们也不能就此即认为，由于我国传统司法文化有一些与现代因素相符合的东西就沾沾自喜，更不能故步自封，丧失改革的动力，更不能将我国传统司法文化中的平衡因素与现代司法程序中的交涉性予以机械的等同。事实上，我国传统司法文化中的平衡司法的产生有着特有的历史环境，也存在一定的弊端，需要现代司法程序的交涉性予以弥补。

第一，我国传统的平衡司法尽管可以结合非法律性规范，但容易导致泛道德化的倾向。梁漱溟先生曾认为“中国以道德代宗教”和“以伦理组织社会”。[①]“在这样的社会架构之下，道德自身的内化要求和法律规范的外在约束不可避免地会发生疏离，于是法律的道德化便成为克服这种情况的必然措施。而法律本身只能就一个社会公认的原则性道德进行固化，并不能就个案中体现出的任何道德元素实现价值认同，这就需要无数通晓事理、深谙人情的法官在司法活动中以公认的道德伦理为思考正统，以具体的个案公正为思考尺码，寻求个案中的衡平。”[②]也由此，具有浓厚道德色彩的平衡司法得以在我国生发。然而，在现代转型社会，这种道德色彩较浓的平衡司法尽管可以整合西方

① 参见梁漱溟：《中国文化要义》，上海人民出版社2011年版，第六章。

② 章浩、马国贤：《现代衡平司法思维之下的裁判——论法官在构建和谐社会中的求进之路》，载《法治研究》2007年第5期。

借鉴的法治与中国传统的司法之间的隔离，但片面地强化道德说教容易导致忽视制度的约束与道德的内化。相反，现代司法程序的交涉性则具有较强的封闭性。法庭是一个相对封闭的空间，容易隔离各种社会因素的干扰。

第二，尽管具有事实导向的我国传统的平衡司法较利于我国转型社会的纠纷解决，但却不利于我国规则之治的养成，也容易阻碍对法治理念的培养。法律之治本质上要求的是规则之治，所以要求司法活动须以规则为首要依据并且按照规则体系的内部逻辑来审理案件。与此相对应，衡平裁判的正当性体现在其弥补规则之治缺陷以及迎合现实需要的显著功能上。[①] 但这毕竟不利于塑造法治规则的权威性在普通民众心目中的地位。而现代司法程序的交涉性则是以法律为导向的辩论与互动。

笔者认为，在我国现代转型社会，一方面，注重平衡司法是司法柔性的重要体现，另一方面，也必须借鉴现代司法程序的交涉性原则。为此，两者不可偏废，需要进行整合。具体而言，可以将个案审理区分为规则不需要弥补的纠纷、规则需要弥补的纠纷、规则不合理的纠纷三种。就规则不需要弥补的纠纷而言，必须遵从程序法定原则，严格以实体法与程序法为依据，不能过多地考量社会性因素与道德性因素；对规则需要弥补的纠纷，则需要综合考量法律因素与社会性因素，给予当事人充分的交涉机会与空间，并由司法官进行全方位的平衡，以减少规则的过时性导致的不良后果；就规则不合理的纠纷而言，则更需要以社会的发展与社会的变迁为依据，由较高级别的法院来发展规则。这也是转型社会所要求的。

---

① 章浩、马国贤：《现代衡平司法思维之下的裁判——论法官在构建和谐社会中的求进之路》，载《法治研究》2007 年第 5 期。

三、陪审制度

现代司法以人为本，司法为民。“主权在民的国家制度要求人民成为国家的主人，直接或间接行使政治权力以管理国家。毋庸置疑，作为政治权力重要分支的司法权也要由人民决定或行使。”① 而“保障公民的司法参与是落实司法为民的重要途径之一”。② 事实上，这也是落实和体现转型时期司法柔性的一个重要方面。对此，有一种倾向认为“司法为民”是一句政治口号，这种认识是片面的，否认了司法的制度本质。英国刑事司法改革报告就明确指出，“刑事司法的宗旨就是为公众服务”，因此“公众对该制度的了解、信任与参与极为重要”。正如有学者指出的，“司法过程必须接受权力机关和人民群众的正当监督，体现公民对国家权力的民主参与。”③

对保障民众的参与和司法如何为民而言，有学者认为包括四个方面：首先，让公民成为司法权的行使主体。应当完善、充实陪审制度，使之成为真正有效的实践制度。其次，让公民成为司法制度的构建主体。司法制度的建构、司法程序的内容均由公民

---

① 左卫民：《司法改革的十大理念》，载《中国律师》2003 年第 11 期。

② 屈新、何显兵：《论司法为民与现代司法理念》，载《国家行政学院学报》2005 年第 4 期。

③ 屈新、何显兵：《论司法为民与现代司法理念》，载《国家行政学院学报》2005 年第 4 期。

直接或间接决定。特别是，应当由公民主导司法改革的方向和进程。[①] 再次，让公民成为司法权的制约主体。[②] 最后，让公民成为司法活动的主要主体。公民的主体性地位在程序进行中的根本标志，便是公民作为当事人成为主要的诉讼角色，担当主要的诉讼职能，推进与控制诉讼进程，从根本上影响诉讼结果。这些内容当然要体现在程序的改革方面。[③]

这里主要针对由民众参与司法活动的陪审制度简述其对柔性司法的重要意义。在现代社会，法律已经变得非常复杂，法律也几乎演变成一种只有法律职业阶层方能涉及的专业性领域。“法律职业共同体是法治社会发育的重要基础，但是职业共同体由于其具有自身的利益，而可能形成封闭的职业群体。久而久之，法律职业共同体的正义感就与一般老百姓的正义感发生了不同程度

① “这要求改革方案的确定和实施应当以公民的意志为准进行确定；对司法改革的评价，也应当以公民的标准为标准。国家应创造条件让公民积极参与司法改革，通过有普通公民参加的司法改革咨询机构、公众代表组成的国家权力机构以及社会各界人士包括法学家、律师以及普通公民参加的司法改革听证会议、讨论会议，主动听取公民的要求和呼声，以维护公民利益。当然，作为司法主体的公民，也应当充分发挥主人翁的积极性，自觉主动参与司法建设和改革，及时反映自己的愿望和要求，形成良性互动。”参见左卫民：《司法改革的十大理念》，载《中国律师》2003 年第 11 期。

② “公民对司法的制约表现为三种方式：一是司法官员的选任让公民间接或直接参与。二是通过人大的间接制约。在我国，人大对司法的监督就是代表我国公民对司法进行的制约。要在不违反司法独立的前提下，构建符合国际标准的对司法工作的制约机制包括对司法官的弹劾、罢免制度。三是让公民通过媒体监督司法活动。根据宪法，我国公民有言论和出版的自由。媒体对司法的监督是民‘主’司法的重要途径，应当肯定和落实。当然，在媒体监督中，传媒也应当保持客观立场，不能损害司法活动的专业性与独立性。”参见左卫民：《司法改革的十大理念》，载《中国律师》2003 年第 11 期。

③ 左卫民：《司法改革的十大理念》，载《中国律师》2003 年第 11 期。

的游离和隔阂。"① 于此，显然通过精简法律来亲近民众、让民众感觉到司法的柔和性和亲民性几乎是不可能的，而要能够避免法律专制，保证民众的司法参与就成为关键。当然，人民群众不可能都直接参与国家立法，故此他们选举人民代表代表他们审议法律；人民群众不可能自身从事司法，因此，只能通过陪审的方式来参与司法，以减缓司法职业共同体的"专制地位"。

从历史的角度讲，现代意义上的陪审团起源于英国。1066年，诺曼底征服英国，将陪审制度带到了英国。1166年，亨利二世颁布了克拉灵顿诏令，将陪审制度正式确定下来。随着英国在近代的殖民扩张，陪审制度传播至美洲、非洲、亚洲等殖民地，并且由于各国不同的法律渊源，在英美法系国家和大陆法系国家分别形成了风格迥异的陪审团制度和参审制度。当前适用陪审制度最为广泛的是美国。美国的审理区分为事实审与法律审。陪审团在审判上的任务，主要是认定事实，称为"事实审"。由于事实认定即可决定有罪与否，故事实认定其实比适用法律更为重要。在大陆法系国家中，陪审制度又称参审制度，与英美的陪审制度不同，陪审员的权力与法官相同，不仅包括认定事实，还包括适用法律。② 由于陪审制度具有很强的亲民性特征，陪审制度受到各国理论家的普遍赞誉。法国著名政治思想家托克维尔指出："实行陪审制度，就可以把人民本身，或者至少把一部分公

---

① 屈新、何显兵：《论司法为民与现代司法理念》，载《国家行政学院学报》2005年第4期。

② 在法国，只有重罪法庭设陪审团，由9名陪审官与3名法官组成合议庭，判决的最终结果由法官与陪审官共同投票决定，8票以上才能定罪，多数票可决定刑期。民事案件、违警罪、轻罪没有陪审员。德国陪审制度的适用范围较法国要广。初级法院审理民事案件，涉及农业的案件适用陪审制度，中级法院一审民事案件中的商务案件由陪审员参加审理。参见胡道才：《人民陪审制度的理性选择与制度建构》，载 http://www.dffy.com/faxuejieti/zh/200408/20040811095717.htm。

民提到法官的地位。这实质上就是把领导社会的权力置于人民或这一部分人民之手。”英国近代著名法官丹宁勋爵也说，陪审制是“自由的明灯，宪法的车轮”。

陪审制度在世界范围内已然成为推行司法民主化理念的重要制度模范。与此同时，在我国，人民陪审制度也得到了长时期的关注与建设。

近代中国的陪审制度是在清末变革的过程中被引入中国的，新中国成立之后，1954 年宪法明确规定：人民法院审判案件依照法律实行人民陪审员制度。同年颁布的人民法院组织法进一步规定，“人民法院审判第一审案件，实行人民陪审员制度，但是，简单的民事案件、轻微的刑事案件和法律另有规定的案件除外。”由此，陪审制度在我国基本形成。但后来，从 1979 年开始，陪审制度的地位在我国又有所下降，陪审实践也出现严重萎缩的趋势。虽然 1979 年新颁布的人民法院组织法还明确规定一审案件实行陪审的原则，同年颁布的刑事诉讼法也坚持了陪审原则，但我国 1982 年宪法却没有规定人民陪审制度，而 1983 年新修改的人民法院组织法则删除了原有的关于陪审的规定。至此，陪审制度已经从宪法原则地位下降为诉讼法中的原则。[①] 实践中的陪审制度也呈现名存实亡的现状，陪审员“陪”而不“审”的现象非常普遍。

进入 20 世纪末 21 世纪初，我国人民陪审制度又有了新的发展，在 2004 年 8 月 28 日由第十届全国人大常委会第十一次会议通过的《关于完善人民陪审员制度的决定》（以下简称《决定》），于 2005 年 5 月 1 日施行。最高人民法院为此发布了《关于人民陪审员选任、培训、考核工作的实施意见》并专门安排

① 吴玉章：《我国陪审制度的兴衰》，载 http://www.jcrb.com/zyw/n106/ca183634.htm。

了陪审员选任和培训的时间表，确保《决定》生效时能统一上岗。这无疑是中国司法追求民众参与与司法柔性的重大事件。

然而，中国的人民陪审员制度与国外的陪审制度相比较在许多方面需要借鉴完善。一方面，人民陪审员的选任资格与选任方式体现的是精英性，与世界范围内的陪审制度体现民主性相矛盾。《决定》第4条第2款规定，"担任人民陪审员，一般应当具有大学专科以上文化程度。"如学者吴丹红所指出的，"这实际上意味着人民陪审员的选任并不是完全向普通公民开放的，因为'一般'的公民并不具备大专以上文化程度。而且，按照最高人民法院选任人民陪审员的工作要求，'各基层法院应优先考虑提名那些文化素质高，特别是有一定法律知识的公民，把好人民陪审员的业务素质关。'……这多少寄托着立法者和司法者对陪审员的良好期望，希望这些'精英'能更好地发挥陪审员的作用。但是，《决定》显然违背了《人民法院组织法》第37条规定的'有选举权和被选举权的年满二十三岁的公民，可以被选举为人民陪审员，但是被剥夺过政治权利的人除外。'"① 陪审员的精英化，无形中剥夺了大多数选民的权利。另一方面，人民陪审员在审判程序上既履行事实认定的职能，同时又履行法律适用的职能，不利于陪审员扬长避短。从常识的角度讲，可以说法官与普通民众均各有优点，也各有弊端。"法官不是完美的，陪审员也同样是有弱点的，只是两者的优缺点不尽相同：前者长于抽象思维，后者长于社会经验；前者对法律甚为精专，后者对世故颇为练达；前者理智把持正义，后者感性明断是非。因此，如何让法官和陪审员各司其职，扬其所长，避其所短，可能是我们

① 吴丹红：《中国式陪审制度的省察：主要以〈关于完善人民陪审员制度的决定〉为对象》，载《法治论坛》第7辑。

的立法者需要认真思考的一个问题。”① 我国在近代司法改革的历史进程中一直采行的是大陆法系陪审传统，实行参审制，即赋予陪审员不限于事实问题的裁判权。2004 年的《决定》明确规定，人民陪审员“对事实认定、法律适用独立行使表决权”。然而，实践中，我国陪审制度在法律适用问题上仍然需要解决陪而不审的问题。

这些制度现状的出现当然有着各方面的原因，但其中最大的原因，乃在于司法改革的应急性。近年来，我国司法运行在转型社会的外界环境刺激下，公正性与效率性受到了诸多批评，因此，试图让人民陪审员来缓解社会对司法公正的压力，同时也解决法官审判工作的压力，这种目的设定显然与陪审制度的司法民主性相悖，也没有根本缓和司法与民众的紧张，柔性司法的制度效果并没有显现。为此，笔者主张，未来我国陪审制度改革可遵循相对合理主义的进路：即在短期内，可以先对陪审员的选任条件作出调整，实现从精英性向民主性的过渡，毕竟，陪审员所依赖的是经验理性，以及其对普通社会公民社会经验的代表性，而非单纯为了强调精英色彩；进而，待条件允许，改善陪审员盲目遵从法官的事实认定“陪而不审”的现状。

---

① 吴丹红：《中国式陪审制度的省察：主要以〈关于完善人民陪审员制度的决定〉为对象》，载《法治论坛》第 7 辑。

第六章 “平行司法”：“和合司法”的技术保障

平行司法致力于为转型社会的和合司法提供技术保障。坚持程序/技术意义上的平行司法，在核心理念上主要是基于分工理论，因为现代社会是一个分工社会。而现代社会的每一个领域也都存在着不同程度的分工。司法领域也不例外。

第一节 平行司法的理论支点

分工理论是一种蕴含着深厚哲学基础与历史意涵的理论。对于分工，马克思早已指出：“分工从最初起就包含着劳动条件、劳动工具和材料的分配，因而也包含着积累起来的资本在各个私有者之间的裂分，从而也包含着资本和劳动之间的裂分以及所有制的各种不同的形式。分工愈发达，积累愈增加，这种分裂也就愈剧烈。”“分工发展的各个不同的阶段，同时也就是所有制的各个不同形式。这就是说，分工的每一个阶段还决定个人与劳动资料、劳动工具和劳动产品有关的相互关系。”[①] 作为一个历史范畴，人类社会的分工经历了一系列由低级到高级，由简单到复杂的具体的历史形态。按照马克思的分析，分工的历史发展大致经历了三个阶段：第一阶段是“纯粹畜群”意义上的性行为分

① 何永红：《权力分工与人权保护》，载《社会主义研究》2006 年第 1 期。

工阶段。分工起初只是性行为方面的分工。第二阶段是简单的自然分工阶段，这是由原始社会极端低下的生产力水平决定的。第三阶段是社会分工阶段，即文明分工或“真实的分工”。当然，“分工只是从物质劳动和精神劳动分离的时候起才开始成为真实的分工。”① 这正是为学界最关注的社会分工。

依据政治经济学的经典论述可知，社会分工是在自然分工的基础上随着生产力的发展而逐步形成的。一方面，在氏族部落共同体和后来的家庭内部纯生理的自然分工基础上，随着共同体的扩大，人口的增长，特别是各氏族之间交往的发展，这种分工的范围也扩大了；另一方面，在不同氏族部落共同体之间形成的自然地域分工，在相互接触时引起了产品的相互交换并使产品变成了商品，这样就使具有不同条件的氏族从事活动的不同领域，逐渐变成社会生产过程中具有某些相互依赖关系的生产部门，社会分工由此开始产生。在人类历史上，一共经历了三次大规模的社会分工。第一次社会分工是畜牧业和农业的分离。社会分工促进了生产力的发展，带来了更多的劳动产品。劳动产品在满足本部落的共同消费之外，还出现了一些剩余，进入交换领域的劳动产品的种类和数量也逐渐增加。于此，一些氏族部落首领开始把剩余产品据为己有，私有制由此产生，氏族部落共同体开始瓦解，在此基础上，奴隶制社会随之产生。随着金属冶炼技术的出现，专门从事生产工具制造的手工业逐渐从农业中分离出来，从而出现了农业和手工业相分离的第二次社会分工。这次社会大分工出现了专门以交换为目的的商品生产。为了适应商品生产和交换发展的需要，社会中开始出现了专门从事商品买卖的商人阶层，于是又有了人类历史上的第三次社会分工，即在手工业者和商人活动的集中地，逐渐产生了城市经济，又有了城乡的分工。分工带

① 何永红：《权力分工与人权保护》，载《社会主义研究》2006 年第 1 期。

来了生产力的进步和剩余产品的增加，使得一部分人完全摆脱了体力劳动，专门从事监督生产、管理国家及科学、艺术等活动，最终形成了脑力劳动和体力劳动的分工。

随着脑力劳动和体力劳动的分工，以及管理与被管理角色的分化，国家以及公共权力开始出现并得以发展。进而，随着国家或公权力在现代社会中的重要地位，国家权力也开始有所分化。在人类社会发展历史上，“权力分工”具有如下意义：第一，它不是主权分裂，而是治权分解，是机构、职能的分工；第二，各机关权力之间在量的方面不一定均衡，但在质的方面均为主权的体现，此权力与彼权力是独立存在的；第三，各机关是自主的，各自的活动方式和程序都不同；第四，分工不一定是权力分立，它可能是“权力混合”的跨权体制；第五，权力分工是动态的，“政府机制的设计应随着消费者的需要和设计师的计划而变化”。因此，不同国家或同一国家的不同历史时期的权力分工的具体形式是不同的。[①] 显然，权力的分工或分化是现代社会的重要表征，也是分工理论在现代公权力体系的应用与拓展。恩格斯就曾指出，所谓权力的分化本质上也是分工的重要体现，具体而言，(1) 分权的真正意义是分工；(2) 国家为处理事务而实行分工，这是完全必要的；(3) 分工的目的是为简化和监督国家机关。[②]

由此可见，分工决定了国家内部职能的区分，而各种具体权力的性质与范围也基本上取决于分工的必要性与可行性。“按照‘职能→权力’的对称结构，每一项职能都有相应的权力相对应，每一项权力都执行着特定的职能，由此构建起对应政府职能系统的政府权力体系。按职能分工配置权力资源，政府职能乃权

---

① 以上五点理由，参见何永红：《权力分工与人权保护》，载《社会主义研究》2006 年第 1 期。

② 何永红：《权力分工与人权保护》，载《社会主义研究》2006 年第 1 期。

力设置之依据，社会分工为权力存在之根本。第一，政府机构的权力要按照政府职能分工配置；第二，权力只有职能分类的差别，权力性质的不同因社会分工使然；第三，政府权力的设置是为了最大限度地提高实施政府职能的效能，没有政府职能依据的权力为不正当权力。无论从理论上还是从实践上看，以职能分工为依据和出发点调整、理顺政府领导的权力分工，对于实现政府机构的协调运转，推动加快改革，提高政府治理水平具有重要意义。”① 这样一来，国家内部权力的分工造就了立法权、行政权、司法权等职能的出现。也因此，在近现代的政治制度中，无论各国采取的是何种政治架构，但基本上在国家与政府内部均分化出了立法权、司法权及行政权等职能部门。

那么，是否司法部门内部也必须有一定的分工负责机制呢？回答是肯定的。现代社会生活的复杂性决定了机构设置的复杂性，也决定了司法运行原理的复杂性，而我国正处于社会转型时期。为此，司法运行更需要秉持平行司法的原则，以分工为基础理论，实现司法内部各项要素与各种职能的有机平衡，实现平行发展。具体而言，司法领域的平行分工乃主要体现在程序正义与实体正义的平行关系、司法裁判与司法说理之间的平行关系、审级之间的平行关系。笔者认为，只有在这些技术层面保持平行与和谐，才能最终保障转型社会的司法和谐，最终达致和合司法的理想目标。

① 李志杰、焦建国：《地方政府领导分工的理念与思路》，载《中国经济时报》2007 年 2 月 5 日。

第二节 平行司法的具体构设

一、程序正义与实体正义之平行重视

（一）程序及程序正义的价值意义

程序法在成文法体系中又被称为形式法。传统的法律解释学一般把它看做是为了实现权利、义务或法律关系的实质内容的手段和方法。如果说实体法是分配实体权利、义务的法律，那么程序法就是规定实现权利、义务的方式和条件的法律。程序法规定了实体性权利、义务得以兑现的条件、手续和步骤。[①] 但是，正是该作为形式或步骤的程序法，在现代社会起着重要的法律机能。

第一，程序正义具有可预期性与可靠性。法律的确定性，意味着法律规定了一定行为与一定后果之间稳定的因果关系，将人类一定行为模式固定化了、法律化了。正是这种确定性使法律机制具有了客观性、可预见性和稳定性。然而，法律的确定性却一直以来都是学界争议的焦点。如现实主义法学的代表人物弗兰克竭力否定法律的确定性，他在《法律和现代精神》一书中认为不确定性是法律的基本特点。批判法学的代表人物肯尼迪显然是受到现实主义法学观点的影响，他对法律不确定性的论证集中在法律推理上，认为众多案件的处理是一个价值衡平的过程，具有政治性和非中立性。后现代法学的其他流派对法律的确定性也多

---

① 万毅：《程序法与实体法关系考辨——兼论程序优先理论》，载《政法论坛》2003 年第 6 期。

持怀疑和否定态度。[①]

不仅如此，与非法律规范相比较的这种确定性，在不同的法律规范之间却并非等量齐观的。例如，实体法与程序法之间的确定性就有着较大的分疏。对此，学者万毅指出，实体正义在具体实施方面具有不易操作和不确定性的特点，“客观地说，实体公正的实现是艰难的：一方面实体公正所表征的案件‘真实’和‘真相’，往往与复杂、多样的社会现象相连，本身具有不确定性；另一方面，在现代诉讼主义的背景下，实体公正只能通过程序来予以致成，程序本身的形式性和节制性决定了实体公正的实现必然面临着诸多技术上的难题。实体公正，包括了两层含义：一是事实认定正确；二是法律适用无误。但实际上，不论是事实

① 这些学者们否定法律确定性的理由也正是追求确定性正义（传统意义）在现实中的一些受阻因素，主要包括：法律规则并不总是十分明确难以适应具体的案件；人们对案件事实的认识只能达到一定的广度和深度；司法人员的个性基于自由裁量权而对案件处理有很大影响；现实中政治因素对司法具有实质影响力等。

认定，还是法律适用，都内含着诸多不确定性因素。"[①] 而程序正义却恰恰能够弥补这一缺陷，体现出可预期性与可靠性的一面。之所以如此，是因为，"程序法与实体法不同，它不规定实体性权利义务的处理方案，而是仅仅就权利、义务实现的步骤、顺序和方式等作出规定。从技术构成来讲，程序实际上就是由时间和空间要求所构成的，程序以法定时间和法定空间方式作为基本要素。"[②] 在此意义上，程序正义是一种肯认"绝对真实不可

---

① 学者万毅指出，实体公正所表征的案件"真实"、"真相"，往往与复杂、多样的社会现象相连，是客观世界复杂、多变的因果链条的一环。而诉讼作为一种社会冲突处理机制，以解决社会纠纷为己任，它对案件的处理受制于特定的时空条件（为了防止纠纷的扩大化，动摇政治统治的根基，任何纠纷都必须在一定的期间内了结），因此，诉讼机制对案件事实的查明是有条件的，它只能硬性截取复杂、多样的社会事实的其中一段来加以认识，并据此作出判断。由于在这一机制下，司法认知的对象仅仅是客观因果事实的一部分而非全部，因此，复杂、多样的案件事实本身并不能在诉讼机制内得到完整揭示。另一方面，发现案件的实体真实，实际上是一个对历史性事件作回溯证明的过程，经验表明，这种回溯证明是相当艰难的。由于时间的不可逆性，任何已经发生的事实实际上都难以完全恢复其原始面目。在司法裁判中，法院作出裁决主要依据过去的事，"事实审理者没有重新见到过去发生的事的能力"，作为裁判者的法官永远无法亲历案发过程，他只能通过案发现场的遗留痕迹——证据，来重建现场、推断案发的真实情形，这就决定了人们实际上是难以真正确切地认识案件事实的。正如 Radin 所指出的，"事件是独一无二的，想象的或模拟的重建都不可能确切地重现过去"，Radin 认为，确定的事实是法律遇到的永久的、不可解决的难题之一。同时，由于作为裁判者的法官并不能亲眼目睹案件的真实过程，他只能借助证据的演示来推断案情经过，因此，证据成为法官与案件事实之间的唯一媒介，也是法官查明案情的唯一凭据。但是，证据的收集和保存本身却面临着诸多困难，因为作为案情记录的证据本身具有易灭失的特性，随着时间的流逝，有的痕迹物证可能灭失，证人对案情的记忆也可能淡化。这就使负责审理案件的法官总是在一种条件不充分的状态下，根据有限的证据资料来对案情作出判断"，事实审理者必须依赖不完整的信息资源"。而常识告诉我们，信息资源的不充分性难以保证决策的正确性。万毅：《程序法与实体法关系考辨——兼论程序优先理论》，载《政法论坛》2003 年第 6 期。

② 万毅：《程序法与实体法关系考辨——兼论程序优先理论》，载《政法论坛》2003 年第 6 期。

知论”并旨在通过一系列人们可以合理接受的装置或技术来实现相对真实发现的思想或理念。

第二，程序正义具有安定性与封闭性。现代程序具有封闭性，可以避免各种社会因素进入法庭与司法，从而扰乱正常的司法救济途径。对此，季卫东教授认为：“在变易不居、犬牙交错的多义的社会现实中，任何法律决定或行政措施都会受到来自各个方面的压力。统筹兼顾、综合平衡固然必要，然而，如果面面俱到则具体的判断就会变得极其困难，至少是成本太昂贵。况且，一个完全开放的决策过程非常容易为事实上存在的力量对比关系所左右。因此，需要法律规范来创造一个相对独立于外部环境的决策的‘隔音空间’。”这便是程序的空间，也正是程序正义的基点。“在这里只有原告、被告、证人、代理人，而不管他们在社会上是贤达名流还是贩夫走卒。在这里，只讨论纷争中的判断问题，而不管早晨的茶馆谈笑，傍晚的交通拥挤。在这里，只考虑与本案有关的事实和法律，而不管五百年前的春秋大义、五百年后的地球危机。”① 事实上，正是因为程序的相对封闭性和安定性才可以在最大限度上吸收当事人的败诉不满情绪。

（二）实体及实体正义的价值意义

然而，实体及实体正义也具有重要的价值内涵。

第一，实体及实体正义是当事人所追求的基础性目标。如若询问当事人在诉讼过程中想要获取什么，当事人几乎不会说单纯为获得程序的保障，而更倾向于说维护自身的合法权益。这也正是实体法所要追求的目标。实体法的设定正是旨在规定当事人之间的权利义务关系。在刑事诉讼领域，刑事诉讼运行的理想结果无非包括以下几个方面：一是实施犯罪行为的人被判决有罪；二

① 季卫东著：《法治秩序的建构》，中国政法大学出版社 1999 年版，第 16 页。

是无辜的人不受定罪；三是有罪的人得到与其罪行相当的惩罚。[①] 在民事诉讼领域，则无非是将破坏的民事财产或人身关系恢复原样。换而言之，诉讼中的实体正义是一种结果正义，这才是诉讼当事人更加关注的。

第二，绝对的强调程序正义，容易夸大程序及程序正义的意义，将使得程序变得过分僵化，甚至脱离现实。程序功能的发挥在诉讼机制中担当着重要的分工职能，但其职能的发挥并不能代替实体正义实现的机制功能，因此，程序正义与实体正义的排挤偏废都将影响诉讼机制整体功能的发挥。陈瑞华教授指出，“程序正义是通过法律程序本身而不是其所要产生的结果得到实现的价值目标。但英美学者有关程序正义的理论以及英美人长期以来形成的程序正义观念似乎把程序正义强调得过于绝对化了，因为程序正义被视为一种可以完全决定裁判结果的绝对因素：只要遵循了公平、合理的程序，法院的裁判结果就被视为是正当的，不论这种裁判是否建立在正确、可靠的案件事实基础上。这在极为注重程序公正、对从公正程序中产生的结果普遍愿意接受的英美人看来，可能是比较容易理解的，但这种观点难以被生活在英美法系国家以外的人所接受。”[②]

（三）迈向程序正义与实体正义的平行关系

笔者认为，纠纷的解决过程既涉及实体正义的实现，也涉及程序正义的实现，二者不可偏废。再加上，二者皆有自身不可克服的缺陷，因此，迈向程序正义与实体正义的“平行”符合司法的目标，尤其是在我国社会转型期间，强调二者的“平行”关系协调运行具有重要的意义。

---

① 魏晓娜：《刑事诉讼中的实体正义》，载《法学家》2005年第1期。

② 陈瑞华：《程序正义论》，载 http://www.gongfa.com/chenrhchengxzhengy.htm。

第一，程序正义与实体正义的关系，很大程度上是程序之工具价值与独立价值的再现，既然程序的工具价值与程序的独立价值是现代程序的两大法门，那么，程序正义与实体正义也必须并重。一方面，程序的工具性价值是设立程序的最初目标——通过程序实现实体真实的发现，这一功利主义的目标或结果主义的目标正好是实体正义的集中体现；另一方面，程序也具有自身的独立性价值，程序的独立价值是彰显程序参与者之主体性与程序正义的最佳途径。对此，陈瑞华教授认为，确立程序的独立性价值以及实现程序正义，具有以下意义：首先，公正的程序通过确保诉讼各方对裁判制作过程的参与以及对裁判结果的积极影响，使他们的人格尊严和自主意志得到保障。其次，公正的程序通过使参与者各方受到平等的对待，来确保其人格尊严和主体地位得到尊重。再次，公正的审判过程可以使各方参与者成为理性的、负责任的主体。复次，公正的程序通过确保裁判结论直接在刑事审判过程中产生，保证程序参与者人格尊严受到尊重。最后，公正的审判程序通过及时地形成裁判结果并使刑事审判过程得到及时的终结，使程序参与者各方的利益受到关注，其人的尊严和权利主体地位得到尊重。①

其实，从辩证法的角度也可以得到较为清晰的认知，一般而言，法的实体正义指的是法的规范及其实施结果，它体现了权利、义务分配的正义原则；而法的程序正义则指的是法的制定与实施过程，它体现了正义原则。一方面，在实体正义与程序正义的关系上，人们传统上倾向于重实体正义、轻程序正义，甚至认为实体正义决定程序正义。实际上，程序正义具有独立于实体正

---

① 陈瑞华：《程序正义论》，载 http://www.gongfa.com/chenrhchengxzhengy.htm。

义的价值。[①] 在此意义上，笔者认为，程序正义的独立价值应该得到足够重视。但另一方面，又不能把程序正义绝对化——近年来程序正义优先于实体正义的强化也值得商榷。程序的价值首先是为了实现实体价值。纯粹的程序独立价值，在诉讼中是不存在的。正如罗尔斯所说的，"有人认为：程序的合法性（或正义）可以更少涉及实质性正义或在不能实现实质性正义的情况下独立存在，这一看法是一种很普通的疏忽（我不是说哈贝马斯疏忽了这一点），这是行不通的。"[②]

第二，程序正义与实体正义是相辅相成的，应当平行重视。一方面，程序法与实体法具有各自的功能分工及存在的价值，互不从属，实体公正和程序公正都是诉讼公正总目标的有机组成部分。另一方面，客观地看，任何法律均难以简单化、绝对化地贴上"实体法"或"程序法"的标签，通常情况是一部法律中实体性与程序性规定兼而有之，只不过占主导地位的实体性规定或程序性规定的比例不同而已。[③] 具体而言，在民事法领域，如齐树洁教授所指出的，民事程序法与实体法在各保其功能独立性的同时，在形式上又有一体化的倾向。民事程序法与实体法相互依存，相辅相成。[④] 同样，在刑事法领域，刑法与刑事诉讼法是一

---

① 齐树洁、王建源：《民事程序法与实体法关系的省思》，载《法学杂志》1999年第1期。

② 陈光中、陈学权：《刑事诉讼法再修改之基本思路》，载《人民检察》2005年第19期。

③ 齐树洁、王建源：《民事程序法与实体法关系的省思》，载《法学杂志》1999年第1期。

④ "没有一套公正的程序，不仅会影响纠纷的解决甚至会加剧矛盾与对立；而实体法不完备也会使程序法的运作不堪重负。"因此，"从完善民事诉讼法的角度出发，诉讼观念要在深刻省思'实体法与程序法关系'的前提下，实现从'重实体轻程序'向实体与程序并重转变，强调程序法的独立价值。"参见齐树洁、王建源：《民事程序法与实体法关系的省思》，载《法学杂志》1999年第1期。

种互为依存的关系，有一定的实体法，就有与之对应的程序法。刑法规定的犯罪和刑罚的内容，必须要经过刑事诉讼法规定的诉讼程序加以确认，刑法与刑事诉讼法之间存在着衔接关系。[①] 因此，不宜把程序正义与实体正义置于跷跷板的两端，作一种此起彼伏的价值取向。

二、司法裁判与司法说理平行重视

法院审判是否具有正当性，是否为当事人乃至社会公众所接受，一方面取决于审判程序是否合理，另一方面也取决于判决书是否以一种恰当而可证成的方式解释冲突。可以说，司法裁判与司法说理是平行重要的司法事项。前者旨在宣布一项法律裁决，后者旨在说明该法律裁决的依据，它不仅能够让诉讼当事人更加合理地接受判决，而且，可以进一步减少当事人上诉或信访的几率，促进诉讼程序内的和谐与社会中的和谐。近年来，司法裁判的准确性与公正性得到了大力的提倡，纲领性文件连续提到司法改革，并相继出现了公正、正义和公平三个概念。显然，只有裁判的公正是不够的，裁判的公正性必须以看得见的方式显现出来。可以说，“随着中国社会的发展，诉讼民主化进程将加快，司法职能的转化也将更具现代性，在这样的背景下，强化法官司法判决的论证，实现从无理判决到判决说理的过渡是必要的，也是必需的。”[②]

（一）裁判之外进行论证与说理的重要性

在裁判之外对裁判进行论证与说理，意指将裁判结果所依据

① 武承淑：《刑事程序法与实体法一体化的价值基础》，载《甘肃政法成人教育学院学报》2007 年第 6 期。

② 万毅、林喜芬：《从无理的判决到判决书说理——判决书说理制度的正当性分析》，载《法学论坛》2004 年第 5 期。

的法律理由展示出来，也意味着裁判者需要对事实认定的过程与法律适用的依据进行说理。借此，说理与论证至少包括了对事实认定的论证与对法律适用的说理。后者还包括静态意义上的法律理由和动态意义上的法律理由。在静态上的法律理由是由法律根据、案件事实，以及它们二者间在法律上的逻辑联系构成的，它是法律根据和案件事实逻辑结合的结果。动态上的法律理由则必然包括对法律的解释和对事实的认定。可见，"裁判的法律理由不仅指作为法律根据和案件事实逻辑结合，并支撑裁判结果的综合性的理由，而且还包括支撑对法律条文的字、词、句的理解和说明，支撑对案件事实不同方面的认定，以及揭示它们在法律上的逻辑联系的个别理由。"①

从比较法的角度看，在大陆法系国家，"判决要说明理由的做法，在意大利从 16 世纪起，在德国于 18 世纪逐步确立起来；在这点上，在法国只是在 1790 年，在德国只是在 1879 年才作为一项普遍义务强使法官接受。判决必须说明理由这一原则今天是极为牢固地树立了。"② 在英美法系国家，判例法是其主要的法律渊源，而判决的论证及法律理由是判例法的核心组成部分，并具有法律约束力。萨尔蒙德爵士曾指出，"一个先例是一种本身就含有一项原则的司法判决，因此，作为他的权威性要素的根本原则就往往被称之为判决理由。"③ 在此意义上，司法判决的说理、论证不仅起着支撑个案裁判的功能，而且起着发展法律规则的重要功能，因此，判决说理非常发达。总体上可以说，在世界

① 张琪琦：《现代司法理念视野下的民事裁判说理》载 http：//www. lnedu. org/lunwen/137519. html。

② ［法］勒内·达维德著：《当代主要法律体系》，漆竹生译，上海译文出版社 1984 年版，第 132 页。

③ John Salmond, "The Theory of Judicial Precedent", 16L. Q. Rev. 376, at 387 - 388 (1900).

范围内，司法裁判的说理论证是通行的，所不同的地方仅仅在于说理的充分程度上。相对来说，英美法系的判决说理与大陆法系的判决说理显得更细致、充分。

然而，为什么要在司法裁判之外还追求司法论证与司法说理呢？在笔者看来：

第一，事实与法律的复杂性决定着司法裁判需要论证与说理。“在司法过程中，我们所要处理的其实不光是法律问题，它还牵涉到方方面面纷繁复杂的社会问题。因此，法官所要做出的就不仅仅是一个法律判断，而且几乎涉及正义或者道德方面的所谓价值评断。在具体的裁判过程中，一个无法回避的问题便是：在法律判断与考量中，如何解决立场各异的意见冲突问题。于是，对案件的解决就不是一种依照逻辑的单线式的运行，而毋宁是一种对话式的论辩过程。”① 因此，如果对于这些复杂的事实与法律问题，不进行充分的解说，则当事人很难心悦诚服，即使败诉，也可能会另寻他种途径来进一步寻求救济，甚至在某些情形下会诉诸私力救济。在此意义上，可以说，“在这个充满竞争和冲突的现代社会里，判决理由的存在起码加强了国家与社会，法院与当事人以及个人之间的沟通和交流，通过这种对话形式，极大地消除和减少了彼此间的隔阂和摩擦。”② 这种“对话”对于缓解社会转型期的矛盾纠纷是十分重要的。

第二，加强裁判的论证与说理，有助于塑造司法权威。知识的形成有赖于信念，判决的形成也有赖于当事人及社会公众的信任。而对于判决书的确信而言，一个不可或缺的事项就必然是，

① 焦宝乾：《法律论证理论的兴起及其思想背景》，载《河南省政法管理干部学院学报》2004 年第 4 期。

② 胡桥：《判决理由的概念和功能》，载《浙江省政法管理干部学院学报》2001 年第 6 期。

该判决必须具有相当的支持理由。“这一点尤为重要，因为除了上述错误地认为是真的情况外，还存在碰巧知道一个实际上是真的对象的情况，由此造成经验与实在之间的裂隙，需要我们提出认知上的充分理由来给予支持。”① 同样，司法的权威性也来自信任。普通民众对司法权威的信任不是其他，而主要是两个方面：一是司法固有的机制，如中立性、独立性等能够保证司法判决的准确性；二是司法能够以民众可以接受的方式来说服民众，并告知其所作出的裁判是准确的和公正的。一个是“应当是什么”的问题，一个是“为什么应当是什么”的问题。在此方面，判决说理也起着非常重要的作用，有利于增强司法的权威性。对此，张卫平教授指出，“法院是不能拒绝对法律争议作出裁判的。说理之所以现在被人们所强调，与人们对司法公信度的认识有关。当人们对裁判者的公正性没有怀疑时，人们不会要求裁判者说理，因为要求说理的前提就是怀疑。神明裁判由于在形式上是上天神明在裁断，人们当然不会追问上天神明裁判的理由何在。目前，人们对司法公正性普遍存有疑虑的情况下（尽管这种认识存在夸大和扭曲的问题），强化裁判的说理性，无疑有助于重塑司法权威。”② 换言之，现代社会中的司法权威是基于理性而得以形塑的，而不太可能像传统社会中一样依赖于神明权威和威权性的权威，而这种理性或法理型权威的获取，往往只能通过这种公开而透明的说理与论证来实现。在社会转型的初期由于

① “要使人信服，最有效的方法就在于提供一种不可反驳或难以反驳的论证。论证是对一定范围的听众或读者进行的活动，是对某个命题的真实性与合理性的证明，是通过引用另一些被认为真的命题，起码是论证者或其对手默认为真的命题来实现的。”参见王晓：《走出困境：法律论证的认识论再思考》，载《法商研究》2007 年第 6 期。

② 张卫平：《再谈裁判说理》，载 http://www.fatianxia.com/paper_list.asp?id=15764。

司法自身的原因损伤了司法公信力，要重塑民众对司法的信心，加强裁判说理性就是一个重要途径。

（二）司法说理的具体方面

仅仅认识到司法裁判与司法说理的平行重要性还不够，还应当认识到司法说理的内容中的诸多平行关系。

第一，判决说理中的事实与法律之平行关注。司法是通过法律标准来认定事实的活动，因此，事实与法律是司法活动中最为重要的两个要素。一个裁判结论一般也必须包括对事实的说明与对法律的说明。可以说，没有法律适用的事实仅仅是一种科学描述，而没有事实的法律也将沦为法律宣言。这些在司法活动中都不具有任何意义。因此，法律论证或法律说理必须兼顾两者。就事实认定而言，必须深层次、有逻辑地解析证据锁链关系，以澄清纠纷的起因、发展、结束，以及事实的认定结论；就后者而言，则必须对法律规则的适用前提、为什么要适用该法律规则而非其他法律规则，以及该法律规则的具体解释原理，等等。

第二，判决说理中的程序法与实体法之平行关注。司法活动认定事实与适用法律的过程不仅涉及实体法中的权利义务规则，而且，还会涉及程序规则与证据规则。程序规则决定着司法机关的活动准则，而证据规则则决定着司法机关如何采纳证据。甚至很多程序法规则或证据法规则兼具事实与法律的因素，如非法证据排除规则就既涉及法律因素，也涉及事实因素。为此，在说理论证的过程中，关注实体法自不待言，但关注程序法也是现代司法的必然要求。

（三）我国司法裁判与司法说理之不足及平行化推动

由于我国司法长期以来扮演着社会治理的角色，因此，威权性有余而权威性不足。自古以来，我国司法被侵染了浓厚的官僚色彩，认为法院作为治理者，给当事人作出最终的裁判已经具备充分的威权性了，这不需要说理，当事人直接照着裁判去执行就是了。这显然是导致司法裁判与司法说理非平行运行的重要原因。

因此，我国司法说理既无英美法系说理造法功能的机制，也无大陆法系司法透彻说理的技术，并一直表现为说理不充分。如学者描述指出的，"目前大量判决书没有说理或说理不充分，'简明扼要'倒是做到了，但'通俗易懂'却变成了让当事人云里雾里，摸不着头脑。对于事实确认，往往用一句话'上述事实，有证据在案'或者'上述事实，证据确凿'；对于当事人双方争议较大的证据采信问题，法官也不说明理由，不展示自己认定证据的心证过程，而是以一句简单的'对该证据不予认定'这种'修辞性技巧'来逃避自己的责任。对于法律适用，往往直接引用法律条文'根据某某法第某某条之规定，判决如下'。"① 这样的实践现状显然不能满足我国转型时期和合司法之柔性司法需求，更不能为司法权威的塑造提供帮助，亟须完善。事实上，这样的司法裁判由于缺乏说理，不仅显得权威性不足，而且，也引发着大量的因当事人对裁判不满而实施的上访。笔者以某市两级法院2005—2010年为例，对信访案件的有关数据进行了分析，分析得出三条比较重要的曲线：首先是信访数量与程序曲线。对案件从审理到执行的过程中的信访量运行分析发现，一审、二审、执行信访量曲线依次上升。其次是上访手段与程序曲线。对案件从审理到执行的过程中的信访手段运行分析：一审多采取一般信访，二审多采取缠访，执行多采取闹访、暴力访。信访手段曲线依次上升。三是案件瑕疵与改判、维持的交叉曲线。从案件瑕疵看，上访案件几乎都存在不同程度的瑕疵，但启动再审程序改判的数量极少，绝大多数是维持，即"两个极个别"，案件有问题需要改判的是极个别；案件一点瑕疵没有的也

① 王仲云：《判决书说理问题研究》，载《山东社会科学》2005年第8期。

是极个别。这些瑕疵中因说理不充分导致信访的占相当大的比例。①

由此，笔者认为，需要对我国司法裁判与司法说理的不足进行平行化完善。第一，在强调司法裁判准确性与公正性的同时，要求进行较为充分的司法说理，使得司法裁判的公正性能够以看得见的方式昭示。第二，在司法说理的具体内容中，不仅要重视对事实的认定之说理，更要重视对法律适用之说理——转型社会中法律规则之新发展还需要在个案司法裁判的论证与说理中创释。除此之外，不仅要重视对实体权利义务分配之说理，还需要对程序规则之适用、证据规则之适用进行较为充分的说理。

三、司法审级之间平行重视

（一）我国司法审级制度的起源与发展

在现代社会中，审级制度是一国司法制度的重要组成部分。一般认为，审级制度是指法律规定的审判机关在组织体系上设置的等级，当事人可以上诉几次或者检察机关可以抗诉几次，一个案件经过多少级法院审判后，判决、裁定即发生法律效力的一种诉讼法律制度。② 目前，我国法院共有四级设置，实行“两审终审制”，是指一个案件最多经过两级人民法院的审判即告终结的一种审级制度。

我国审级制度之所以如此，是长期历史经验累积的结果。据陈卫东教授考证，早在民主革命时期，各革命根据地的诉讼程序中已设有上诉制度，并在有关的法令和条例中作了明确的规定。1934 年颁布的《中华苏维埃共和国司法程序》中规定，“如区为

---

① 资料来源：某市中级人民法院立案庭《信访调查报告 2005—2010》。

② 程荣斌、邓云：《审级制度研究》，载 http://www.xingshisusong.com/xsssffz/zfrnghgxsssf/1411.html。

初审机关，则县为终审机关；县为初审机关，则省为终审机关；省为初审机关，则最高法院为终审机关。最高法院在审判程序上，为最后的审判机关"。抗日战争时期，各抗日根据地基本上仍实行两审终审制的上诉制度。有的根据地曾实行三审终审制的上诉制度。例如，陕甘宁边区于 1942 年一度改为三审制，即以边区审判委员会作为第三审级，受理不服边区高等法院一审或者二审之刑事、民事上诉案件。解放战争时期，各解放区继续实行两审终审制的上诉制度。有的地区规定，在特殊情况下，有些案件准许进行第三审。中华人民共和国成立后，1951 年颁布的《中华人民共和国人民法院暂行组织条例》第 5 条规定："人民法院基本上实行三级两审制，以县人民法院为基本的第一审法院；省级人民法院为基本的第二审法院；一般的以二审为终审，但在特殊情况下，得以三审或一审为终审。"1954 年颁布的《中华人民共和国人民法院组织法》取消了特殊性规定，明确规定人民法院审判案件，一律实行两审终审制。① 由此，两审终审制的审级制度在我国获得了最终的确立。

（二）我国司法审级制度的不平行

针对我国长期以来实行的两审终审制，学界通说一直采行肯定的态度，认为两审终审制具有符合我国国情、便利于群众、有

① 陈卫东、李训虎：《公正、效率与审级制度改革——从刑事程序法的视角分析》，载《政法论坛》2003 年第 5 期。

利于惩罚犯罪等优点。[①] 但是，随着社会转型，长期实行的审级制度暴露出了诸多问题，再加上影响司法运作的实践因素较为复杂和多元，我国的审级制度在司法实践中表现出诸多不自洽的情形。正如学者所言，“一起民事案件经过一审和二审之后，通常的法律救济程序就告终结，当事人不应当再提起上诉。如果当事人依然要寻求救济，只能够发动再审。在很长一段时间里，这种设置是与我国的社会现实状况相适应的，较好地保护了当事人的合法权益，也充分地利用了现实的司法资源。但是，随着经济的发展，随着民事案件数量的增加，这种两审终审的审级制度受到了很大的挑战。上诉案件数量不断增加，再审案件数量也在增加，这样就造成了上级人民法院的负担过重，疲于应付。”[②]

具体而言，第一，各审级之间缺乏合理的功能分工，一审法院的事实认定功能无形中被规避。在审级功能的设定方面，许多国家均有着较为明确的分工，呈现出协调、平行、互相促进的良

① 第一，符合我国国情。我国是一个地域辽阔、交通不便的国家。县、地区、省三级法院相距甚远，不宜把过多的案件集中到省级法院终审。如果实行三审终审，一个案件从县、地区、再到省里，势必使当事人和其他诉讼参与人出席法庭，来往奔走，长途跋涉，影响生产和工作。第二，便利群众。依靠群众是我国完成各项工作必须遵循的根本路线，也是我国刑事诉讼法的基本原则。根据我国法院审判管辖的规定，除极少数重大案件属省级以上法院审理外，大多数案件属县、地区两级法院审理。实行两审终审制，使大多数案件可以在县、地区两级法院得到解决。一般来说，县与地区比较靠近，办案人员依靠群众进行调查核实案情，传唤当事人和证人接受询问，出席法庭都比较方便，也有利于审判公开，向群众进行法制教育和接受群众监督。第三，有利于及时惩罚犯罪，保护当事人的合法权益。实行两审终审制的上诉制度，既保障了当事人的上诉权利，又简化了诉讼程序，减少了重复审理。当事人的上诉，不论是认定事实还是适用法律方面的问题，通过全面审查，包括对一审判决中可能存在的其他一些法律问题，都能一起得到正确解决。案件的及时处理，对惩罚犯罪、纠正错误都有利。参见陈卫东、李训虎：《公正、效率与审级制度改革——从刑事程序法的视角分析》，载《政法论坛》2003 年第 5 期。

② 陈柳芬：《审级制度改革探讨》，载 http://www.jcrb.com/zyw/n84/ca51967.htm.

好局面。一般是较基层的法院负责初审，是事实审法院，而上诉法院主要就纠纷所涉及的法律问题进行裁断。无论是英美法系还是大陆法系，皆是如此。[①] 然而，在我国，根据全面审查原则，一旦案件被上诉到上级法院，则上级法院必须针对事实与法律问题，甚至包括初审法院未涉及的事实与法律问题进行审查。无论是民事诉讼，还是刑事诉讼，尽皆如此。由此，大量的案件纠纷一旦被上诉到上级法院，上级法院不仅需要对法律适用进行审查，而且还要对事实认定进行审查，工作量非常大，进而导致法院的案件负担非常之重。延迟了司法救济的效率性。不仅如此，在这样的审级制度下，初审法院的事实认定一旦被上诉到上级法院，可以说，就已经"作废"，换言之，初审法院的事实认定功能并不像许多国家那样一般被给予充分的肯定，相反，则是被否定了。

第二，各审级之间均只着眼于自身，导致司法的解纷功能过于零散。法官办案中各管一段，期望用高级机关权威或靠后的程序来解决矛盾。案件承办法官大多只考虑本程序内矛盾的暂时克服，从而尽快结案，对于存在的尚未从根本上解决的问题遗留给上级法院或者后一个程序。"一审不服你去打二审，二审不服你去打再审"，寄希望于用更高级的机关或随后的程序来解决冲突，其结果是陷入一种"击鼓传花"的游戏。当然，全国法院普遍存在的结案率考核机制也推动了这一错误逻辑的演进。目前结案率的考核基本采用的是行政机关甚至是工业化生产的单位时间内完成任务的"计件"方式，按照月、季度、半年、年为单位考核承办人结案率。在案件比率要求的有限时间内，法官只能匆忙进行"粗加工"，转手推给下一道工序。由于这种逻辑错误，导致各程序间出现断裂，其结果是越是高级的机关越是靠后

① 傅郁林：《审级制度的建构原理》，载《中国社会科学》2002 年第 4 期。

的程序，信访量越来越大、信访手段越来越激烈。

（三）迈向平行的司法审级关系

笔者认为，基于司法审级分工的需求，应当秉持两个基本原则：一是各审级之间要有功能上的分工，不能全部都用于解决事实问题，也就是功能上不能重复；二是各审级之间要有功能上的协调，即最终而有效的解决纠纷应当是各审级之间有机协调的连接线。为此，我国司法运行迈向平行司法必须进行必要的审级制度完善。

第一，实行三审终审制与有限审查原则。鉴于我国司法制度较为倾向于大陆法系诉讼传统，笔者认为，我国在进行审级制度改革方面应当借鉴大陆法系的三审终审制，即一审为初审法院，考虑到我国初审法院的法官综合能力与事实认定的能力都相对不足，在二审可采取复审制，即对事实认定与法律适用均进行审查。但应当摈弃我国长期以来的全面审查原则，改采有限审查原则，即无论是第二审法院还是第三审法院，审查范围一般应以当事人上诉请求和理由为限。如果当事人或检察机关仅就法律问题提出上诉或抗诉，诉讼对方也未就事实问题抗诉或上诉，就应认为原判决所认定的事实已经成为控辩双方都予以依赖的事实，双方就事实问题的争议已经解决。同样，当事人仅就事实问题向第二审法院上诉，可以认为法律争议问题已获解决。第二审法院一般不再审查。在三审法院则仅对法律适用问题进行裁判。这样一来，不仅可以降低上级法院的负担，而且，一定程度上还可以强化一审法院的司法权威，更为重要的，可以促进我国各级法院之间的功能分配——初级法院致力于事实问题，较高级别的法院致力于法律统一。

第二，贯彻各级法院平行解决纠纷原则。笔者认为，基于对当事人诉权保障的救济安全，司法设置审级及审执分立程序。但对于当事人获得救济的程序价值而言，案件处理中的任何一个程序，不管是一审、二审、执行，都是一个整体的平行关系，没有高级程序和低级程序，每一个程序都处于同一平面，而且不应当脱节。虽然各个程序相对独立，但有效解决同一案件纠纷的目的要求决定了各个程序的有机组合，即各程序阶段都要考虑案件整体的司法效益——案结事了，息诉服判。对于上述司法效益局部性追求向整体性追求的导引，必须通过司法官员的意识构建形成各个程序平行联动。要耦合每一个程序实现司法效益，就必须建立平行联动意识。事实证明，院长接待日、庭长接待日、主审法官的判后答疑等方式是矫正上述司法逻辑错误的有效途径。技术层面的平行联动就是要强调精一审、强二审，最终实现案件审判质量的提高。

结　论

中国转型社会的司法运行原理的调整之研究，对解决当前社会突出矛盾具有十分重要的作用，可以说，司法运行原理的调整已经成为司法机关不可回避的当务之急。为此，本书以社会转型为背景，提出了和合司法的总目标，并辅之以本位司法、柔性司法及平行司法作为补充。力图在理论上提出应对社会转型期间的司法转型之方向，也旨在致力于社会转型期间社会纠纷之消解。可以说，转型社会的司法运行原理之塑造是中国特有历史文化传统、中国当前社会转型背景的综合展现。当然，转型社会的司法运行原理是一个开放性的问题，这也是由社会转型的变动性所决定的。同时，转型社会的司法运行机制之塑造还仰赖于众多非司法性、非法律性因素的补充。毕竟，社会转型是一个包容了社会、经济、文化、法律、政治等多领域、多因素的综合体。

参考文献

（一）外文译著

1. ［美］马丁·夏皮罗著：《法院：比较法上和政治学上的分析》，张生、李彤译，中国政法大学出版社 2005 年版。

2. ［德］马克斯·韦伯著：《论经济与社会中的法律》，张乃根译，中国大百科全书出版社 1998 年版。

3. ［美］西里尔·E. 布莱克著：《比较现代化》，杨豫、陈祖州译，上海译文出版社 1996 年版。

4. ［美］Ritzer，Goodman 著：《社会学理论》，马康庄、陈信木译，台湾巨流出版社 1989 年版。

5. ［美］博登海默著：《法理学——法律哲学与法律方法》，邓正来译，中国政法大学出版社 1999 年版。

6. ［美］埃尔曼著：《比较法律文化》，贺卫方等译，生活·读书·新知三联书店 1990 年版。

7. ［意］D. 奈尔肯、［英］菲斯特著：《法律移植与法律文化》，高鸿均等译，清华大学出版社 2006 年版。

8. ［美］布莱克著：《法律的运作行为》，唐越、苏力译，中国政法大学出版社 1994 年版。

9. ［德］魏德士著：《法理学》，丁晓春、吴越译，法律出版社 2005 年版。

10. ［法］埃米尔·涂尔干著：《社会分工论》，渠东译，生活·读书·新知三联书店 2000 年版。

11. ［日］森本益之等著：《刑事政策学》，戴波等译，中国人民公安大学出版社 2004 年版。

12. ［美］康芒斯著：《制度经济学》，商务印书馆 1962 年版。

13. ［美］诺斯著：《经济史中的结构与变迁》，陈郁译，上海三联书店 1994 年版。

14. ［美］李普塞特著：《政治人——政治的社会基础》，张绍宗译，上海人民出版社 1997 年版。

15. ［美］罗尔斯著：《正义论》，何怀宏等译，中国社会科学出版社 1988 年版。

16. ［俄］谢尔盖·博斯霍洛夫著：《刑事政策的基础》，刘向文译，郑州大学出版社 2002 年版。

17. ［法］托克维尔著：《论美国的民主》，董果良译，商务印书馆 1988 年版。

18. ［英］洛克著：《政府论》，叶启芳、瞿菊农译，商务印书馆 1964 年版。

19. ［意］马基雅维利著：《君主论》，潘汉典译，商务印书馆 1985 年版。

20. ［法］孟德斯鸠著：《论法的精神》，张雁深译，商务印书馆 1959 年版。

21. ［美］庞德著：《通过法律的社会控制》，沈宗灵、董世忠译，商务印书馆 1984 年版。

22. ［日］小岛武司著：《诉讼制度改革的法理与实证》，陈刚、郭美松等译，法律出版社 2001 年版。

23. ［法］卡斯东·斯特法尼著：《法国刑法总论精义》，罗结珍译，中国政法大学出版社 1998 年版。

24. ［美］诺内特、塞尔兹尼克著：《转变中的法律与社会》，张志铭译，中国政法大学出版社 2004 年版。

25. [美] 弗里德曼著：《法律制度：从社会科学角度观察》，李琼英、林欣译，中国政法大学出版社 2004 年版。

26. [美] 孙隆基著：《中国文化的深层结构》，广西师范大学出版社 2004 年版。

27. [美] 科恩著：《论民主》，聂崇信译，商务印书馆 1988 年版。

28. [法] 勒内·达维德著：《当代主要法律体系》，漆竹生译，上海译文出版社 1984 年版。

29. [德] 黑格尔著：《法哲学原理》，张企泰译，商务印书馆 1996 年版。

30. [美] 波斯纳著：《法理学问题》，苏力译，中国政法大学出版社 1994 年版。

31. [美] 赫伯特·金迪斯等著：《人类社会的趋社会性及其研究：一个超越经济学的经济分析》，汪丁丁、叶航、罗卫东编，上海世纪出版集团 2006 年版。

32. [美] 唐·布莱克著：《社会学视野中的司法》，郭星华译，法律出版社 2002 年版。

33. [德] 柯武刚、史漫飞著：《制度经济学——社会秩序与公共政策》，韩朝华译，商务印书馆 2004 年版。

34. [美] 罗斯科·庞德著：《普通法的精神》，唐前宏等译，法律出版社 2001 年版。

35. [美] 考文著：《美国宪法的“高级法”背景》，强世功译，北京三联书店 1996 年版。

36. [英] 约翰·洛克著：《政府论》（下），叶启芳、瞿菊农译，商务印书馆 1964 年版。

37. [英] 维尔著：《宪政与分权》，苏力译，生活·读书·新知三联书店 1997 年版。

38. [英] 麦考密克等著：《制度法论》，周叶谦译，中国政法大学出版社 1994 年版。

39. ［美］勒斯克著：《美国民事诉讼》，法律出版社 1997 年版。

40. ［英］培根著：《培根论说文集》，水天同译，商务印书馆 1983 年版。

41. ［意］卡佩莱蒂著：《比较法视野中的司法程序》，徐昕、王奕译，清华大学出版社 2005 年版。

42. ［日］大木雅夫著：《比较法》，范愉译，法律出版社 1999 年版。

43. ［美］苏珊·邓恩著：《姊妹革命：美国革命与法国革命启示录》，上海文艺出版社 2003 年版。

44. ［奥］凯尔森著：《法与国家的一般理论》，沈宗灵译，中国大百科全书出版社 1996 年版。

45. ［英］韦德著：《行政法》，徐炳等译，中国大百科全书出版社 1997 年版。

46. ［英］卡罗尔·哈洛、理查德·罗林斯著：《法律与行政》，杨伟东等译，商务印书馆 2004 年版。

47. ［德］拉德布鲁赫著：《法学导论》，米健等译，中国大百科全书出版社 1997 年版。

48. ［美］伯德纳·施瓦茨著：《行政法》，徐炳译，群众出版社 1986 年版。

49. ［印］赛夫著：《德国行政法—普通法的分析》，周伟译，五南图书出版公司。

50. ［美］艾森斯塔德著：《帝国的政治体系》，贵州人民出版社 1992 年版。

51. ［美］汉密尔顿等著：《联邦党人文集》，商务印书馆 1980 年版。

52. ［美］德沃金著：《法律帝国》，李长青译，中国大百科全书出版社 1996 年版。

53. ［英］罗杰·科特威尔著:《法律社会学导论》，潘大松等译，华夏出版社 1989 年版。

54. ［美］理查德·里夫斯著:《美国之旅》，韩守信译，中国对外翻译出版公司 1992 年版。

55. ［美］戈尔丁著：《法律哲学》，齐海滨译，生活·读书·新知三联书店 1987 年版。

56. ［英］米尔恩著：《人的权利与人的多样性：人权哲学》，夏勇、张志铭译，中国大百科全书出版社 1995 年版。

57. ［法］狄骥著:《公法的变迁》，郑戈等译，辽宁出版社 1999 年版。

58. ［日］棚赖孝雄著:《纠纷的解决与审判制度》，王亚新译，中国政法大学出版社 1994 年版。

59. ［日］小岛武司著:《司法制度的历史与未来》，汪祖兴译，法律出版社 2000 年版。

60. ［美］克里斯托弗·沃尔夫著:《司法能动主义——自由的保障还是安全的威胁?》，黄金荣译，中国政法大学出版社 2004 年版。

61. ［日］谷口安平著:《程序的正义与诉讼》，王亚新、刘荣军译，中国政法大学出版社 1996 年版。

62. ［美］波斯纳著:《超越法律》，苏力译，中国政法大学出版社 2001 年版。

63. ［意］维柯著:《新科学》（下），朱光潜译，商务印书馆 1997 年版。

64. ［法］福柯著:《规训与惩罚》，刘北成、杨远婴译，生活·读书·新知三联书店 1999 年版。

65. ［美］赫伯特·金迪斯、萨姆·鲍尔斯等著:《人类社会的趋社会性及其研究》，上海世纪出版集团 2006 年版。

66. ［德］哈贝马斯著：《后形而上学思想》，曹卫东、付德根译，译林出版社 2001 年版。

67. ［美］凯斯 · R. 孙斯坦著：《法律推理与政治冲突》，金朝武、胡爱平、高建勋译，法律出版社 2004 年版。

68. ［德］恩斯特 · 卡西尔著：《人论》，甘阳译，上海译文出版社 2004 年版。

69. ［德］阿克塞尔 · 霍耐特著：《为承认而斗争》，胡继华译，上海世纪出版集团 2005 年版。

（二）中文论著

1. 胡伟著：《司法政治》，香港三联书店 1994 年版。

2. 程竹汝著：《司法改革与政治发展》，中国社会科学出版社 2001 年版。

3. 季卫东著：《宪政新论——全球化时代的法与社会变迁》，北京大学出版社 2002 年版。

4. 崔峰著：《敞开司法之门——民事起诉制度研究》，中国政法大学出版社 2005 年版。

5. 左卫民、周长军著：《变迁与改革——法院制度现代化研究》，法律出版社 2000 年版。

6. 左卫民著：《在权利话语与权力技术之间：中国司法的新思考》，法律出版社 2002 年版。

7. 王亚新著：《社会变革中的民事诉讼》，中国法制出版社 2001 年版。

8. 黄仁宇著：《中国大历史》，生活 · 读书 · 新知三联书店 1999 年版。

9. 梁治平著：《在边缘处思考》，法律出版社 2003 年版。

10. 季卫东著：《法治的秩序建构》，中国政法大学出版社 1999 年版。

11. 狄小华、李志刚主编：《刑事司法前沿问题——恢复性司法研究》，群众出版社 2005 年版。

12. 孙万胜著：《司法权的法理之维——司法改革的体系化理论思考》，法律出版社 2001 年版。

13. 张载宇著：《行政法要论》，汉林出版社 1977 年版。

14. 张建伟著：《刑事司法体制原理》，中国人民公安大学出版社 2002 年版。

15. 关保英著：《行政法教科书之总论行政法》，中国政法大学出版社 2005 年版。

16. 林钰雄著：《刑事诉讼法》（上），中国人民大学出版社 2005 年版。

17. 宋冰编：《程序、正义和现代化》，中国政法大学出版社 1998 年版。

18. 赵宝云著：《西方五国宪法通论》，中国人民公安大学出版社 1994 年版。

19. 龚刃韧著：《现代日本司法透视》，世界知识出版社 1993 年版。

20. 王晋、刘生荣主编：《英国刑事审判与检察制度》，中国方正出版社 1999 年版。

21. 陈瑞华著：《问题与主义之间：刑事诉讼基本问题研究》，中国人民大学出版社 2003 年版。

22. 徐国栋著：《民法基本原则解释》，中国政法大学出版社 2001 年版。

23. 张宏生主编：《西方法律思想史》，北京大学出版社 1983 年版。

24. 龚祥瑞著：《比较宪法与行政法》，法律出版社 2003 年版。

25. 张志铭著：《法律解释操作分析》，中国政法大学出版社 1999 年版。

26. 张国庆主编：《行政管理学概论》，北京大学出版社1994年版。

27. 顾培东著：《从经济改革到司法改革》，法律出版社2003年版。

28. 朱兴文著：《权利冲突论》，中国法制出版社2004年版。

29. 谢佑平等著：《刑事司法权力的配置与运行研究》，中国人民公安大学出版社2005年版。

30. 孙万胜著：《司法权的法理之维——司法改革的体系化理论思考》，法律出版社2002年版。

31. 李松玉著：《制度权威研究——制度规范与社会秩序》，社会科学文献出版社2005年版。

32. 喻中著：《乡土中国的司法图景》，中国法制出版社2007年版。

33. 胡夏冰著：《司法权——性质与构成的分析》，人民法院出版社2003年版。

34. 黄基泉著：《西方宪政思想史略》，山东人民出版社2004年版。

35. 唐士其著：《西方政治思想史》，北京大学出版社2002年版。

36. 王人博、程燎原著：《法治论》，山东人民出版社2001年版。

37. 徐祥民著：《文化基础与道路选择——法治国家建设的深层思考》，法律出版社2004年版。

38. 张文显著：《法学基本范畴研究》，中国政法大学出版社1993年版。

39. 李文健著：《刑事诉讼效率论》，中国政法大学出版社1999年版。

40. 夏勇主编：《走向权利的时代》，中国政法大学出版社

1995 年版。

41. 苏力著：《道路通向城市：转型中国的法治》，法律出版社 2004 年版。

42. 郭星华、陆益龙等著：《法律与社会：社会学和法学的视角》，中国人民大学出版社 2004 年版。

43. 邹吉忠著：《自由与秩序——制度价值研究》，北京师范大学出版社 2003 年版。

44. 李松玉著：《制度权威研究——制度规范与社会秩序》，社会科学文献出版社 2005 年版。

45. 苏力著：《制度是如何形成的》，北京大学出版社 2007 年版。

46. 郑杭生、李路路等著：《当代中国城市社会结构现状与趋势》，中国人民大学出版社 2004 年版。

47. 金耀基著：《从传统到现代》，台湾时报文化出版公司 1990 年版。

48. 陈光中主编：《刑事诉讼法学》，中国政法大学出版社 1996 年版。

49. 王怀超主编：《中国现代化发展道路》，中共中央党校出版社 2000 年版。

50. 刘小枫著：《现代性社会理论绪论》，上海三联书店 1998 年版。

51. 万毅著：《变革社会中的程序正义——语境中的中国刑事司法改革》，中国方正出版社 2004 年版。

52. 沙莲香等著：《社会学家的沉思——中国社会文化心理》，中国社会出版社 1998 年版。

53. 刘祖云主编：《社会转型解读》，武汉大学出版社 2005 年版。

54. 刘金国、蒋立山主编：《中国社会转型与法律治理》，中国法制出版社 2006 年版。

55. 苏力著：《法治及其本土资源》，中国政法大学出版社 1996 年版。

56. 陶东风著：《社会转型与当代知识分子》，上海三联书店 1999 年版。

57. 冉井富著：《当代中国民事诉讼率变迁研究——一个比较法社会学的视角》，中国人民大学出版社 2005 年版。

58. 万毅著：《程序正义的重心——底限正义视野下的侦查程序》，中国检察出版社 2006 年版。

59. 武建敏著：《司法理论与司法模式》，华夏出版社 2006 年版。

60. 汪明亮著：《“严打”的理性评价》，北京大学出版社 2004 年版。

61. 樊崇义等著：《刑事诉讼法修改专题研究报告》，中国人民公安大学出版社 2004 年版。

62. 左卫民著：《价值与结构——刑事程序的双重分析》，法律出版社 2003 年版。

63. 苏永钦著：《司法改革的再改革》，台湾月旦出版社 1998 年版。

（三）中文论文

1. 肖扬：《法院、法官与司法改革》，载《法学家》2003 年第 1 期。

2. 陈文华：《当前中国司法改革的路径思考》，载《河北法学》2007 年第 11 期。

3. 龙宗智：《徘徊于传统与现代之间：论中国刑事诉讼法的再修改》，载《政法论坛》2004 年第 5 期。

4. 肖建华：《构建协同主义的民事诉讼模式》，载《政法论坛》2006 年第 5 期。

5. 左卫民、万毅：《我国刑事诉讼制度改革若干基本理论问题研究》，载《中国法学》2003 年第 4 期。

6. 汪建成：《刑事诉讼法再修改过程中面临的几个选择》，载《中国法学》2006 年第 6 期。

7. 孙长永：《略论刑事诉讼法的再修改》，载《现代法学》2004 年第 3 期。

8. 王福华：《民事诉讼协同主义：在理想和现实之间》，载《现代法学》2006 年第 6 期。

9. 唐力：《辩论主义的嬗变与协同主义的兴起》，载《现代法学》2005 年第 6 期。

10. 吴卫军：《当前中国司法改革的三大误区》，载《政治与法律》2005 年第 1 期。

11. 周永坤：《信访潮与中国纠纷解决机制的路径选择》，载《法制与社会》2007 年第 11 期。

12. 郑成良：《法治公信力与司法公信力》，载《法学研究》2007 年第 4 期。

13. 董皞：《司法功能与司法公正、司法权威》，载《政法论坛》2002 年第 2 期。

14. 谢佑平、万毅：《审判中立论》，载《湖南政法干部管理学院学报》2001 年第 4 期。

15. 侯淑雯：《禁止单方接触与保障程序公平》，载《现代法学》2001 年第 5 期。

16. 孙昌军等：《论我国司法鉴定的独立、中立和公正》，载《湖南大学学报》（社会科学版）2002 年第 6 期。

17. 郑戈：《法学是一门社会科学吗?》，载《北大法律评论》1998 年第 1 卷第 1 辑。

18. 左卫民：《反思法院制度——意旨、对象与路径》，载《四川师范大学学报》2005 年第 3 期。

19. 马作武、陈影:《清末法律移植的现代反思》,载《学术研究》2005 年第 2 期。

20. 张善根:《现代性语境下的法律移植》,载《上海师范大学学报》2003 年第 3 期。

21. 徐安琪:《社会转型期农村妇女资源的开发》,载《妇女研究论丛》1992 年第 2 期。

22. 十戈:《社会转型中妇女资源的分化与发展》,载《妇女研究论丛》1992 年第 1 期。

23. 包雷:《试论工青妇组织在我国社会转型期的地位和作用》,载《妇女研究论丛》1992 年第 4 期。

24. 周平:《社会转型与政治稳定——发展中国家的考察》,载《云南社会科学》1995 年第 3 期。

25. 许志锐:《社会转型期的价值导向问题的思考》,载《中国党政干部论坛》1995 年第 8 期。

26. 包心鉴:《论中国社会转型时期的政治发展》,载《政治学研究》1996 年第 1 期。

27. 潘科:《关于社会转型期道德建设的思考》,载《理论探讨》1996 年第 1 期。

28. 李相沃:《从政治学角度看中国社会的转型》,载《社会学研究》1996 年第 1 期。

29. 张小路:《社会转型中的知识分子问题》,载《社会科学研究》1994 年第 2 期。

30. 刘建军:《社会主义意识形态在社会转型时期的地位和作用》,载《理论与改革》1994 年第 8 期。

31. 廖克林:《宪法在社会转型中的地位和作用》,载《中国法学》1996 年第 3 期。

32. 杜承铭:《社会转型与中国宪法理念的重构》,载《法学评论》2000 年第 3 期。

33. 张纯琍：《我国社会转型时期对犯罪者教育改造体系的对策研究》，载《公安大学学报》1999 年第 1 期。

34. 曹子东：《社会转型与经济犯罪》，载《公安大学学报》2001 年第 2 期。

35. 吕耀怀、刘爱龙：《失范、越轨与失序》，载《长沙电力学院学报》1999 年第 2 期。

36. 蒋羽扬：《新型经济犯罪产生的原因及防范对策》，载《财经论坛》2006 年第 12 期。

37. 阮惠风：《女性毒品犯罪的实证分析》，载《云南民族大学学报》2007 年第 1 期。

38. 杨柳：《警惕土地纠纷暴力化苗头》，载《瞭望》2005 年第 29 期。

39. 顾培东：《试论我国社会中非常规性纠纷的解决机制》，载《中国法学》2007 年第 3 期。

40. 洪浩：《非讼方式：农村民事纠纷解决的主要途径》，载《法学》2006 年第 11 期。

41. 曾宪义、马小红：《中国传统法的结构与基本概念辩正——兼论古代礼与法的关系》，载《中国社会科学》2003 年第 5 期。

42. 凌文辁、郑晓明、方俐洛：《社会规范的跨文化比较》，载《心理学报》2003 年第 35 期。

43. 魏娜：《公民权利意识觉醒》，载《人民论坛》2006 年第 18 期。

44. 王利明：《司法改革的若干建议》，载《法学家》2005 年第 4 期。

45. 杜闻：《论 ADR 对重塑我国非诉讼纠纷解决体系的意义》，载《政法论坛》2003 年第 3 期。

46. 范愉：《浅谈当代“非诉讼纠纷解决”的发展及其趋

势》，载《比较法研究》2003 年第 4 期。

47. 曹风等：《中国“严打”十八年》，载《警方》2001 年第 6 期。

48. 左卫民、马静华：《交通事故纠纷解决的行政机制研究》，载《四川大学学报》2005 年第 4 期。

49. 张榕：《我国非诉讼纠纷解决机制的合理建构》，载《厦门大学学报》2006 年第 2 期。

50. 左卫民：《变革时代的纠纷解决及其研究进路》，载《四川大学学报》2007 年第 2 期。

51. 赵秉志：《对严打中几个法律关系的思考》，载《人民检察》2001 年第 9 期。

52. 齐延平：《司法权中立的内容构成》，载《法商研究》1999 年第 4 期。

53. 陈雄根：《公民环境权与接近正义——以环境公益诉讼为视角》，载《求索》2007 年第 9 期。

54. 寿可等著：《“接近正义”中的诉权保障》，载《河南公安高等专科学校学报》2007 年第 5 期。

55. 马贵翔：《我国刑事司法程序形式化的程序正义透析》，载《法商研究》2002 年第 5 期。

56. 万毅：《刑事程序简易化改革之我见》，载《四川师范大学学报》2007 年第 4 期。

57. 龙大轩：《和合：传统文化中的国家法与民间法》，载《西南民族大学学报》2007 年第 190 期。

58. 李振宇、吕志祥：《接近正义——对民事诉讼简易程序改革的思考》，载《社科纵横》2004 年第 4 期。

59. 万毅、林喜芬：《从无理的判决到判决书说理——判决书说理制度的正当性》，载《法学论坛》2004 年第 5 期。

60. 王福华：《司法权威与法院判决的公信力》，载《政治与法律》2004 年第 5 期。

61. 傅郁林：《审级制度的建构原理——从民事程序视角的比较分析》，载《中国社会科学》2002 年第 4 期。

62. 高洪宾：《司法改革的若干问题思考》，载《政治与法律》2004 年第 1 期。

63. 张卫平：《体制、观念与司法改革》，载《中国法学》2003 年第 1 期。

64. 陈文华：《当前中国司法改革的路径思考》，载《河北法学》2007 年第 11 期。

65. 刘嵘：《关注涉诉信访》，载《人民司法》2006 年第 2 期。

66. 万毅、林喜芬：《精英意识与大众诉求：中国司法改革的精神危机及消解》，载《政治与法律》2004 第 2 期。

67. 李淑云：《反思与构建："和合文化"的现实价值与时代定位》，载《社科纵横》2007 年第 9 期。

68. 瞿琨：《非诉讼纠纷解决机制的价值再分析与发展路径探讨——兼论社区调解制度的完善》，载《上海大学学报》2007 年第 2 期。

69. 陈刚、李林河：《对文化全球化与本土化关系的辩证思考》，载《新华文摘》2001 年第 2 期。

70. 杨博华：《全球化、文化认同与文化帝国主义》，载《文化研究》2002 年第 8 期。

71. 张成岗：《中国传统文化的后现代诠释》，载《现代哲学》2000 年第 2 期。

72. 阎献晨：《关于和合文化现代价值分析》，载《前进》1999 年第 9 期。

73. 顾行超：《中华传统和合思想及其当代价值》，载《中央社会主义学院学报》2007 年第 6 期。

74. 倪洪涛、刘丽：《走出福利法治国的困境》，载《法律科学》2006 年第 4 期。

75. 江国华：《无诉讼即无宪政》，载《法律科学》2002 年第 1 期。

76. 左卫民、朱铜辉：《公民诉讼权：宪法与司法保障研究》，载《法学》2001 年第 4 期。

77. 刘俊杰：《论人类文明的转型与权力制衡原则的演进》，载《当代世界与社会主义》2005 年第 5 期。

78. 姚同生：《权力制衡——一种多元民主的视角》，载《中南财经政法大学研究生学报》2006 年第 6 期。

79. 孙潮、徐向华：《论我国立法程序的完善》，载《中国法学》2003 年第 5 期。

80. 江礼华：《论立法民主》，载《中南民族大学学报》2007 年第 4 期。

81. 苗连营：《追求效率的程序：关于立法程序制度构造的另一种思考》，载《郑州大学学报》1999 年第 5 期。

82. 周友苏：《构建和谐社会中的司法公正问题研究》，载《社会科学研究》2006 年第 3 期。

83. 段厚省：《法官造法与司法权威》，载《政治与法律》2004 年第 5 期。

84. 麦德福、强世功：《司法审查：技艺理性与法治》，载《读书》2003 年第 8 期。

85. 何家弘：《论法官造法》，载《法学家》2003 年第 5 期。

86. 王申：《法官、现代性与法理认同》，载《法学杂志》2006 年第 1 期。

87. 黄毅：《论中国古代限制君权的思想》，载《中国法学》1996 年第 5 期。

88. 应松年、薛刚凌：《论行政权》，载《政法论坛》2001

年第4期。

89. 邓世豹:《论宪法至上与立法至上的分野》，载《广州商学院学报》2002年第2期。

90. 苏力:《现代法治的合理性与可行性》，载《东方》1996年第4期。

91. 张志铭:《关于中国法律解释体制的思考》，载《中国社会科学》1997年第2期。

92. 谢佑平、万毅:《反思与祛魅：我国刑事诉讼法解释体制重构》，载《甘肃政法学院学报》2002年第3期。

93. 孙笑侠:《司法权的本质是判断权——司法权与行政权的十大区别》，载《法学》1998年第8期。

94. 罗干:《关于国务院机构改革方案的说明》，载《人民日报》1998年3月7日。

95. 王峰、李世平:《论现代法院的功能》，载《山东省经济管理干部学院学报》2003年第5期。

96. 应松年:《构建行政纠纷解决制度体系》，载《国家行政学院学报》2007年第3期。

97. 谢佑平、万毅:《司法行政化与司法独立：悖论的司法改革——兼评法官等级制与院长辞职制》，载《江苏社会科学》2003年第1期。

98. 钱晓峰、姜海霞:《错案追究制及其完善》，载《郑州大学学报》2004年第5期。

99. 左卫民、周长军:《司法独立新论》，载《四川大学学报》2003年第5期。

100. 陈熹:《英国司法独立的历史进路探析》，载《贵州工业大学学报》2006年第1期。

101. 王建国:《全球化背景下中国司法独立的价值取向》，载《金陵法律评论》2006年第2期。

102. 李峥峥：《中外司法独立原则比较》，载《消费导刊》2007年第9期。

103. 李研：《港澳两地司法独立原则的比较及其借鉴意义》，载《河南师范大学学报》2006年第5期。

104. 宋世杰、彭海青：《论刑事诉讼中控审分离原则的理论与实践》，载《湘潭大学社会科学学报》2002年第3期。

105. 谢佑平、万毅：《刑事控审分离原则的法理探析》，载《西南师范大学学报》2002年第3期。

106. 姜小川：《司法权基本属性之探析》，载《法学杂志》2007年第5期。

107. 左卫民：《法院制度现代化与法院制度改革》，载《学习与探索》2002年第1期。

108. 贺日开：《司法终局性——我国司法的制度性缺失与完善》，载《法学》2002年第12期。

109. 陈瑞华：《司法权的性质——以刑事司法为范例的分析》，载《法学研究》2000年第5期。

110. 刘瑞华：《司法权的基本特征》，载《现代法学》2003年第3期。

111. 漆多俊：《论权力》，载《法学研究》2001年第1期。

112. 王夏昊：《司法是人权保障的最佳方式》，载《现代法学》2003年第2期。

113. 高新华：《试论现代司法权的功能体系》，载《学习与探索》2006年第2期。

114. 左卫民、朱铜辉：《公民诉讼权：宪法与司法保障研究》，载《法学》2001年第4期。

115. 熊敏瑞：《确立司法审查制的理性思考》，载《湖北社会科学》2004年第6期。

116. 左卫民：《司法改革的十大理念》，载《中国律师》

2003 年第 11 期。

117. 钟云萍、李湘沅：《论司法为民与司法公正》，载《零陵学院学报》2004 年第 5 期。

118. 黄克春、于徐东：《论刑事审判视野中的司法为民》，载《山东审判》第 165 期。

119. 江必新：《论司法为民的内涵及其实践》，载《人民司法》2005 年第 3 期。

120. 屈新、何显兵：《论司法为民与现代司法理念》，载《国家行政学院学报》2005 年第 4 期。

121. 吴艳青：《现代司法理念与司法为民》，载《辽宁行政学院学报》2005 年第 5 期。

122. 汪安平、张忠斌：《人权入宪背景下司法为民的价值取向》，载《湖北社会科学》2005 年第 2 期。

123. 樊崇义：《人文精神与刑事诉讼法的修改》，载《政法论坛》2004 年第 3 期。

124. 吴新梅：《现代司法理念与司法为民》，载《云南警官学院学报》2005 年第 3 期。

125. 邓天江、张锐峰：《从“客观真实”到“法律真实”》，载《黑龙江省政法管理干部学院学报》2006 年第 5 期。

126. 黄斌：《法律真实是认定案件事实的基本要求》，载《内蒙古电大学刊》2003 年第 6 期。

127. 刘伟、赵强：《论客观真实与法律真实》，载《西南民族学院学报》2002 年第 3 期。

128. 王贞会、王福恒：《客观真实与法律真实之价值考量——对我国刑事诉讼证明标准的再思考》，载《河北师范大学学报》2007 年第 1 期。

128. 雷建玲：《以人为本，司法为民——民事司法理念更新及制度变革简论》，载《甘肃政法学院学报》2005 年第 1 期。

129. 谢佑平、万毅：《一事不再理原则重述》，载《中国刑事法杂志》2001 年第 3 期。

130. 曹洪善：《构建便利、有效、低成本的司法救济渠道》，载《人民司法》2005 年第 7 期。

131. 孔祥俊：《司法中的学术观点与裁判意见》，载《中国审判》2006 年第 3 期。

132. 刘太刚：《法治国家的“良法”背景》，载《法制日报》2003 年 4 月 24 日。

133. 郭小聪：《论中国近现代政治文明转型的工具理性思维——兼谈价值理性思维对发展中国政治文明的重要性》，载《政治学研究》2003 年第 3 期。

134. 马婷婷、罗鹏：《恢复性司法相关理论问题探析》，载《政法学刊》2007 年第 5 期。

135. 韩德明：《风险社会中的司法权能——司法改革的现代化向度》，载《现代法学》2005 年第 5 期。

136. 吴卫军：《论程序的交涉性》，载《西南民族大学学报》2004 年第 10 期。

137. 章浩、马国贤：《现代衡平司法思维之下的裁判——论法官在构建和谐社会中的求进之路》，载《法治研究》2007 年第 5 期。

138. 吴丹红：《中国式陪审的省察》，载《法治论坛》第 7 辑。

139. 何永红：《权力分工与人权保护》，载《社会主义研究》2006 年第 1 期。

140. 万毅：《程序法与实体法关系考辨——兼论程序优先理论》，载《政法论坛》2003 年第 6 期。

141. 江涛：《程序法与实体法关系的思辨——就“程序法乃实体法之母”论断的质疑》，载《政法论丛》2004 年第 3 期。

142. 魏晓娜：《刑事诉讼中的实体正义》，载《法学家》2005 年第 1 期。

143. 周文华：《论实体正义与程序正义的关系》，载《唐都学刊》2005 年第 5 期。

144. 齐树洁、王建源：《民事程序法与实体法关系的省思》，载《法学杂志》1999 年第 1 期。

145. 陈光中、陈学权：《刑事诉讼法再修改之基本思路》，载《人民检察》2005 年第 19 期。

146. 武承淑：《刑事程序法与实体法一体化的价值基础》，载《甘肃政法成人教育学院学报》2007 年第 6 期。

147. 焦宝乾：《法律论证理论的兴起及其思想背景》，载《河南省政法管理干部学院学报》2004 年第 4 期。

148. 胡桥：《判决理由的概念和功能》，载《浙江省政法管理干部学院学报》2001 年第 6 期。

149. 王晓：《走出困境：法律论证的认识论再思考》，载《法商研究》2007 年第 6 期。

150. 王仲云：《判决书说理问题研究》，载《山东社会科学》2005 年第 8 期。

151. 陈卫东、李训虎：《公正、效率与审级制度改革》，载《政法论坛》2003 年第 5 期。

152. 傅郁林：《审级制度的建构原理》，载《中国社会科学》2002 年第 4 期。

（四）网络文献

1. 尹冬华：《转型期中国国家权力的基本特征》，载 http：//www. chinaelections. org/NewsInfo. asp？NewsID =44636

2. 龙宗智：《转型期法治与转型期司法政策》，载 http：//justice. fyfz. cn/blog/justice/index. aspx？blogid =45387

3. 宋林飞：《中国社会转型的趋势、代价及其度量》，载 ht-

tp://www. lnsgdb. com. cn

4. 高军:《当代中国的社会转型与法治路径的选择》，载 http://www. law - lib. com/lw/lw_view. asp? no = 8490

5. 徐伟俊:《论毒品犯罪》，载 http://www. dffy. com/faxuejieti/xs/200311/20031119184359. htm

6. 尹明:《从社会契约理论看人民主权》，载 http://www. chinaelections. org/NewsInfo. asp? NewsID = 35991

7. 曲新久:《严打的刑事政策分析》，载 http://jingdali. fyfz. cn/blog/jingdali/index. aspx? blogid = 91301

8. 邢童:《在冲突中寻求发展与和谐之衡平——对基层人民法院解决纠纷的思考》，载 http://blog. chinacourt. org/wp - profile1. php? p = 65658&author = 8023

9. 陈卫东、虞平等:《对抗制的深究》，载 http://www. civillaw. com. cn/article/default. asp? id = 28684

10. 墨帅:《从司法和谐理念反思律师执业思维》，载 www. bmla. org. cn/bjlawyers2

11. 融鹏等:《法官接触当事人及其代理人制度刍议》，载 http://szbxls. anyp. com/ulilongchang/4820 - 126022. aspx

12. 王文波:《北京一中法院法官为企业保安人员普法》，载 http://www. law - star. com/cac/40011928. htm

13. 陈夏红:《法官不应成为普法义工》，载 http://fadaren. bokee. com/660252. html

14. 龙宗智:《徘徊于传统与现代之间》，载 http://www. xingshisusong. com/xingshidongtai/3083_8. html

15. 冀明:《浅谈民事庭审适用技术之“纠问”》，载 http://www. gjfy. gov. cn/fywh/fglt/20071029/113014. html

16. 易延友:《司法独立之理念》，载天涯法网 http: // lawsky. org

17. 黄京平:《“宽严相济”刑事政策的时代含义及实现方式》,载 http://www.criminallaw.com.cn

18. 张立文:《中国文化的和合精神与21世纪》,载 http://www.lunwenwang.com

19. 刘性仁:《论述宪法与行政法的关系》,载 http://article1.chinalawinfo.com/article/user/article

20. 朱苏力:《经济社会发展与司法回应》,在第六届成都法院院长论坛上的学术报告。

21. 秦前红:《立法权刍议》,载 http://www.calaw.cn/asp/showdetail.asp? id=10849

22. 吕定芳:《论法官的职业行为与司法的被动性》,载 http://www.xjbzzy.org/2005/3-7/151440.shtml

23. 贺卫方:《司法改革中的上下级法院关系》,www.tianya.cn/publicforum/Content/law/

24. 纪永明:《论司法权的特点》,载 http://www.5igongwen.com/5iview-27424.html

25. 朱苏力:《纠缠于事实与法律之间》,载 http://www.law_thingker.com.cn.

26. 张涛、周发国:《司法的刚性与柔性的完美结合——石泉法院建立和规范执行救助基金制度情况调查》,载 http://www.chinacourt.org/html/article/200709/26/266840.shtml

27. 赵敦华:《西方人本主义的传统与马克思的“以人为本”思想》,载 http://www.pku.edu.cn/academic/xbss/Content/Chinese/Content/2004/06/zhexue_xifan.htm

28. 刘仁文:《恢复性司法:来自异国的刑事司法新动向》,载 http://www.jcrb.com/zyw/n58/ca156136.htm

29. 王平:《恢复性司法及其借鉴》,载 http://www.bjyfy.gov.cn/webnews/20060619/2006061922528140.html

30. 吴丹红：《实现正义的另一种进程——恢复性司法初探》，载 http://article. chinalawinfo. com/article/user/article

31. 严青：《恢复性司法：一种可推行的刑事司法新摸式》，http://www. chinalawedu. com/news

32. 陈国庆：《构建和谐社会背景下考量恢复性司法》，载 http://news. sina. com. cn/o/2006 - 06 - 15

33. 顾元：《中国衡平司法传统论纲》，载《政法论坛》2004 年第 2 期。

34. 吴卫军、任永芳：《司法程序改革论析》，载 http://www. 66wen. com/03fx/faxue/faxue/06916/38794_2. html

35. 纪文：《辩诉交易的法律价值和现实思考》，载 http://www. studa. net/faxuelilun/060724/10040686. html

36. 吴玉章：《我国陪审制度的兴衰》，载 http://www. jcrb. com/zyw/n106/ca183634. htm

37. 胡道才：《人民陪审制度的理性选择与制度建构》，载 http://www. dffy. com/faxuejieti/zh/200408/20040811095717. htm

38. 陈瑞华：《程序正义论》，载 http://www. gongfa. com/chenrhchengxzhengy. htm

39. 张琪琦：《现代司法理念视野下的民事裁判说理》，载 http://www. lnedu. org/lunwen/137519. html

40. 张卫平：《再谈裁判说理》，载 http://www. fatianxia. com/paper_list. asp? id = 15764

41. 程荣斌、邓云：《审级制度研究》，载 http://www. xingshisusong. com/xsssffz/zfrnghgxsssf/1411. html

42. 陈柳芬：《审级制度改革探讨》，载 http://www. jcrb. com/zyw/n84/ca51967. htm

后 记

十多年前，我从上海华东政法学院回来，潜心知识产权的审判和研究。回成都后有两个在上海的知识产权的科研课题尚在继续之中，其间还须完成民事证据调查程序的国家社科项目，这样重的科研任务对于我来说很吃力。

2004 年因为工作调整，我从“阳春白雪”的知识产权审判岗位调整到了立案信访前台。角色的转换容不得半点喘息，与全国其他省会所在地的中级法院一样，每天必须面对比较多的上访人，我作为法院的窗口代表之一接受着新的考验：必须在第一时间有效地疏散规模化集聚，必须在第一时间有效地劝阻过激行为，还必须在第一时间有效消除个别上访人的极端念头……最终许许多多的上访人成了我的朋友，就像何良彬博士所说的“上访户满面春风地走出信访大厅，紧紧地抓住蒋庭长的手说：‘明天我还要来!’”实际上，每天高强度的接访下来，我几乎无法入眠，身体有些吃不消。在家人的劝导下尝试接受药物和心理干预。还好，毕竟就这样挺过来了。

在那些不眠之夜，望着简陋的四壁，我开始反省，为什么会出现这样的社会状况。“社会转型”、“司法方法”、“纠纷有效解决”这些关键词让我冷静下来，结合自己掌握的大量一线信息和积累的审判经验，通过耐心的思考，转型社会司法的问题及原因逐渐清晰，至于方法路径还有待进一步思考。于是，我组织了一次深度的讨论会，来自四面八方的法学专家不吝赐教，给了我很大的启发，特别是四川大学教授张斌博士当时的一席发言让我受益匪浅，他认为文化是制度之母，我国转型社会纠纷的根本解决，司法中除了普适性原则的运用外还应当注意中国传统的和合文化思想。可以说司法和合主义的提出就源于此。

上海的课题和国家社科项目都放下了，觉得这一课题更具迫切性，于是把主要精力投入对这一课题的研究。

能够顺利完成这一课题我要由衷地感谢成都中院牛敏院长的开明。牛院长是一个很智慧且为人很好的领导，在牛院长的组织下成都中院建构的以审判权与审判管理权为核心的审判运行机制，被专家称为为我国司法机构的改革与发展提供了良好的样本，在人民法院审判职权的配置与界定、审判流程的建立与控制、审判动态的监督与把控、审判绩效的评价和考核、信息技术的植入和运用等方面的探索，正逐步接近“权力关系明晰、主体职责明确、监督制约到位、资源配置优化、审判活动透明、内部流程顺畅、基本导向合理、科技全面支撑”的法院内部审判运行机制的目标。我身临其境，这些思想和实践给了我很大的启发和帮助。

时逢“成都市法院院长论坛”筹措，我庭李加红庭长应邀提交文章。加红在401办公室与我进行了长达三小时的论文提纲讨论，敲定以转型社会司法运行方法与策略为题，并形成了“本位司法”、“柔性司法”、“平行司法”的三个重要观点。由于这个题目与那一档期的院长论坛内容有些不搭调，故也就搁浅没有写出来。但我把这些思考作了认真梳理，最终申报并批准为国家法治与法学研究部级科研课题——《转型社会司法运行原理研究》。课题申报中，四川大学研究生院副院长左为民博导、四川省高院副院长邓修明博士、四川省高院副院长陈明国博士、成都中院副院长胡建萍教授给予了悉心的指导，可以说，没有他们的帮助，这一课题是根本不可能最终形成设计并通过批准的。

研究期间，在川大学习的林喜芬博士对课题作出重大贡献，他从资料的整理到观点的提出，特别是对立足的基础理论研究提出了精当的分析建议。喜芬虽然年轻，但理论功底扎实，有独到的见解和分析方法，对他的意见我几乎是“照单收下”。特别是喜芬在万毅博导的鼎力举荐下分配到上海工作后，还多次电话向我提出修改建议。前不久，他在美国还与我联系，很关心课题出版事宜。年轻人的力量和率真让人感动。课题的完成还有赖于时任我的助理向永丽硕士的鼎力相助，她收集资料、整理文稿、校对等，无怨无悔地付出了大量的劳动。湘雄博士为本书的翻译付出了辛劳。

值得特别提出的是在研究中给予了我大力帮助的师兄弟，他们是邓修明博士、赖波军博士、杨玉泉院长、黄维智博士、万毅博导、张斌博士、何良彬博士、周湘雄博士、吴文博士等。

特别令我欣喜的是因我工作调动到了成都市温江区后遇到了一位智慧、平和、能干的区委书记，田蓉书记尽管身居要职，每天要处理各种复杂而繁重的事务，但仍然坚持阅读研究，思考问题善于挖掘原点，知识分子的天性一点未改。田书记的法治意识让我感动，她坚持在一些重大问题的决策和处置上都要进行法律评估并要求依法办事，这是十分可贵的。我们在谈及社会治理时书记还提出了规则治理与传统孝、和、信美德倡导的统合，这与笔者提出的司法和合主义的思路不谋而合，其实每次与书记的讨论我们都几乎忘记了自己书记、院长的角色。

最后，我要感谢我的家人和我的孩子，没有你们就没有我现在的成果。

2012 年 7 月 5 日于温江